KB233108

소년조사제도론

소년조사제도론

이 춘 화

청소년은 일시적으로 비행을 저지르더라도 악성이 기질화되어 있지 않으므로
앞날의 삶을 바람직하게 영위하도록 보호·육성해야 한다. 이를 위해 우리나라에서는
소년법을 제정해 비행소년을 성인범죄자와 구분해 처우하면서 비행소년을
둘러싼 환경적 특성과 비행소년의 개인적인 자질에 대한 조사와 진단을
통해 그들의 특성을 정확히 이해하여 가장 적합한 처우방안을
제시하기 위한 각종 조사제도를 운영하고 있다. 이러한
소년조사제도는 소년법의 기본이념인 「소년보호」의 실현을
위한 초석이 되는 제도로서 이를 어떻게 운영하느냐에
따라 소년과 국가의 미래가 달라질 수 있다.

머리말

억울한 옥살이를 깨달음의 계기로 삼으셨던 신영복 선생님은 소년에 대해서도 다음과 같은 의미 있는 말씀을 하셨다. 「소년을 보살피는 일은 천체망원경의 렌즈를 닦는 일처럼 별과 우주와 미래를 바라보는 일이다.」 소년에 대한 조사제도는 소년법의 기본이념인 「소년보호」의 실현을 위한 초석이 되는 제도로서 이를 어떻게 운영하느냐에 따라 소년과 국가의 미래가 달라질 수 있다.

청소년은 일시적으로 비행을 저지르더라도 악성이 기질화되어 있지 않으므로 앞날의 삶을 바람직하게 영위하도록 보호·육성해야 한다. 이를 위해 각국에서는 소년법을 제정해 비행소년을 성인범죄자와 구분해 처우하고 있다. 그러나 비행소년을 건전하게 육성하기 위해서는 단순히 성인과 구분해 처우하는 데 그치지 않고 비행소년 개개인에 대한 전문적인 분류와 그들의 특성에 맞는 다양한 처우 프로그램을 마련해 비행소년 각각에게 개별화된 처우를 하는 것이 바람직하다. 소년조사제도는 이러한 취지에서 비행소년을 둘러싼 환경적 특성과 비행소년의 개인적인 자질에 대한 조사와 진단을 통해 그들의 특성을 정확히 이해하여 가장 적합한 처우방안을 제시하는 제도이다.

이 책은 저자의 박사학위논문인 「소년사건에서의 조사제도에 관한 연구」를 수정·보완한 것이다. 소년조사제도는 그 중요성에 비해 학문적으로 그다지 주목받지 못한 분야이기 때문에 관련연구가 거의 전무한 실정이다. 이 책이 소년문제에 관심을 갖고 있는 사람들에게 도움이 될 수 있기를 기대한다. 이 책에서는 소년에 대한 조사제도에 관해 일본·미국·독일 등 선진제국의 제도와 한국의 제도를 비교·고찰하여 문제점을 도출하고, 우리나라의 소년조사제도가 실무적으로 어떻게 운영되고 있는지 실태를 조사해 개선방안을 모색했다.

지금 소년사법은 변화의 시기에 있다. 전제적인 소년인구의 감소로 인해 비행소년의 수가 줄고 있고 법원에서 시설수용결정을 지양하고 있기 때문에 소년분류심사원과 소년원을 감축할 예정이다. 이러한 환경 변화의 영향을 받아 금년부터 소년에 대한 시설수용을 전담하는 소년보호직 공무원과 소년과 성인의 구분 없이 사회내처우를 담당하는 보호관찰직 공무원의 직렬통합이 이루어진다. 한편 소년사건의 선의권을 검사선의주의에서 법원선의주의로 전환하기 위한 소년법 개정의 움직임이 있으나 검찰과 법원 간의 이견이 좁혀지지 않아 계속적으로 지연되고 있다. 시설수용의 지양이나 선의권 전환에 관한 기본방향은 바람직하지만 이로 인해 전문조사기관과 전문교육시설을 감축하고, 소년전담공무원직렬을 폐지하며, 검찰과 법원의 대립이 계속되는 현상은 소년사법의 전망을 암울하게 한다. 이 책에서는 이런 사안들이 소년보호를 위해 어떤 의미와 중요성을 갖는지 주장하고 있다.

이 책이 나오기까지는 많은 분들의 도움이 있었다. 바쁜 일과로 인해 항상 후순위로 밀려오던 이 책의 집필을 앞당기도록 재촉하고 격려해 주신 어머니께 가장 먼저 감사드린다. 또한 형법과 소년법이라는 학문의 길로 이끌어 주신 은사님이신 성신여자대학교의 조준현 교수님과 한양대학교의 오영근 교수님께 깊이 머리 숙여 감사드린다. 또한 법무부의 많은 분들이 아낌없는 조언과 관심을 보여 주고 자료수집에 도움을 주셨다. 지금은 정년퇴직하셨지만 여전히 소년보호를 위해 봉사하고 계신 조복전 소년원장님을 비롯해 노청한 보호관찰소장님, 한영선 과장님, 성우제 과장님, 이은한 과장님, 이헌구 계장님, 홍순욱 계장님, 윤일중 사무관님, 이외에도 많은 분의 도움을 받았지만 모두 언급하지 못함을 죄송하게 생각한다. 또한 학업에 열중하는 가운데에도 수차례에 걸친 자료 업데이트와 교정 작업을 충실하게 도와준 한양대학교 대학원의 함은정 석사와 이정주 후배에게 사랑과 감사의 마음을 전한다. 이 책의 기획에서부터 출판까지 수고해 주신 한국학술정보(주)의 채종준 사장님과 이명란 선생님께도 감사드린다. 끝으로 언제나 허약한 몸과 마음을 추스르고 일어날 수 있는 용기를 주시는 하나님께 감사드린다.

2007년 3월

이춘화

목 차

제 1 장

서 론

제1절 연구의 목적

청소년은 일시적으로 비행을 저질렀다 하더라도 아직 악성이 기질화되어 있지 않으므로 교화·개선하여 앞날의 삶을 바람직하게 영위하도록 보호·육성해야 한다. 이를 위해 각국에서는 소년법을 제정하여 비행소년들을 성인범죄자와는 구분해 처우함으로써 청소년들을 보호하고 있다.

이와 같이 소년과 성인을 구별하여 달리 처우하는 것은 행형의 단계에서 가장 중요한 지배원리인 개별화 원리의 기초적인 단계이다. 이 '처우의 개별화'의 이념은 19세기에 있어서 형법 개혁의 주요한 원천의 한 가지인 '형벌의 개별화' 운동 중에 나타났다. 행위자의 특성에 따라 성격, 정도, 기간을 달리하는 다양한 행형을 강구해야 한다는 개별화의 이념은 행위자에 대한 분류를 요구하며 분류는 또한 다양한 시설의 설치와 다양한 처우 프로그램을 주장하는 근거이기도 하다.

이러한 이념에 따르면 비행소년을 건전하게 육성하기 위해서는 그들에 대한 처우를 단순히 성인과 구분하는 데 그치지 않고 비행소년 개개인에 대한 전문적인 분류와 그들의 특성에 맞는 다양한 처우 프로그램을 마련하여 비행소년 각각에게 가장 적합한 처우방법을 모색해 개별적인 처우를 하는 것이 바람직할 것이다. 이러한 비행소년의 개별처우를 위하여 가장 중요한 전제가 되는 것은 그들에 대한 과학적인 조사를 통해 그들의 특성을 파악하고 분류하는 일일 것이다. 따라서 각국에서는 비행소년 개개인을 과학적으로 분류할 수 있는 각종 조사제도를 마련해 시행하고 있다.

우리나라에서도 역시 소년법을 제정하여 비행소년에 대한 사법처리절차를 규정하고 있고, 또한 여러 가지 조사제도도 마련하고 있는데, 이를 제정하고 개정함에 있어 여러 선진제국의 제도들을 참고하였다.

우리나라 소년사건에서의 조사제도는 우선 경찰과 검찰 등 수사기관에서 비행사실에 대한 조사가 이루어진다. 다음으로 소년보호사건과 소년형사사건을 구분하여 먼저 소년보호사건에 있어서는 가정법원 및 지방법원 소년부에 조사관을 두고 또한 전문분류기관으로서 소년분류심사원을 두어 소년의 요보호성 여부와 보호처분 관련성에 관해 조사하도록 하고 있다. 소년형사사건에 있어서는 보호관찰소에 판결전조사를 의뢰하도록 하고 있다. 이러한 조사 외에도 소년원이나 소년교도소 등 시설에 수용된 소년에 대해서는 보호관찰소에 환경조사를 의뢰해야 하고, 또한 각 소년수용시설에서는 분류처우를 위한 분류심사가 이루어지고 있다.

이 연구에서는 이와 같은 소년에 대한 조사제도에 관해 일본·미국·독일 등 선진제국의 제도와 한국의 제도를 비교·고찰하여 문제점을 도출하고, 우리나라의 소년조사제도가 실무적으로 어떻게 운영되고 있는지 실태를 조사하여 이에 대한 개선방안을 모색해 보고자 하였다.

제2절 연구의 범위와 방법

이 연구는 소년사건에서의 조사제도, 즉 '소년조사제도'를 그 대상으로 하고 있다. 이 연구에서 말하는 소년조사제도란 비행소년이 처한 환경적 여건과 심신의 특성을 정확히 이해하여 그들 비행소년 개개인의 특성에 맞는 개별화된 처우를 시행하기 위해 실시하는 수사기관과 법원, 교정기관의 각종 조사제도를 말한다.

이 연구는 다음과 같이 구성되어 있다. 제1장은 서론이다. 제2장에서는 우선 비행소년에 대한 조사제도를 규정하고 있는 소년법의 이념과 소년조사제도의 의의 등에 관해 고찰한다.

제3장에서는 일본, 미국, 독일 등 선진제국의 소년조사제도에 관해 비교제도적 고찰을 한다.

제4장에서는 우리나라에서 시행하고 있는 소년조사제도의 현황을 고찰한 후 그의 운영실태를 실증적 자료를 통해 분석한다.

제5장에서는 이상 이론연구와 실증자료의 분석을 토대로 소년조사제도의 전 과정을 거치고 시설에 수감되어 있는 소년원생과 소년수형자를 대상으로 설문조사를 실시해 그들의 의견과 욕구를 알아봄으로써 소년조사제도의 문제점을 도출한다. 한편 현장전문가의 의견을 수렴하여 그에 따른 개선방안을 모색해 본다.

제6장에서는 이상 연구내용에 관해 결론을 맺는다.

이 연구는 이러한 연구내용을 구체화하기 위하여 문헌연구와 기관방문조사, 전문가 면접조사, 델파이조사, 설문조사를 병행하였다.

먼저 문헌연구를 통해서는 소년조사제도 출현의 이론적 배경과 외국의 경우를 비교제도론적으로 검토하였다. 또한 각종 통계자료를 참고하였다.

기관방문조사를 통해서는 우리나라 소년조사제도의 시행현황을 파악하기 위하여 서초경찰서 여성청소년계와 서울지방검찰청 소년부와 푸른상담실, 서울소년분류심사원, 서울보호관찰소, 가정법원 소년부, 서울소년원, 천안소년교도소를 방문해 업무활동 현황을 살펴보았다. 전문가 면접조사의 경우는 기관방문조사를 위해 방문한 기관에서 현장전문가

1인에게 소속기관에서 실시하고 있는 소년조사제도의 운영 현황과 문제점을 알아보았다.

설문조사를 통해서는 소년원생과 소년수형자를 대상으로 소년조사제도의 문제점에 대한 의견과 욕구를 알아보았고, 델파이조사를 통해서는 소년에 대해 조사를 실시하는 기관의 현장전문가들을 대상으로 제도개선방안에 대한 의견을 알아보았다.[1)]

---

1) 설문조사와 델파이조사의 구체적인 조사방법은 제5장에서 기술하고자 한다.

제 2 장

소년법의 이념과 소년조사제도

제1절 소년법의 의의와 이념

Ⅰ. 소년법의 의의와 연혁

1. 소년법의 의의

소년법이란 넓은 의미로는 '소년을 대상으로 규정한 모든 법체계'라고 말할 수 있는데 여기에는 공법과 사법, 실체법과 절차법, 그리고 사법법과 행정법 등이 포함될 수 있다. 그러나 좁은 의미로는 '소년의 보호사건과 형사사건에 관하여 규정한 법률'이라고 정의한다. 이러한 협의의 소년법이 일반적으로 사용되는 개념이라고 할 수 있는데, 이는 다시 실질적 의미와 형식적 의미로 나누어 볼 수 있다.

실질적 의미의 소년법은 '반사회성 있는 소년에 대하여 보호처분 및 형사처벌에 관한 사법적 처우를 행하기 위하여 규정한 법률'을 말하는데2), 여기에는 소년법을 비롯해 형법, 형사소송법, 법원조직법, 소년원법, 보호관찰 등에 관한 법률 등이 포함된다3). 형식적 의미의 소년법이란 '소년법'이라는 명칭으로 제정·공포하여 실시하고 있는 법률, 즉

---

2) 유진식, 소년법, 서울: 육법사, 1982, 25쪽.
3) 최병각, "소년보호사건의 범위와 처리에 관한 연구", 서울대학교 박사학위논문, 1998, 62쪽.

소년법전을 말한다.

소년법은 비행소년에 대한 국가의 기본법으로서 소년에 대한 기본적인 처우에 관하여 방향을 제시할 뿐 아니라 소년에 대해 구체적으로 어떻게 처우할 것인지를 정한 복지법이기 때문에 그 나라의 소년법이 어떠한 내용을 가지고 있는가는 매우 중요하다[4].

형식적 의미의 소년법인 우리나라의 소년법 제1조에서는 '소년의 건전한 육성을 기한다'고 하여 이를 기본이념으로 삼고 있다. 이것은 소년을 권리주체로서 존중하고 성장과정에 있는 소년에 대해 적절한 교육 및 보호적 조치를 강구하며 소년이 스스로 성장에 의해 비행을 극복하고 스스로 사회인으로서의 가치관을 형성함으로써 인격과 신체의 전체적 발달을 수행하는 것을 목적으로 하는 것이다. 우리나라의 소년법은 이러한 목적을 달성하기 위한 법이다.

2. 소년법의 연혁

소년법의 연혁에 관해 간단하게 살펴보면, 미국에서 시발된 소년법원의 설립운동이 그 후 전세계의 근대국가에서 소년법 제정의 선도적 역할을 담당했다. 비행소년이나 방임소년을 성인범죄자와 분리해 형벌을 과하지 않고 처우·교육한다고 하는 소년법원 및 소년법의 이념은 오늘날 거의 모든 국가에서 확립되어 있는 것일 것이다[5]. 우리나라에서도 1958년 소년법(법률 제489호)을 제정하였고, 그 후 8차에 걸쳐 개정되어 현재에 이르고 있다.

---

4) 第一東京辯護士會少年法部會 編著, 子どもの權利と少年法, 東京: ぎょうせい, 1990, 4頁.
5) 菊田幸一, アジアの非行少年, 東京: 勁草書房, 1985, 36～40頁.

Ⅱ. 소년법의 이념

1. 소년법의 기본이념

소년법의 이념을 둘러싼 논의들은 여러 가지 양상으로 전개되어 왔는데, 일본의 학자 사와노보리(澤登) 교수는 이러한 논의들을 복지정책, 형사정책, 인권보장의 세 가지 유형으로 정리하고, 소년법의 이념을 둘러싼 견해의 대립은 이들이 소년법제 전체의 중심에서 어떠한 의미를 가지고 있는가에 관한 이해의 상위, 더 나아가서는 세 가지 중 무엇을 중시하는가에 관한 태도의 상위에 주로 기인하는 것이라고 보았다. 그의 주장을 차례로 살펴보면 다음과 같다[6].

첫째, 복지정책과 관련하여 소년법제하에서 국가가 비행소년에 대해 가하는 처우가 복지정책인 것을 분명하게 하는 것으로는 '국친사상(Parens Patriae)'과 '사랑의 법률'의 두 가지가 있다. '국친사상'이란 국가가 국민의 보호자가 되어 부모가 보호를 행할 수 없는 경우에 국가가 부모를 대신해 보호를 해 주는 것이다. 이러한 국친사상은 문제되는 점이 없는 것은 아니지만 보호받지 못하는 소년에게 국가가 보호의 손을 미치는 것이라는 점은 틀림없는 그대로이다. 부모가 자녀에 대해 가하는 보호는 고유의 인간관계에 기한다고 하는 점에서 국가가 가하는 보호와는 차이가 있지만 국가도 소년에 대해 사랑을 실천할 수 있다. 즉 소년에 대해 정확한 인격조사와 그에 기한 적절한 처우의 실천이 그것이다. 이와 같은 의미에서 소년법은 '사랑의 법률'인 것이다.

둘째, 형사정책과 관련하여서는 현행 소년법제하에서 국가가 비행소

---

6) 이하 澤登俊雄a, 犯罪者處遇制度論(上)-少年法制, 東京: 大成出版社, 1975, 1~14頁.

년에 대해 가하는 처우의 형사정책적 의의를 명확히 하는 것으로서 '보호주의'와 '사회방위'의 두 가지가 있다. 소년법은 범죄의 억압이라고 하는 형사정책을 유지하기 위한 것이다. 그러나 국가는 보호받지 못하는 소년을 보호할 의무가 있고, 국가가 비행소년에 대해 보호처분을 행하는 것도 이 의무의 일부이다. 이러한 관점에서 보면, 비행소년에 대한 보호는 국가가 행하는 복지정책의 일환이다. 따라서 형사정책과 복지정책의 중요한 합치부분으로 보호주의가 성립한 것이다. 그러나 한편으로는 소년의 개선을 위한 처우로서 보호처분이 무엇보다 유효한 수단이라는 것은 인정하지만 그 범죄의 중대성 때문에 사회감정을 만족시키기 위해서는 형사처분을 선택할 수밖에 없는 것이 현실이다.

셋째, 인권보장과 관련하여서는 보호처분도 국가권력에 의한 강제적 처분이기 때문에 소년에 대한 인권보장이 충분히 고려되어야 한다는 것이다. 소년법은 실체 면에서 비행의 구성요건을 법정하고 나아가 보호처분의 종류를 법정해야 한다. 그러나 비행과 보호처분의 관계는 죄형법정주의에서와 같은 균형관계는 아니기 때문에 통제장치가 확실하게 나타나 있지 않다. 비행의 구성요건을 정하기 위해서는 현재의 과학과 경험의 정도에서는 범죄적 위험성의 징표로서 일정한 비행을 법정하는 것이 인권보장의 견지에서 요망된다.

이상 사와노보리 교수의 주장을 살펴보았는데, 이를 그대로 수용하기에는 다소 무리가 있다. 그는 형사정책을 소년법의 이념의 일부 요소로 보고 있지만, 형사정책이라는 용어는 이미 복지정책과 인권보장의 의미를 내포하고 있는 것이다. 소년법의 이념은 이렇게 추상적인 것보다는 오히려 통고주의라든가 직권주의, 과학주의, 개별화 등의 현실적인 요소들을 통해 바라봐야 하며, 결국 소년법은 비행소년의 행위를 통하여 그의 인격으로 들어가 소년을 건전하게 성장하도록 촉진하려는 것을 이념으로 하고 있는 것이다.

아무튼 소년법의 이념에 관한 여러 가지 논의들은 상호 영향을 받아 각국의 소년법을 발달시켰고 형사법적인 입법례에서도 대상 소년의 범위를 확대해 복지적인 입장을 취하게 되고, 복지적 입법례에서도 인권보장에 관해 사법적인 억제를 가하는 형사법적 사고를 취하게 되었다. 우리나라의 현행 소년법 또한 이러한 영향하에서 제정·시행되었으며, 앞에서도 간단히 언급했던 바와 같이 '반사회성 있는 소년에 대하여 그 환경의 조정과 성행의 교정에 관한 보호처분을 행하고 형사처분에 관한 특별조치를 행함으로써 소년의 건전한 육성을 기함을 목적으로 한다(소년법 제1조)'고 하여 그 이념에 대한 입법적 근거를 마련하고 있다.

이와 같이 '건전한 육성을 기'한다고 하는 규정은 소년법제에 일관되게 흐르고 있는 지도이념이고, 그것은 교육적·복지적인 내용을 가진 것이다. 그러나 소년의 건전한 육성을 목적으로 하는 규정이 오로지 소년법에만 있는 것은 아니지만 소년법은 비행소년에 대한 처우법이라는 것에 그 특이성이 있다. 즉 소년법에 있어서 종국처분은 보호처분에 처하는 것이고 이러한 특이성은 보호처분이 필연적으로 신체 또는 자유의 구속을 수반한다고 하는 점에 있다. 또한 전술한 것처럼 소년법이 형사정책적 성격과 복지적 성격의 양면성을 가지고 있는 것은 이러한 특이성에서 유래한다[7].

한편 소년법에서 선언하고 있는 '건전육성'은 다른 말로는 보호와 동의어로 사용되기도 한다. 통상 소년법의 기본이념을 '보호주의'로 보면서 그의 내용이 '건전육성'이라고 보기도 하는데[8], 그렇다면 소년법의 기본이념은 소년을 건전육성하기 위한 소년보호라고 정리할 수 있다.

따라서 소년법의 이념을 구체화하기 위해서는 소년보호가 무엇을 의미하는지를 알아야 할 것이다. 이는 소년비행에 대한 대책을 함축한 의미의 말로서 소년에 대한 단순한 구제사업이나 형벌제도의 대용물이 아니라 비행소년을 직접 대상으로 그의 개성과 환경에 구체적인 조치를 취해 사회정책과 형사정책의 목적을 수행하는 것이고 이와 같은 사

---

7) 關力, 非行少年はこう扱われる, 東京: 有信堂高文社. 1991, 194～195頁.
8) 澤登俊雄, 少年非行と法的統制, 東京: 成文堂, 1989, 148～149頁.

회정의를 보전함과 동시에 대상 소년을 사회의 건전한 구성원으로 성장하도록 도와주려는 것이다[9].

다시 말해 소년보호는 그 본질상 비행소년을 대상으로 하여 궁극적으로 소년의 건전한 육성을 기하고 구체적으로는 문제가 있는 소년을 개별적으로 관찰하여 그 요보호성을 제거하고 소년을 육성·교화하는 것이며, 또한 그 가정과 사회환경을 적당히 조정하여 소년과 사회를 범죄로부터 보호하려는 일련의 활동이다. 그러므로 소년보호는 적극적인 교육적, 행정적 이념과 사회공공의 질서유지, 기본적 인권보장이라는 소극적인 형사사법적 이념이 교차하는 가운데 그 절차가 전개되어야 한다. 이상의 논의들을 정리해 보면, 소년법의 이념은 소년보호에 있고 이러한 이념은 소년의 요보호성에 대응하여 개별적 처우를 함에 의해 실현된다고 할 수 있겠다.

2. 소년법상 보호의 의미

이상에서 살펴본 바와 같이 소년법은 소년에 대한 '보호'가 주요한 내용이자 기본이념[10]이라고 할 수 있다. 따라서 소년법에서는 '보호사건'뿐 아니라 '보호처분', '보호자' 등과 같이 '보호'라는 용어가 여러 조문에서 사용되고 있다. 여기에서의 '보호'는 물론 '소년'에 대한 보호를 지칭하는 것이지만 이 법에서는 '소년'의 정의를 '20세 미만의 자'라고 분명히 해두고 있는 것과는 달리 '보호'가 무엇을 의미하는 지에

---

9) 第一東京辯護士會少年法部會 編著, 前揭書, 12頁.

10) 平野龍一d, 少年保護2-少年法と少年審判, 東京: 大成出版社, 1982, 17~20頁; 關力, 前揭書, 194~195頁; 第一東京辯護士會少年法部會 編著, 前揭書, 12頁; 澤登俊雄a, 前揭書, 1~14頁; 澤登俊雄e, 前揭書, 148~149頁; 백춘기, "소년보호사건에 있어서의 비행사실," 가정법원사건의 제 문제, 재판자료 제62집, 1993, 850쪽; 법무연수원, 소년범 처리절차개선방안, 용인: 법무연수원, 1984, 107쪽.

대해서는 구체적으로 정의 내리지 않고 있다. 다만 보호의 대상이나 보호사건의 절차, 보호처분의 종류 등을 규정함으로써 '보호'의 내용을 알 수 있을 뿐이다.

우리는 일상생활에서 '보호'라는 용어를 흔히 사용하고 있다. 그중에는 '환경보호'라든가 '보호장비'와 같이 소년에 대한 보호와는 그 의미가 전혀 다른 경우도 있고, '청소년보호'나 '아동보호'와 같이 유사한 의미로 사용되는 경우도 있다. 그러나 청소년보호나 아동보호, 소년보호가 일상용어로서는 유사한 의미를 담고 있다고 해도 법적인 개념으로서는 분명히 구별되어야 하며, 특히 '소년보호'를 소년법의 기본이념이라고 한다면 소년법의 이념을 제대로 구현하기 위해서는 소년을 '보호'한다는 것이 어떤 의미를 가지고 있는지 분명히 할 필요가 있을 것이다.

1) 일반적 의미의 보호

일반적으로 사용하는 보호라는 용어의 사전적 정의는 「보전하여 호위함. 돌보아서 잘 지킴」이다. 한편 법률 용어로서의 보호에 대한 사전적 정의는 「노령·질병 기타 노동능력의 상실로 인하여 생활유지의 능력이 없는 자에 대하여 국가 또는 지방의 보호기관이 생계유지에 필요한 금품의 급부, 지정, 의료시설에서 의료조치를 받게 하는 일, 기타 해산·상장 등을 돕는 일」[11]이다.

2) 소년법상 보호와 유사한 법률개념

가. 청소년보호법과 청소년의 성보호에 관한 법률

청소년보호법은 19세 미만의 청소년에게 유해한 매체물과 약물 등이

---

11) 이희승 편저, 국어대사전, 서울: 민중서림, 1994, 1610쪽.

유통되는 것과 청소년이 유해한 업소에 출입하는 것 등을 규제하고, 청소년을 청소년 폭력·학대 등 청소년 유해행위를 포함한 각종 유해한 환경으로부터 보호·구제함으로써 청소년이 건전한 인격체로 성장할 수 있도록 함을 목적으로 한다. 이 법은 이전의 「미성년자보호법」[12]을 대체하여 청소년 유해매체, 유해업소, 유해구역(청소년 통행금지·제한구역), 유해약물, 유해물건, 유해행위 등 유해환경으로부터 청소년을 보호하기 위해 만들어졌다.

청소년의 성보호에 관한 법률은 19세 미만 청소년의 성을 사거나 이를 알선하는 행위, 청소년을 이용하여 음란물을 제작·배포하는 행위 및 청소년에 대한 성폭력행위 등으로부터 청소년을 보호·구제하여 이들의 인권을 보장하고 건전한 사회구성원으로 성장할 수 있도록 함을 목적으로 한다. 청소년에 대한 성매매와 성폭력범죄를 강력하게 처벌하고 그 대상이 된 청소년을 보호하는 장치를 마련하고 관련자의 신상을 공개하여 범죄예방의 효과를 극대화하려는 것이다. 이것은 성매매청소년을 사회구조의 피해자로 보아 형벌 대신에 선도조치를 취하고, 고객은 형사처벌과 함께 신상을 공개하며, 포주 등의 직업적 성매매 업주는 엄벌하고 신상을 공개하여 발본색원하려는 것이다.

따라서 이 두 법률에서 사용하고 있는 '보호'는 '청소년이 유해매체, 유해업소, 유해구역, 유해약물, 유해물건, 유해행위(성범죄 포함) 등의 유해환경을 접촉하지 못하도록 청소년과 유해환경을 제공하는 성인을 제한함으로써 청소년을 보호한다'는 의미에서의 보호라고 할 수 있다.

나. 아동복지법

아동복지법은 18세 미만의 아동이 건강하게 출생하여 행복하고 안전하게 자라나도록 그 복지를 보장함을 목적으로 한다. 보호자가 없거나

---

12) 1961. 12. 13. 제정 법률 제834호, 폐지.

보호자로부터 이탈된 아동, 또는 보호자가 아동을 학대하는 경우 등 그 보호자가 아동을 양육하기에 부적당하거나 양육할 능력이 없는 경우에 '보호를 필요로 하는 아동(요보호아동)'에 대한 사회적 보호장치를 마련하기 위해 만들어졌다.

요보호아동이란 아동이 그 보호자로부터 유실·유기·이탈된 경우 또는 그 보호자가 아동을 양육하기에 부적당하거나 양육할 능력이 없는 경우, 또는 기타의 경우 이 법에 의하여 보호를 받을 아동을 말한다. 아동에 대한 보호조치의 내용은 다음과 같다[13]. 첫째, 훈계·서약은 도지사 또는 시장·군수가 아동 및 그 보호자에게 훈계하거나 서약서를 제출하도록 하는 것을 말한다. 둘째, 지도위탁은 아동복지지도원이나 아동위원에게 아동 혹은 보호자에 대한 지도를 행하게 하는 것을 말한다. 셋째, 대리양육은 요보호아동을 친권자를 대신하여 보호·양육하는 것을 말한다. 넷째, 위탁보호는 아동의 보호를 희망하는 자에게 위탁하는 것을 말한다. 다섯째, 병원 및 요양소에의 입소는 특수한 치료나 요양이 필요한 아동 및 임산부에 대하여 병원 또는 요양소에 입소시키는 것을 말한다. 여섯째, 선도기관에의 의뢰는 성격과 행동에 이상이 있는 아동에 대하여 전문적인 선도기관에 의뢰하는 것을 말한다. 여기에서 성격과 행동에 이상이 있는 아동이란 일반적으로 범죄소년, 촉법소년, 우범소년 등을 말한다고 볼 수 있는데, 교정·치료하는 기관에 의뢰하여 치료나 교정·지도를 받게 하는 것을 말한다. 일곱째, 일시위탁보호는 시설보호조치를 취할 때까지 필요하다고 인정할 때 그 아동 또는 임산부를 적당하다고 인정되는 자에게 일시 보호하도록 위탁하여 보호케 하는 것을 말한다.

따라서 이 법에서 사용하는 '보호'는 '보호자가 없거나 보호자로부터 이탈된 아동, 또는 보호자가 아동을 학대하는 경우 등 그 보호자가 아

---

13) 김만두, 사회복지법제론, 서울: 홍익재, 1992, 398~401쪽.

동을 양육하기에 부적당하거나 양육할 능력이 없는 경우에 그러한 아동에 대해 사회적 보호장치를 제공함으로써 아동을 보호한다'는 의미에서의 보호라고 할 수 있다.

다. 민 법

민법 제5조에서는 20세 미만의 '①미성년자가 법률행위를 함에는 법정대리인의 동의를 얻어야 한다. 그러나 권리만을 얻거나 의무만을 면하는 행위는 그러하지 아니하다. ②전항의 규정에 위반한 행위는 취소할 수 있다'라고 규정함으로써 구체적으로 '보호'라는 용어를 사용하고 있지는 않지만 내용적으로 미성년자를 보호하는 규정을 두고 있다. 또한 민법 제913조에서는 친권자가 자녀를 보호하고 교양할 권리의무를 규정하고 있다. 그러나 민법의 이 두 규정의 '보호'가 가지고 있는 의미는 동일한 것은 아니다.

제5조의 '보호'는 '법정대리인의 동의 없는 미성년자의 법률행위를 취소할 수 있도록 함으로써 행위능력이 불충분한 자를 사적자치의 원칙에 따른 경제활동의 경쟁 속에서 보호한다'는 의미에서의 보호이다. 그러나 제913조의 '보호'는 '부모가 자녀의 신체·정신의 발달을 감독하고 이에 대한 위해나 불이익이 생길 때에 방위·보호한다[14]'는 의미에서의 보호이다.

라. 근로기준법

헌법 제32조 제5항에서는 연소자의 근로에 대한 특별보호를 규정하고 있다. 이에 따라서 근로기준법에서는 15세 미만 연소자에 대한 고용금지와 18세 미만 연소자의 유해하거나 위험한 업무 고용금지 등에 관해 규정하고 있고, 초중등교육법에서는 근로청소년을 위한 특별학급

---

14) 김유미, "자녀복리의 관점에서 본 한국 친권법," 서울대학교 박사학위논문, 1995, 159쪽.

설치 등의 규정을 두고 있다[15].

먼저 근로기준법상의 연소자보호는 주로 근로기준법에 사용자가 준수해야 할 사항을 규정함으로써 이루어지고 있다. 주요내용은 18세 미만자의 유해·위험 사업 고용금지, 연령을 증명하는 호적증명서와 친권자나 후견인의 동의서 비치, 근로시간 단축, 야간·휴일근로 제한 등이다. 이러한 보호조항이 노동현장에서 제대로 지켜지지 않는 경우가 많기는 하지만 법률상으로는 청소년보호를 위한 안전장치가 마련되어 있는 셈이다. 초중등교육법상의 근로청소년보호는 근로청소년이 일을 하면서도 교육의 기회를 가질 수 있도록 하기 위한 것이다. 주요내용은 산업체 인근의 기존 정규학교에 중고등학교과정의 야간학급을 운영하는 특별학급 설치와 입학 희망자가 매년 2학급 이상 되는 사업체 또는 2개 이상의 사업체가 전자의 요건에 해당되는 경우 공동으로 학교를 설립하는 산업체 부설학교 설치 등이다[16].

근로기준법상의 연소자 '보호'나 초중등교육법상의 근로청소년 '보호'는 '연소자를 고용하는 사용자에 대한 규제를 통해 사회적 약자인 연소자가 노동력을 착취당하지 않도록 보호한다'는 의미와 '발달과정상 학업수행의 시기인 근로청소년이 일을 하면서도 교육의 기회를 박탈당하지 않도록 보호한다'는 의미를 가지고 있다.

마. 학교폭력예방및대책에관한법률

학교폭력예방및대책에관한법률은 학교폭력의 예방과 대책에 관하여 필요한 사항을 규정함으로써 피해학생의 보호, 가해학생의 선도·교육 및 피해학생과 가해학생 간의 분쟁조정을 통하여 학생의 인권을 보호하고 학생을 건전한 사회구성원으로 육성함을 목적으로 한다. 이에 따

---

15) 이춘화, "청소년보호에 관한 법", 청소년육성제도론, 한국청소년개발원 편, 서울: 교육과학사, 2006, 194쪽.
16) 조복전, 청소년보호정책, 서울: 한국범죄예방정책연구원, 2004, 61~64쪽.

라 피해학생 보호를 위해서는 심리상담 및 조언, 일시보호, 치료를 위한 요양, 학급교체, 전학권고 등의 조치를 취하고, 가해학생에 대해서는 피해학생에 대한 서면사과, 피해학생에 대한 접촉 및 협박의 금지, 학급교체, 전학, 학교에서의 봉사, 사회봉사, 학내외 전문가에 의한 특별교육이수 또는 심리치료, 출석정지, 퇴학처분 등의 조치를 취할 수 있다. 이 외에도 학교폭력예방교육과 분쟁조정 등이 이루어진다.

이 법에서의 '보호'는 '학교폭력 가해학생에 대한 조치와 피해학생에 대한 원조, 전체 학생에 대한 예방교육이나 분쟁조정을 통해 학교폭력이 사전에 예방되거나 빠르게 해결되도록 함으로써 학교폭력으로 인한 학생들의 인권침해를 막는다'는 의미의 보호이다. 그러나 이 법은 지나치게 피해학생 보호에 치우쳐 있어 가해학생을 보호하기 위한 규정은 매우 취약하다. 비록 학교폭력의 가해학생이라고 해도 여전히 보호가 필요한 연령대에 있으므로 이들을 보호할 수 있는 방안의 보완이 요구된다[17].

3) 소년법상 보호의 개념

소년법은 반사회성 있는 20세 미만의 소년에 대하여 그 환경의 조정과 성행의 교정에 관한 보호처분을 행하고 형사처분에 관한 특별조치를 행함으로써 소년의 건전한 육성을 기함을 목적으로 한다. 비행소년의 보호사건에 대한 보호처분과 형사사건에 대한 특별한 형사처분을 규정하고 있다.

소년법은 소년보호사건에 있어서 소년의 건전한 육성을 기한다는 이념하에 비행소년에 대하여 형벌이 아닌 보호처분에 의하여 처우한다고 하는 교육주의 내지 보호주의를 기본원칙으로 하고 있다[18]. 보호주의란

---

17) 위의 책, **84쪽**.

보호처분이 형사처분보다는 교육적·진보적인 범인처우의 수단이라고 보는 입장에서 범죄소년에 대하여는 형벌보다는 보호처분으로 임하여야 한다는 원칙이다[19].

이러한 소년법의 보호주의 원칙에 따라 보호대상이 되는 소년은 비행성이 억제되지 않은 상태인 요보호성[20]이 있는 자이다. 요보호성의 내용은 다음의 세 가지로 정리할 수 있다. 첫째, 재비행 가능성으로서 보호처분의 대상자인 소년이 그 성격 및 환경에 비추어 장래에 다시 비행을 할 가능성 즉 범죄적 위험성이 있는 것을 의미한다. 둘째, 재비행 가능성이 있다고 하더라도 곧바로 요보호성이 있다는 결론에 이르지 아니하고 보호처분에 의하여 그 위험성이 제거될 가능성, 즉 교정 가능성이 있어야 한다. 셋째, 이상 두 가지가 있어도 보호처분에 의한 보호가 가장 유효적절한 수단이라고 인정되는 것, 이른바 보호 상당성이 있어야 한다[21].

소년법상의 '보호'란 이런 '요보호성 있는 소년에 대한 대책'으로서, 교육과 사회복지와 형사정책의 접점영역에 위치하는 합목적적 활동을 가리키게 된다[22]. 소년보호가 공적 시책인 한 비행을 법적 존재로서 파악한다는 것은 소년보호를 구상할 때에 이것을 자연적 존재로서가 아니라 정책의 체계로서 구성한다는 것을 의미한다. 비행소년의 처우의 체계라고 하는 소년보호는 형사정책, 청소년정책의 체계로서의 정책개념이다[23].

이상을 종합해 보면 소년법상의 '보호'는 형식적 의미와 실질적 의미

---

18) 백춘기, 앞의 논문, 850쪽.
19) 법무연수원, 앞의 책, 107쪽.
20) 平場安治, 少年法, 東京: 有斐閣, 1991, 203頁.
21) 백춘기, 앞의 논문, 849쪽.
22) 田口透編, 少年保護論, 東京: 有斐閣, 1974, 1頁.
23) 김종원, "소년원에 송치된 보호소년의 처우", 가정법원사건의 제 문제, 재판자료 제18집, 서울: 법원행정처, 1983, 892쪽.

로 구분해서 살펴볼 수 있다. 먼저 형식적 의미의 '보호'는 '소년을 성인범죄자와 구분하여 처우한다'는 의미에서의 보호이다. 실질적 의미의 '보호'는 '비행소년을 대상으로 하여 궁극적으로 소년의 건전한 육성을 기하고 구체적으로는 문제가 있는 소년을 개별적으로 관찰해 그 요보호성을 제거하여 소년을 육성·교화하는 것 및 그 가정과 사회환경을 적당히 조정하여 소년과 사회를 범죄로부터 방위하려는 일련의 활동'이라고 개념정의 할 수 있다.

4) 소 결

이상과 같이 소년법상의 '보호'의 개념과 유사 법률개념들에 관해 살펴보았다. 이를 정리해 보면, 먼저 청소년보호법상의 보호는 청소년을 '유해환경으로부터' 보호하려는 것으로서 보호방법은 유해환경에 대한 규제이다. 아동복지법상의 보호는 아동을 '학대와 방임으로부터' 보호하려는 것으로서 보호방법은 사회적 장치의 제공이다. 민법 제5조의 미성년자보호는 미성년자를 '경제적 손해로부터' 보호하려는 것으로서 보호방법은 취소권의 인정이다. 민법 제913조의 보호는 미성년자녀를 '신체·정신적 발달에 대한 위해나 불이익으로부터' 보호하려는 것으로서 보호방법은 부모에게 의무를 지우는 것이다. 근로기준법상의 연소자보호는 연소자를 '사용자의 착취로부터' 보호하려는 것으로서 보호방법은 사용자에 대한 규제이다. 초중등교육법상의 근로청소년보호는 근로청소년에게 '교육의 기회를 제공'하는 것으로서 보호방법은 특별학급과 산업체 부설학교의 설치이다. 학교폭력예방및대책에관한법률상의 보호는 학생청소년을 '학교폭력으로부터' 보호하려는 것으로서 보호방법은 학교에 피해학생과 가해학생에 대한 조치 및 예방교육, 분쟁조정 등을 하도록 의무를 부여하는 것이다. 마지막으로 소년법상의 보호는 '성인범죄자와 동일하게 처우해서는 안 된다'고 하는 방어개념으로서의 보호이며, 보호방법은 보호처분과 형사처분에 관한 특별조치이고, 행위자 스스로에 대한 대책이라는 점에서 차이가 있다.

제2절 소년조사제도의 의의와 이념

I. 소년조사제도의 의의와 연혁

1. 소년조사제도의 의의

우리나라를 비롯한 대부분의 국가에서는 비행소년이 처한 환경적 여건과 심신의 특성을 정확히 이해하여 그들 비행소년 개개인의 특성에 맞는 개별화된 처우를 시행하기 위한 각종 조사제도를 마련하고 있다. 소년조사제도는 이러한 취지에서 비행소년을 둘러싼 가정, 학교, 사회의 환경적 특성 및 비행소년의 성격, 능력, 욕구, 행동특성 등 개인적인 자질에 대한 조사와 진단을 통해 그들에게 가장 적합한 처우방안을 제시하고자 하는 제도이다.

소년사건에 대한 조사필요성은 소년법의 목적에 집약되어 있다. '소년의 건전한 육성'을 기한다고 하는 소년법의 궁극적인 목적을 달성하기 위하여 '비행을 저지른 소년'에 대해 성격의 교정과 환경의 조정에 관하여 각종의 처치 중에서 소년의 개성에 따른 적절한 처우를 선택해 이것을 법에 의해 정해진 실천형식으로 최종적으로 결정해야 한다. 그러므로 법원에서는 '심판에 붙여야 할 소년'으로서 송치된 소년에 대해 소년법에 규정되어 있는 '비행을 저지른 소년'인가 아닌가에 관한 판단과 비행을 저지른 소년에 대한 보호처분의 여부, 더 나아가 뭔가의 조치를 필요로 하는 경우에는 어떠한 처우가 가장 적절한가의 판단을 하는 것이 필요하다. 그를 위해 기초가 되는 것이 조사이다[24].

이와 같이 조사의 대상은 비행사실과 요보호성으로 나뉘고 그것에 따라 비행사실의 존부에 관한 조사와 요보호성의 유무, 정도의 조사로 나뉜다. 그러나 비행사실과 요보호성의 관계는 분명하게 구분되는 것은 아니고 비행사실 그 자체, 즉 비행성이 있다는 것은 요보호 상태의 한 가지 표출이기 때문에 양자는 밀접한 불가분의 관계인 것이다[25].

소년조사제도란 이상과 같은 소년사건에서 이루어지는 각종 조사제도를 가리키는 것으로서 비행사실에 대한 조사와 요보호성에 대한 분류심사를 포함한다. 이 중에서도 특히 분류심사란 청소년의 성격과 행동에 나타난 여러 가지 문제점을 과학적으로 진단하여 교정치료를 위한 구체적인 방법을 밝혀 주는 일련의 활동을 말하는데, 생활사를 중심으로 한 사회·환경적 조사, 각종 심리검사, 행동관찰, 신체·정신상황, 보호자 상담 및 각종 기록조회 등 다각적 수단을 동원하여 요보호성 여부를 판별하는 작업이다. 여기에서 요보호성이란 소년의 성격과 행동에 나타난 여러 가지 문제점을 방치할 경우 범죄로 심화될 위험요인을 말하는 것으로서 요보호성 여부의 판별이 분류심사의 관건이 된다[26].

다시 말해 소년조사제도는 비행소년이 저지른 비행사실을 비롯해 그가 처한 환경적 여건과 심신의 특성을 정확히 이해하여 그들 비행소년 개

---

24) 關力, 非行少年はこう扱われる, 東京: 有信堂高文社, 1991, 105頁.
25) 平場安治, 少年法, 東京: 有斐閣, 1991, 203頁.
26) 이태호, "분류심사의 개방화를 통한 지역사회 봉사방안", 법조 470, 1995, 196~197, 211쪽.

개인의 특성에 맞는 개별화된 처우를 시행하기 위해 실시하는 각종 조사제
도를 말한다.

2. 소년조사제도의 연혁

소년조사제도의 연혁은 수사단계와 재판단계, 교정단계에서 각각 다
른 역사적 과정을 거쳐 발전해 왔기 때문에 이를 구분하여 살펴보아야
할 것이다. 그러나 수사단계의 소년조사제도라는 것은 이 연구에서 소
년에 대한 조사를 사법처리과정의 흐름에 따라 고찰해보고자 하는 편
의에 의해 구분해 놓았을 뿐 실제 수사기관에서는 소년에 대해 약간의
특별조치를 취하고 있기는 하지만 근본적으로 성인범죄자에 대한 수사
제도와 별도의 제도를 운영하고 있다고 보기는 어렵기 때문에 이에 관
한 연혁 또한 수사제도의 연혁과 구분되는 별도의 연혁을 찾아내기 어
렵다. 따라서 여기에서는 재판단계와 교정단계의 소년조사제도의 연혁
에 관해서만 살펴보고자 한다.

1) 재판단계에서의 소년조사제도

재판단계의 소년조사제도와 관련된 것으로서 최초의 소년분류심사제
도는 1887년 미국의 뉴욕 엘마이라 소년원(New York reformatory at
Elmira)에서 성인범죄자로부터 소년범죄자들을 분류하는 것이 비행소년
의 처우에 보다 적절하다고 생각하고 또한 성인교도소와 다른 교육 프
로그램을 제공한 것에서 시작되었다고 한다[27]. 그러나 이와 같이 단순

---

27) Simonsen, Clifford E, Juvenile Justice in America, New York: Macmillan Publishing
    Co., 1991, pp.128~130.

하게 소년을 성인범죄자로부터 분리하는 차원을 넘어 현재와 같은 분류심사제도의 모체가 된 것은 1899년 미국의 일리노이 주 시카고에 창설된 세계 최초의 소년법원에서 비롯된 소년법원운동에 힘입어 1909년 윌리엄 힐리(William Healy)가 개설한 소년정신의학연구소이다. 같은 해에 보스턴에도 가이던스센터(guidance center)가 설치되어 조사연구를 하게 되었다. 1950년 미국 각 주에서는 소년법원에 소년감별소를 부설 혹은 소년원에 병설하였는데 특히 뉴저지 주의 소년진단센터에는 정신의학자, 임상심리학자, 케이스워커(case worker) 등이 배치되어 미국 소년분류심사원의 표본이 되었다[28].

독일에서는 법원보조인(Gerichtshilfe)제도를 통해 범죄인의 개인적·사회적 사정에 관한 조사를 실시하고 있는데, 1923년 2월 16일 제정된 소년법원법(Jugendgerichtsgesezt)은 사적으로 몇몇 지방에서 실행되어 오던 소년법원보조인(Jugendgerichtshilfe)제도를 처음으로 명문으로 인정하였다. 이 법은 비행소년들의 생활환경과 그들의 신체적·정신적 특성을 조사할 것과 비행소년들에 대한 사회보장적인 지도에 힘쓸 것을 주장함과 아울러 형사사법기관들이 절차의 모든 단계에서 소년법원보조인의 도움을 받을 것을 명시하였다. 그 후 1953년 8월 4일 소년법원법의 개정이 이루어졌는데, 이 법에서는 소년법원보조인의 임무와 목표를 소년피고인의 인격을 조사함으로써 법원을 돕고, 소년들의 재사회화를 위한 보호적 지도를 하는 데 둠으로써 오늘날까지 유효한 모범적인 법원보조인제도의 형태를 갖추었다[29].

프랑스에서는 1948년 국립소년감별기관을 설치하여 정신진단, 신체검진을 병행하고 사회조사관을 배치하였으며 6개월간의 분류심사 기간을 두었는데 이것이 유럽식 분류심사원의 표본이 되었다.[30]

---

28) 이상해, "소년감별소 운영에 관한 연구", 법무연구 4, 1977, 141쪽.
29) 위의 논문, 52~59쪽.
30) 위의 논문, 141쪽.

일본에서 근대 비행소년에 관한 분류심사의 사상이 제도화되어 출발하게 된 것은 1923년부터 시행된 구소년법과 교정원법에 의해서인데, 이 법에 따라 1924년 최초의 조사가 이루어졌다. 그 후 1933년 소년교호법의 제정으로 소년교호원이 생겼는데, 소년교호법 제4조는 소년교호원 내에 소년감별기관을 설치할 수 있도록 규정하고 있다. 이러한 소년법과 교정원법은 1948년 새로운 소년법 및 소년원법이 제정됨으로써 대체되고, 양법이 다음해 1월 1일부터 시행됨에 따라 이 양법에 의해 처음으로 소년감별소제도가 발족되었다. 신소년법에서는 소년에 대한 처분에 있어 구체적·개별적 타당성을 확보하기 위해서는 과학적 조사가 필요하다고 하여 가정법원에 조사관을 두어 사건조사를 맡도록 하고 소년감별소의 감별결과를 활용하도록 하였다. 이러한 일본의 소년감별제도는 미국의 제도를 도입한 것으로 관계법률의 개정과 감별처치의 발전으로 많은 변화를 겪었으며 우리나라를 포함한 아시아 제국의 분류심사제도의 도입과 운영에 많은 영향을 주었다[31].

우리나라에서는 1977년 소년원 직제개정령(대통령령 제8555호)의 공포로 서울소년감별소가 처음 발족되었고, 동년 12월 31일 소년법 및 소년원법 개정법률이 공포됨에 따라 제도적으로 확립되었다[32]. 소년법에서는 과학적인 조사방침을 정해 조사관으로 하여금 비행소년에 대한 조사를 실시하게 하였고(구소년법 제9조 등), 소년원법에서는 소년감별소에 가위탁된 소년의 자질을 감별하도록 규정하였다(구소년원법 제10조 등). 그 후 소년감별소의 명칭을 변경하기 위하여 1995년 1월 5일 소년원법이 개정되었는데(법률 제4929호)[33], 바뀐 명칭은 소년분류심사원으로서 현재에 이르고 있다. 한편 1989년부터는 보호관찰 등에 관한

---

31) 조상연, "일본의 소년감별소제도 연구," 법무연구 17, 1990, 184~186쪽; 森下忠b, 刑事政策大綱 I, 東京: 成文堂, 1989, 169頁.
32) 김준호/이동원, 비행소년 감별기준에 관한 연구, 서울: 한국형사정책연구원, 1994, 18쪽.
33) 제7조를 비롯해 제9조, 제13조, 제14조, 제15조, 제16조, 제18조, 제20조, 제21조, 제22조, 제23조, 제24조, 제25조 , 제26조, 제27조 등의 조문이 개정되었다.

법률에 의해 소년형사사건에서 보호관찰에 명하기 위해 필요한 경우에 한해 보호관찰소에 소년에 대한 판결전조사를 실시하도록 하고 있다.

2) 교정단계에서의 소년조사제도

교정단계의 소년조사제도는 분류수용제도와 관련하여 발전해 왔는데[34], 교도소라는 존재가 있은 이후부터 수형자구별의 여러 가지 수단들이 존재했다. 따라서 그 같은 격리는 분류와 동일시되어 왔다. 가장 초기형태의 분류는 주로 피상적 특징에 기반을 두었다. 예를 들면 남녀교도소 구별은 1518년에 스페인에서 이루어졌다. 1597년 암스텔담 징치장에서는 남녀를 구분해 수용했고, 1630년에는 이곳에 소년을 위한 징치장이 설립되었다.

18세기 초에 성 빈센트 폴은 고아와 빈자를 돌보면서 아이들과 성인 간의 격리의 필요성을 실감하여 아이들을 대상으로 하는 보호시설을 만들었다. 탈선청소년을 대상으로 하는 최초의 교도시설은 1824년 독일에서 건설되었고, 1825년에 뉴욕에서 이와 유사한 형태가 만들어졌다. 1790년 필라델피아에 설치된 월넛스트리트(Walnut Street) 교도소에서는 원시적인 죄수 분류가 실시되었다. 남성과 여성의 구별, 그리고 미성년자와 성인의 격리가 그러하다. 1797년에는 이곳에서 유형별 죄수 구별이라는 최초의 시도로서 간주될 수 있는 분류를 실질적으로 시행했다.

최초의 청소년전문교도기관은 엘마이라 내의 뉴욕소년원이다(1876년). 교정담당자들은 뉴욕소년원의 설립자들과 그 외의 사람들이 청소년범죄자와 성인범죄자의 구별이 청소년들에게 필요한 처방들을 실행

---

34) 이하 Simonsen, Clifford E., op. cit., pp.128~129; 권태정, 재소자 분류수용제도에 관한 연구, 서울: 한국형사정책연구원, 1992, 28~30쪽.

하는 데 보다 성공적이라는 것을 증명하자 이를 모범으로 삼았다. 이 같은 청소년 교정기관은 성인 교정기관과 반대되는 교육 프로그램을 제공했다. 그리고 분류에 따른 청소년 교정 프로그램이 보다 효과적이라는 인식이 청소년과 성인 교정기관 모두에 전파되었다. 19세기 후반부 동안 처방프로그램은 현저하게 발전했고, 분류와 행정 시스템에 영향을 주었지만, 그와 같은 처방프로그램의 발전은 실행자금의 부족으로 인해 지장을 받게 되었다.

20세기 들어서 수형자분류는 성별, 연령과 같은 수형자 간의 명백한 차이점과 개인적 특징과 범죄의 유형에 따른 차이에 따라 이루어지고 있다. 예를 들면, 1917년에 뉴저지는 미국 내에 최초의 교도소 분류를 하였는데 이는 같은 해의 교도소 심의위원회의 결과물이었다. 무엇보다도 이 위원회는 임상전문가의 교도소 출입을 통해 분류 시스템을 준비하고 실행하였다. 뉴저지 교도소의 분류는 사회에 대한 적대감을 갖고 세심한 관리가 필요한 다루기 힘든 부류, 합리적이고 성실한 수형자이기는 하나 장기수이며 세심한 관리가 요구되는 비교적 관리가 용이한 부류, 정신병적인 증세는 아니나 정신이 허약한 부류, 연로하고 무능력한 부류, 정신이상으로 인해 병원으로 이송이 필요한 정신이상 및 간질환자 부류, 낮은 지능과 더불어 감정이 매우 불안정하고 오랜 기간의 부정기형 상태의 관리와 교육이 필요한 불완전한 탈선자 부류로 나뉜다. 1930년 의회법령은 미연방 재소자들의 분류를 위한 프로그램을 만들었다. 현재와 같이 과학화된 분류는 20세기 들어와 실증적 과학의 발달에 의해 발전된 것이다.

우리나라의 근대적 분류제도는 1894년 제정된 '징역표'에서 수형자의 종류와 형기에 따라 분류한 것에서 그 효시를 찾을 수 있고, 이후 1911년 '조선감옥령'에서 명목상 성별·연령·형기·죄명 등에 의한 분류를 규정하였으며, 1950년 제정된 '행형법'이 1961년 개정되면서 수형자의 형기·죄질·범수·성별·연령 등을 참작하여 분류 수용하도록 하였다. 그 후 과학적인 진단·분류에 의한 개별처우를 위하여 1964년 '수형자분류심사방안'이 법무부장관 훈령으로 시달되었고, 1969년 '교정누진처우규정', 1978년 '수형자분류심사지침', 1979년 '수형자분류처우요강' 등을 거쳐[35], 법무부령으로 제정된 '수형자분류처우규칙'이 1999년 전면 개정되어 현재에 이르고 있다.

II. 소년조사제도의 이념

1. 처우의 개별화

1) 처우의 개별화의 의의와 연혁

처우의 개별화란 범죄자 한 사람 한 사람이 서로 다른 개성을 가진 인격체이며 또한 범죄의 원인도 다양하므로 범죄자에 대한 처우를 유효하게 하기 위한 것으로서 개개의 범죄자에 대한 신체적, 정신적, 환경적 특성에 따라 가장 적합한 처우를 행하려는 것이다. 이러한 개별화의 원리가 행형의 단계에서 가장 중요한 지배원리라 함은 이미 많은 학자들이 지적한 바 있다. 개별화-개별예방의 사상은 행위자의 인격 및 성격에 따라 처우의 성격, 정도, 기간을 달리하는 다양한 행형을 강구하는 것이다. 이러한 의미에서 개별적인 처우가 이루어지기 위해서는 행형시설의 획일성을 벗어나야 하며 행형의 태도도 다양하게 이루어져야 한다. 다른 한편으로는 수형자의 분류가 절대적으로 긴요하다. 행형시설과 행형형

---

35) 위의 책, 51~52쪽.

태의 다양화를 이룸으로써 각각의 수형자의 상태에 적절한 시설설치 및 행형구현이 이루어지기 때문이다. 행형의 목적을 달성하기 위해서는 여러 가지 형태의 행형이 다양화의 이름 아래 추구되어야 한다. '다양화'와 '분류'라는 말은 서로 밀접히 연결되어 수형자를 처우와 구금의 관점에서 각각 그룹화하여 유사한 수형자들은 유사한 행형조건으로 처우하여 재사회화하는 것이 보다 효과적이라는 의미이다36).

이와 같이 범죄자에게 개별적인 프로그램을 제공하는 공적인 정책은 법률을 위반한 자에게 획일적인 형벌을 과하는 실무에 반대한 실증주의 학파의 논의에서 발달하게 되었다. 이것은 획일적인 형벌에 대해 무슨 질병인지 어떤 환자인지 관계없이 획일적으로 치료하는 것과 같이 명백히 효과가 없다는 이론이다. 이들은 형벌의 종류와 무게는 개개의 범죄인에게 적합해야 한다고 주장하였다37). 이러한 '처우의 개별화' 이념은 19세기에 있어서 형법 개혁의 주요한 원천의 한 가지인 형벌의 개별화의 운동 중에 나타나게 되었고 특히 살리에르(R. Saleilles)에 의해 주창된 형벌의 개별화의 운동에서 명확한 형태로 표현되어 있다. 2차 대전 후, 처우의 개별화를 추진하는 운동은 그 형벌의 개별화 운동의 연장선상에서 한 것이지만 19세기의 개별화와는 같은 것은 아니고 사회방위의 새로운 관념하에서 어떻게 전개하고 전환할 것인가에 중점을 두고 있는 것이다. 살리에르가 주장한 형벌의 개별화는 선택형을 늘리거나 법정형의 폭을 넓히는 등 판사에게 광범위한 재량의 여지를 주는 것에 주안점이 있는 것이다. 19세기 후반 실증주의의 영향을 받은 20세기에는 정신장애자 등에 대한 보안처분 및 비행소년에 대한 보호처분이 처우의 체계에 도입되었고, 처우의 개별화 내지 재사회화의 개별화된 처우의 문제가 범죄자 처우의 중심적 과제가 되기에 이르렀다. 그것에는 판사가 범죄자의 인격에 적합한 형사재판을 선택, 결정하는

---

36) 조준현, "수형자의 분류와 인격조사", 행형의 과제와 실험, 서울: 법무부, 1989, 2~3쪽.
37) 平野龍一b, アメリカの刑事司法-犯罪學II, 東京: 有信堂高文社, 1984, 66頁.

점에 중요성이 인정되는 것만이 아니라 교정처우의 단계에서 개별화에도 중요한 의의가 발견된 것이다. 이러한 개별화의 관념의 발전에는 미국 교정에 있어서 분류라고 하는 사고가 큰 영향을 미쳤다고 말할 수 있다. 처우의 개별화를 도모함에는 범죄자의 인격의 인식이 전제조건으로 된다. 그러나 형벌의 도덕적 성격을 강조하는 고전학파와 범죄인의 위험성에 형벌을 적응시키고자 하는 근대학파 사이에는 개별화를 둘러싼 기본적인 입장이 크게 다르다. 후자의 입장은 개별화의 기술은 인간과학이 사회방위처분의 적용에 가장 적합하다고 제시하는 기준에 상응해야 한다고 본다. 이에 대해 신사회방위론에서는 처우의 개별화가 각 범죄자의 사회복귀에 가장 적합한 처분의 탐구라고 해석하고 있다[38].

2) 처우의 개별화의 내용

처우의 개별화는 범죄자 처우의 각각의 단계에서 생각할 수 있다. 살리에르는 그의 저서 '형벌의 개별화'에서 개별화의 단계를 법률상의 개별화, 재판상의 개별화 및 행정상의 개별화의 세 가지로 구분하고 있다[39].

법률상의 개별화는 사전에 주요한 행위 면을 기준으로 하여 구성요건의 세분화, 형의 가중 감경 등을 규정하는 것이다. 이러한 의미의 개별화는 19세기가 끝날 즈음부터 여러 나라에서 채용해 온 형의 집행유예, 가석방, 누범가중 등에 관한 형사정책 규정의 도입에 의해 다채로워졌다. 20세기, 특히 후반에 이르면, 형사정책 입법의 국제화에 의해 개별화가 추진된다. 예를 들면, 영미법의 프로베이션(probation)제도가 대륙법계 국가에 도입되고, 한편 대륙법의 집행유예제도가 영미법계 국가에 도입되었다. 현재는 법률상의 개별화는 국제적으로 거의 같은 수

---

38) 森下忠a, 犯罪者處遇論の課題, 東京: 成文堂, 48~50頁.
39) 이하 上揭書, 17~20頁.

준에 달해 있고, 시대의 발전에 따라 단기자유형의 새로운 집행방법, 자유형에 대체하는 처분 등 새로운 형사사조에 입각한 개별화가 요청되고 있다.

재판상의 개별화는 형사절차에 있어서 사법적 개별화인 것으로서 주로 판사가 범죄인의 주관적 사정을 고려하여 행하는 형사제재의 선택과 결정에 있어서 구현되는 것을 말한다. 재판상의 처우에 관해서는 의학·심리학적인 조사에 의거한 처우결정이 특히 정신장애자, 상습범, 소년에 관하여 중요한 의의를 가진다. 마지막으로 행정상의 개별화는 교정처우 및 보호적 처우의 단계로 행정기관에서 행해지는 것을 말한다.

이상과 같은 처우의 개별화를 실현하기 위해서는 두 가지 전제조건이 있다. 첫째, 적절한 처우결정을 가능하게 하기 위해 범죄자의 인격을 정확히 인식해야 한다. 둘째, 개개의 경우 가장 타당한 처분을 적용할 수 있도록 선택의 여지를 넓게 하는 것이 중요한 전제가 된다. 첫 번째 조건을 재판상의 개별화에 관해서 보면, 재판 전의 분류와 조사를 위한 조직이 필요하게 된다. 교정에 있어서의 개별화에 관해서는 수형자 또는 보안처분·보호처분에 처해진 자의 인격조사 및 그에 기한 분류의 실시를 요구한다. 두 번째 조건을 재판상의 개별화에 관해서 보면, 법정형에 넓은 선택과 재량의 여지가 주어져 있을 것과 형벌과 보안처분·보호처분과의 사이에도 선택의 여지가 존재할 것을 필요로 한다. 교정에 있어서의 개별화에 관해서는 피수용자의 분류에 따른 교정처우체계의 수립을 요구한다[40]. 이 연구의 주제는 이 중에서 첫 번째 조건에 주로 관련된 것으로서 비행소년에 대한 처우의 개별화를 위해 그들에 대한 인격조사와 분류를 실시하는 제도에 관해 고찰해 보고자 하는 것이다.

그런데 인격조사 및 분류와 관련하여 한 가지 문제점이 있다. 그것

---

40) 森下忠d, 刑事政策大綱, 東京: 成文堂, 134~136頁.

은 처우의 개별화라는 명분으로 행하여지기 쉬운 법원의 자의전단의 위험
성이다. 처우의 개별화를 가장해서 법관 개인의 주관적, 자의적 처우를 해
서는 안 된다. 이를 방지하고 규제할 수 있는 가장 효과적인 방법은 법
과 과학적 법칙을 적용한 재판의 과학화에 있다. 진정한 처우의 개별
화라고 하는 것은 과학적인 데 의미가 있는 것이고 그 원리가 재판절
차에 있어서 시종일관 적용되어야 한다. 법률가로서의 법관이 치료적
처우방법의 선택결정에 관하여 과학적 방법을 구사하여 행할 수 있을
만큼 전문적 지식과 응용능력을 가지는 것이 바람직하지만 현실적으로
어려운 이상 보조수단으로서 피고인의 인격과 환경에 대하여 과학적인
조사를 수행할 수 있는 전문적 조사관 또는 조사기관을 두고 거기에서
나온 전문적 보고와 의견에 근거하여 처우의 대체적 방향을 결정하여
나갈 필요성이 있다[41].

2. 소년에 대한 처우의 개별화

소년은 일반적으로 미성숙하고 장래성이 있으며 교정 가능성이 크기
때문에 비행소년의 처리, 절차에 있어서는 죄명, 사안의 경중, 죄질 등
에 주안점을 두기보다는 비행소년의 성격, 연령, 환경, 범죄적 위험성,
사회현실에 대한 적응성 등을 종합적으로 판단하여 이를 기초로 하여
그 교화·개선의 수단으로서 어떠한 처우를 하는 것이 타당할 것인가
를 개별적, 구체적으로 결정하는 처우의 개별화가 특히 요망된다[42].
이에 최근에 이르러 비행소년에 대한 처우의 개별화는 소년법제 연구
의 주요과제로 대두되고 있다.

---

41) 이상철, 판결전조사제도에 관한 연구, 서울: 한국형사정책연구원, 1994, 18~19쪽.
42) 신희구, "소년감별위탁기관 및 위탁기간에 관한 개선방안", 청소년범죄연구 제3집,
　　1985, 106쪽.

  이와 같은 비행소년에 대한 처우의 개별화를 실현하기 위해서는 우선 비행소년의 성격, 환경, 범죄적 위험성 등을 과학적으로 정확히 조사하여야 하는데, 우리나라에서는 이러한 기능을 수행하는 기구로서 소년법원의 조사관과 소년분류심사원 및 보호관찰소를 두고 있다.

  팔머(Palmer)는 소년보호관찰의 처우와 관련하여 "상이한 소년들에게 상이한 처우"를 주장하였다. 어떤 유형의 소년들에게는 집중적인 치료가 더 적절하고 또 다른 유형의 소년들에게는 오히려 집단적인 처우가 더 효과적이라고 해서 집중적인 치료가 어떤 유형의 소년들에게는 부적절하고 비효율적인 방법이 될 수 있다는 것이다[43]. 법무부 관찰과에서는 '보호관찰대상자 분류지도지침'을 제정해 시행하고 있는데, 1996년 12월에 개정된 현행 지침을 살펴보면 보호관찰대상자를 재범위험성을 기준으로 3단계로 구분해 처우하도록 하고 있다. 이러한 분류기준은 보호관찰소년 개개인의 특성에 맞는 처우라는 측면에서는 그다지 실효성이 없어 보인다. 이와 관련해 일본의 보호관찰시책이 시사점이 있다고 보아 간단히 소개하고자 한다.

  일본에서는 1976년 이래 보호관찰제도에서의 처우의 개별화를 위한 여러 가지 시책을 마련해 오고 있는데, 1989년에 이르러서는 이제까지 다년간 이루어진 처우실적에 의해 제시된 제 유형에 대한 배려사항에 관해서 정리 통합해, 보호관찰 유형별 처우제도가 실시되었다. 그의 기본적인 생각은 개별처우를 염두에 두고, 보호관찰대상자가 가지고 있는 문제성과 그 밖의 특성, 그의 범죄·비행의 태양, 환경조건 등에 따라 유형화하여, 각 유형별 특성에 초점을 둔 처우지침 등을 참고로 하여 처우계획을 책정하고, 획일적이 아닌 탄력적으로 대처한다고 하는 것이다. 유형의 종류는 신나 등 사용자, 각성제사범대상자, 폭력조직관계자, 성범죄자, 중학생, 무직소년, 가정 내 폭력, 교내폭력, 폭주

---

43) 최인섭 / 진수명 / 김영진, 소년보호관찰의 평가와 효율성 분석, 서울: 한국형사정책연구원, 1993, 69쪽, 재인용.

족, 정신장애자, 무기형대상자의 11개 유형이다.[44]

한편 미국의 교정관련 종사자들은 미국의 소년사법체계에서 분류제도의 유용성을 평가하는 기준으로 다음 세 가지를 고려한다고 한다. 첫째는 행위자 분류로서 범죄행위를 저지른 청소년의 유형을 분류하는 것이다. 둘째는 행위의 분류로서 청소년이 저지른 범죄의 유형을 분류하는 것이다. 셋째는 관리목적상의 분류로 범죄자의 잠재적 위험도를 평가하는 것이다.[45]

Ⅲ. 소년조사제도의 구조와 기능

1. 소년조사제도의 구조

소년이 범죄를 범하게 되면 이를 발견한 경찰 등의 사법경찰관리는 소년의 비행사실을 조사하여 검사에게 송치하고, 검사가 이에 대해 수사를 완료하여 범죄가 성립하는 경우에는 제반 사정을 고려해 처벌의 필요성이 없다고 생각되는 경우에는 기소유예, 벌금이하의 형에 해당하는 범죄이거나 보호처분에 해당하는 사유가 있다고 인정한 때는 소년법원[46]에 송치하여 보호사건으로 처리되며, 그 외에는 일반형사법원에 기소하여 형사사건으로 처리된다.[47]

---

44) 淸水和夫, "保護觀察施策の50年の流れ", 犯罪と非行, 119, 1999, 184~186頁.

45) Simonsen, op. cit., pp.131~133.

46) 이는 강학상의 용어로 실무상은 가정법원 소년부와 지방법원 소년부를 합해 소년부라 칭하고 있다.

47) 오영근／최병각, 소년사건처리절차의 개선방안에 관한 연구, 서울: 한국형사정책연구

다음으로는 전문적인 조사과정이 이어지는데, 이 역시 소년보호사건과 소년형사사건에서 각각 다르게 처리되고 있다. 즉, 소년보호사건에서 소년부 판사는 조사관에게 조사를 명할 수 있고, 정신과의사, 심리학자, 사회사업가, 교육자 기타 전문가의 진단 및 소년분류심사원의 분류심사 결과와 의견을 참작하도록 하고 있고, 소년형사절차에서 형사법원은 조사관에게 조사를 위촉하거나 보호관찰소에 판결전조사를 요구할 수 있다. 이러한 심판전조사 외에도 소년원이나 소년교도소 등 시설에 수용된 소년에 대해서는 보호관찰소에 환경조사를 의뢰해야 하고, 또한 각 소년 수용시설에서는 분류처우를 위한 분류심사가 이루어지고 있다. 그러나 이들 조사제도는 각 단계별, 제도별로 조사의 성격과 목적이 상이하다.

먼저 수사단계의 조사는 소년이 저지른 비행사실을 정확하게 밝히는 것에 주된 목적이 있다. 다음으로 재판단계의 조사에서도 보호사건에서의 조사와 형사사건에서의 조사 간에 차이가 있다. 보호사건에서의 조사는 소년에 대한 요보호성을 밝히는 데 주된 목적이 있지만, 형사사건에서의 조사 중 현재 실시되고 있는 판결전조사의 경우는 소년에게 보호관찰을 명하기 위한 자료로 활용하기 위한 것이다. 마지막으로 교정단계의 조사에서도 분류심사제도와 환경조사 간에 차이가 있다. 분류심사제도는 시설 내에서의 처우를 위한 자료로 활용하기 위한 것이고, 환경조사는 가석방 이후의 지도를 위한 자료로 활용하기 위한 것이다.

이와 같이 소년에 대해 실시하고 있는 조사들은 조금씩 다른 성격과 목적을 가지고 운영되고 있지만 그럼에도 불구하고, 이들 조사에서는 일관된 공통점을 추출해 낼 수 있다. 그것은 조사의 목적 중의 일부일지라도 소년에 대한 처우의 개별화를 염두에 두고 있다는 것이다. 조사관조사나 소년분류심사제도, 교정단계에서의 분류심사와 환경조사가 처우의 개별화를 목적으로 하고 있음은 명백하지만, 비행사실의 조사를

원, 1995, 29쪽.

주된 목적으로 하고 있는 수사단계의 조사에서조차 환경조사를 실시하고 있을 뿐 아니라 근거법령에 처우의 개별화에 관해 규정하고 있다.

이상과 같은 절차적 구조와 특징을 가지고 있는 우리나라 소년조사제도를 형사소송구조와 관련하여 살펴볼 필요가 있다. 형사소송에서는 공소가 제기되면 그다음 절차는 공판이다. 즉 공개법정에서 대립담당자로부터의 진술이 청취되고 증거조사가 허용된다. 그리고 그 과정에서 심증이 형성되어 재판으로 결실된다. 공판 외에 공판준비의 절차가 있지만 이것은 문자대로 준비이고 독립적인 의미를 가지지 않는다. 보호사건에 관하여는 이 공판에 해당하는 부분은 조사와 심판이다. 조사와 심판은 각각 독립적인 원리를 가지지만 보다 상위의 관념으로 포섭될 수 있는 일체이다. 즉 법원이 재판의 자료를 획득하고 그것을 통해 판단을 형성해 오는 과정이다. 형사소송에 있어서 공판의 구조가 당사자주의임에 반해 보호사건에 있어서 조사와 심판의 구조는 직권주의이다. 보호절차의 직권주의는 그의 주된 방법으로서 인격조사에 의해 규정된다. 소년법원은 보호를 필요로 하는 사회적 부적응을 초래한 원인을 찾고, 그것에 대해 적당한 처치를 고찰하여 결정한다. 소년이 무엇을 했는가가 문제가 아니라 소년이 누구인가 및 어떠한 상태인가가 문제인 것이다. 그러므로 소년의 범죄행위만이 아니라 인격 전체가 검토의 대상이 된다.[48]

보호사건의 현저한 특징은 조사와 심판이 2단계로 분리되어 있다는 것이다. 이와 같은 절차구분을 필요로 하는 이유는 첫째 위에서 말한 직권주의이다. 보호사건의 관계자 간에는 이해 대립한 당사자라고 하는 것이 없으므로 심판에 필요한 자료를 스스로 수집해야 하는 것이다. 둘째는 조사와 심판의 구분은 심판의 대상의 한 가지인 요보호성의 유무, 정도의 인정과정의 특수성 때문에 오는 귀결이다. 요보호성의 인정방법은 상술한 바와 같이 보호의 특수성 때문에 케이스워크적인 인격조사가 중

---

48) 平場安治, 前揭書, 204~205頁.

요하다. 그러므로 단순히 자료의 수집이라고 하는 수사관적인 임무를 법원이 대신한다고 하는 소극적인 것이 아니고 대상 소년의 위험성의 진도와 질을 확인한다고 하는 적극적인 것이다. 셋째는 적정한 법적 절차의 요청이다. 보호처분은 보호의 목적을 가지면서 소년의 자유를 구속하고 경우에 따라 보호자의 권리를 침해한다. 이것이 그 자체 행정적 색채가 강한 문제의 처리를 사법기관에서 관할하는 중요한 근거이다.[49]

2. 소년조사제도의 기능

소년에 대한 조사제도의 목적은 소년법의 이념인 보호주의를 구현하는 데 있다. 이를 구체적으로 표현하면 소년에 대한 처우의 개별화를 목적으로 하고 있는 것이다. 이는 그 기능 면에서 다음과 같은 두 가지 측면을 모두 가지게 된다. 즉, 하나는 소년심판을 보조하기 위한 사법작용으로서의 기능이고, 또 하나는 비행소년의 개선·갱생을 위한 심판 이후의 계획에 대한 자료를 제공하는 복지행정작용으로서의 기능이다. 그러나 이 두 가지 기능은 별개의 것이 아니라 상호 밀접한 관련을 갖고 있으므로 계속성을 갖고 있는 통합기능으로 파악해야 할 것이다.

특히 소년에 대한 조사와 분류를 위한 전문기구인 소년분류심사원에서 행해지는 분류심사의 기능은 비행소년에 대한 심사결과를 바탕으로 문제 또는 비행의 원인을 규명하고 그에 대한 처우, 치료 및 교정방침을 수립함과 동시에 가정법원 소년부 또는 지방법원 소년부의 조사심리에 필요한 자료의 제공뿐만 아니라 소년원, 보호관찰소 등에 교정교육의 지도지침이 되는 자료를 제공하는 것 등이다[50].

---

49) 上揭書, 209~211頁.
50) 김준호/이동원, 앞의 책, 17쪽.

제 3 장

외국의 소년조사제도에 관한 고찰

제1절 개 관

각국은 비행청소년에 대한 처우의 개별화를 위해 고유한 제도를 마련해 조사와 분류를 실시하고 있다. 여러 나라 중에서도 우리나라에 역사적·지리적으로 많은 영향을 미치고 있는 선진국가로는 일본과 미국, 독일을 들 수 있다. 이들 국가 중에서 일본의 경우는 소년감별소를 두어 과학적이고 전문적인 감별제도를 시행하고 있는데, 우리나라에서 소년분류심사제도를 마련하던 초기에 일본의 영향을 받았기 때문에 양국의 제도에서는 많은 유사점을 발견할 수 있다. 한편 미국의 초입면접과 처분심리제도, 독일의 예비절차와 소년법원보조인제도의 경우는 우리나라의 소년분류심사제도나 일본의 감별제도와는 다소 다른 형태로 운영되고 있으나 이들 제도 역시 비행청소년에 대한 처우의 개별화를 위해 조사와 분류를 실시한다는 점에서는 본질적으로 동일한 성격을 가지고 있다. 이 장에서는 이들 일본과 미국, 독일의 소년조사제도에 관해 차례로 고찰하고자 한다.

제2절 일본의 소년조사제도

Ⅰ. 일본의 소년사법체계와 조사제도 개관

일본의 소년사건의 절차는 자료수집과정으로서의 조사단계와 수집된 자료에 기해 종국판단을 하는 심판단계로 구성되어 있고, 심판에 앞서 조사를 하는 조사전치주의를 취하고 있다. 일본의 소년조사제도는 소년사건을 담당하고 있는 가정법원에 조사관과 소년감별소[51]를 두어 소년의 요보호성에 관해 조사함으로써 이원화된 구조로 운영되고 있다.

일본에서의 비행소년에 대한 조사는 원칙적으로 가정법원 스스로 조사를 행하고 가정법원 조사관의 조사는 가정법원에서 명해진 때에만 행하는 형식으로 되어 있지만 현실의 실무에서는 모든 사건에 관하여 가정법원 조사관에 의해 조사가 이루어지며 판사는 그것을 총괄, 감독하는 것으로 되어 있다. 그리고 이와 같이 재판단계에서의 소년조사제도를 이원화한 것은 소년보호사건의 조사대상이 외적인 사정과 내심의 상황에 거친 관계이기 때문에 단일한 기관에 의한 조사는 곤란하다고 보아 가정법원 조사관의 조사를 주체로서 소년감별소의 감별을 부가하도록 한 것이다.[52]

가정법원의 사회조사와 소년감별소의 감별의 관계는 모두 소년의 인격 및 환경을 대상으로 하는 조사활동인 점에서 공통성이 있지만 후자는 전적으로 소년의 성격의 교정에 중점을 두고 심신의 상황에 대한 조사와

---

51) 일본에서는 '분류심사'를 뜻하는 용어로서 1995년 이전에 우리나라에서도 사용해 온 바 있는 '감별'이라는 용어를 쓰고 있다. 이에 '소년분류심사원' 역시 '소년감별소'라 칭하고 있다. 이 논문에서는 일본제도에 대한 정확한 이해를 돕기 위해 이를 '분류심사'라는 용어로 번역하지 않고 그대로 사용하고자 한다.
52) 平場安治, 少年法, 東京: 有斐閣, 1991, 228~229頁.

행동관찰을 하는 자질에 관한 조사임에 반해 전자는 소년의 성격의 교정에 그치지 않고 환경의 조정에도 관심을 두고 있다는 점에서 차이가 있다. 개념적으로는 조사의 편이 감별보다 폭넓은 내용을 가지고 있지만 소년의 처우에 직접적으로 밀착된 역할을 담당하는 것은 감별이다.[53]

일본의 소년조사제도를 좀더 구체적으로 살펴보면, 이상의 가정법원 조사관에 의한 사회조사 및 소년감별소에서의 감별 외에도 가정법원 조사관에 의한 시험관찰, 가정법원 과학조사실에 의한 자질감별, 가정법원 의무실 의사에 의한 진단 등 다양한 내용이 포함된다. 그러나 이와 같이 복잡하게 구성되어 있는 일본의 소년보호사건에서의 조사제도도 크게 나누어 보면 가정법원 조사관에 의한 사회조사 및 시험관찰과 소년감별소의 감별의 세 가지로 구분할 수 있다. 또한 이들 조사제도와 관련된 중요한 것으로서 소년의 신병을 보호하면서 그 사이에 필요한 조사를 행하기 위해 취해지는 관호조치가 있다.

따라서 이하에서는 먼저 일본의 전체 소년사법체계 속에서 조사제도가 차지하고 있는 위치에 대해 설명하고, 절을 바꾸어 소년사법체계 각 단계별 조사제도에 관해 차례로 소개하고자 한다.

일본에는 소년사건의 처리를 위하여 소년법이 제정되어 있는데 이에 의하면 소년보호사건은 가정법원이 소년심판절차에 따라 처리하고 형사사건은 소년법상 특별한 규정이 있는 경우를 제외하고는 일반형사절차에 의하는 것으로 되어 있다. 이렇게 절차가 구분되어 있기 때문에 범죄소년의 경우는 보호사건으로 할 것이냐, 형사사건으로 할 것이냐의 선택의 문제가 발생하는데, 일본은 이러한 선의권의 문제에 대해 법원 선의주의를 취하고 있다. 그리하여 소년이 범죄를 범하면 먼저 수사단계를 거쳐 가정법원으로 송치되어 조사와 심판의 절차를 거치게 된다.

이러한 일본의 소년사법체계 속에서 소년에 대한 조사과정이 차지하

---

53) 森下忠c, 刑事政策大綱 Ⅱ, 東京: 成文堂, 1990, 370頁.

고 있는 위치에 관해 간략하게 살펴보면 다음과 같다.54) 먼저 사법경찰은 범죄수사를 한 경우에는 즉시 검찰관에게 송치하지 않으면 안 된다(형사소송법 제246조). 이 원칙은 소년사건에 관해서도 적용되지만(소년법 제40조), 소년법은 한편 벌금이하의 형에 해당하는 범죄의 혐의가 있다고 사료하는 때는 사법경찰로부터 가정법원으로 직접 송치하지 않으면 안 된다고 하고 있다(소년법 제41조)55). 범죄소년에 관한 사건의 송치를 받은 검찰관은 수사를 수행한 결과 범죄가 있다고 인정되는 때 또는 혐의가 없는 경우에도 우범 등 가정법원의 심판을 개시해야 할 사유가 있다고 인정되는 때는 처우의견을 붙여 사건을 가정법원에 송치한다.56)

일본에서는 보호사건과 형사사건을 구분하기 이전에 조사를 하기 때문에 모든 조사는 가정법원에 의해 이루어진다. 즉, 가정법원 조사관의 사회조사 및 소년감별소의 감별을 실시하는데, 경우에 따라서는 여기에 조사관에 의한 시험관찰이 추가된다. 이 과정은 가정법원 조사관이 자신이 행한 사회조사 및 시험관찰과 소년감별소의 자질감별 등의 결과를 종합하여 처우의견을 붙여 이를 가정법원에 제출하는 것으로 이루어진다.57)

이러한 조사과정이 끝나면 보호사건의 경우 가정법원에서 심판과정을 거치는데, 심판개시결정에 의해 심판이 행해져 종국결정이 내려진다. 종국결정에는 심판불개시 및 불처분결정과 아동복지기관 및 검찰관 송치가 있고 또한 보호처분의 결정이 있다. 보호처분에는 보호관찰, 교호원 및 양호시설 송치, 소년원 송치가 있다58).

---

54) 이하 유명건, "일본의 소년사법제도," 각국의 소년사법제도연구, 법무자료 제113집, 110~118쪽; 平野龍一d, 講座少年保護2, 少年法と少年審判, 東京: 大成出版社, 1982, 117~196頁; 平場安治, 前揭書, 174~243頁.
55) 關力, 非行少年はこう扱われる, 東京: 有信堂高文社, 1991, 81~82頁.
56) 法務省法務總合研究所, 犯罪白書, 東京: 大藏省印刷局, 1996, 104頁.
57) 平場安治, 前揭書, 203~243頁; 平野龍一d, 前揭書, 155~195頁; 澤登俊雄a, 犯罪者處遇制度論(上)・少年法制, 東京: 大成出版社, 1975, 109~112頁.
58) 平野龍一d, 前揭書, 155~195頁; 澤登俊雄d, 少年法入門, 東京: 有斐閣, 1994, 48~49頁; 森下忠d, 刑事政策大綱, 東京: 成文堂, 1996, 357頁.

 이상 일본의 소년사법체계의 전체적인 과정과 그 과정에서 소년에 대한 조사제도가 차지하고 있는 위치는 [그림 1]과 같다.

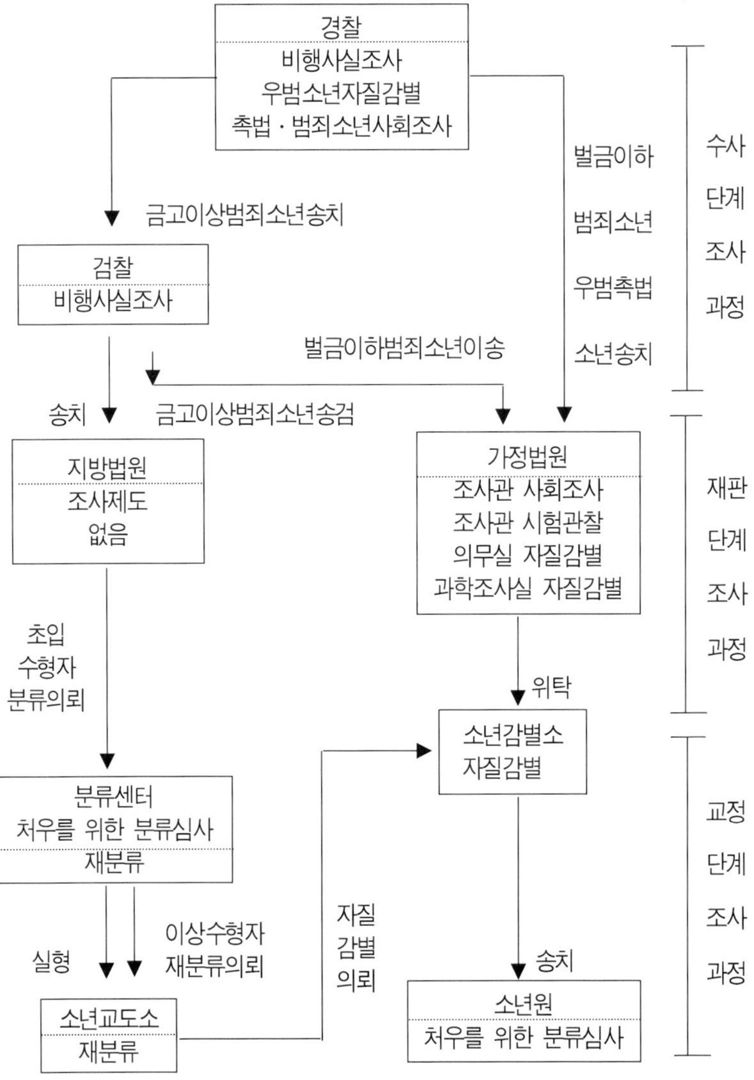

[그림 1] 일본 소년사건에서의 조사절차

II. 수사단계의 소년조사제도

1. 경찰의 조사

1) 의 의

일본에서는 벌금이하의 형에 해당하는 범죄의 혐의가 있는 소년에 대해서는 경찰이 검찰을 거치지 않고 바로 가정법원으로 송치하도록 되어 있기 때문에(소년법 제41조), 경찰단계에서의 소년에 대한 수사과 정이 매우 중요하다. 따라서 일본에서는 경찰청차장통달로 '소년경찰활동요강[59]'을 제정해 소년에 대한 조사업무를 소년경찰의 주요업무의 한 가지로 규정하고 있다.

2) 법적 근거

일본의 소년에 대한 경찰의 조사에 있어 법적인 근거는 소년경찰의 운영과 구체적인 활동의 기준을 정한 '소년경찰활동요강'에서 찾을 수 있다[60]. 소년경찰활동요강 제7조에서는 소년에 대한 처우의 기본으로서 몇 가지를 지시하고 있는데, 그중 하나로 '처우의 개별화: 표면의 사실 의 규명에 노력하는 것은 물론 소년의 성행 및 환경을 깊이 통찰해 비 행의 원인을 규명하기 위해 노력하고 그 비행의 방지 또는 복지상 최 고로 적절한 처우의 방법을 강구하도록 할 것'이라고 규정하고 있다[61].

---

59) 1960년 3월 18일 제정.
60) 關力, 前揭書, 57頁.
61) 日本辯護士聯合會少年法改正對策本部 編著, 少年警察活動と子どもの人權, 東京: 日本

3) 담당기구

일본의 경찰에서 소년사건을 담당하는 곳은 경찰청 조직에서는 보안부 소년과이다. 그러나 소년을 직접 대면하여 조사를 실시하는 곳은 도도부현(都道府縣)단계의 경시청 이하 경찰조직인데, 경시청의 경우 방범부 소년제1과에서 우범소년에 대한 자질감별업무를 담당하도록 하고 있고, 소년제2과에서 범죄소년과 촉법소년에 대한 보도업무를 담당하도록 하고 있다. 여기서 말하는 '보도'란 소년경찰활동요강 제20조에 의하면 '비행의 조기발견과 적절한 처우'인데, 그러한 활동의 하나가 소년에 대한 사회조사이다[62].

4) 조사절차와 내용

일본의 소년경찰은 앞에서 살펴본 바와 같이 우범소년에 대해서는 자질감별을 실시하여 계속적인 보도조치를 취하고, 범죄소년과 촉법소년에 대해서는 사회조사를 실시하는데, 그 내용은 소년의 성격, 경력, 행상, 가정, 학교에 관한 사실의 조사이다. 한편 비행사실에 대한 규명을 위해 수사를 실시하는데, 그 내용에는 연령 확인, 조치의 선별, 처우의견의 결정 등이 포함된다[63].

이러한 조사와 수사절차를 마치고 대상 소년이 벌금이상의 형에 해당하는 범죄의 혐의가 있을 때는 형사법원으로 송치하고, 벌금이하의 형에 해당하는 범죄의 혐의가 있을 때는 가정법원으로 송치한다.

評論社, 1991, 28頁, 152頁.
62) 關力, 前揭書, 59~61頁.
63) 上揭書, 61~62頁.

2. 검찰의 조사

일본에서는 사법경찰원이 수사한 결과 벌금이하의 형에 해당하는 범죄의 혐의가 있는 소년에 대해서는 가정법원으로 직접 송치하도록 하고 있다. 이와 같이 법원선의주의를 취하고 있기 때문에 일본의 검사에게는 소년의 처우와 관련하여 특별한 조사를 실시할 권한이 거의 없고, 다만 형사처분에 해당하는 벌금이상의 형에 해당하는 범죄의 혐의가 있는 소년에 대해 수사활동을 할 수 있을 뿐이다[64].

Ⅲ. 재판단계의 소년조사제도

1. 가정법원 조사관의 사회조사

1) 의 의

사회조사란 미국의 소샬 케이스워크(social case work) 분야의 용어인 소샬 스터디(social study)의 역어로서 소년법상의 용어는 아니지만 후술하는 '소년감별소에서의 과학적 감별'과 대비되는 개념으로 사용되는 심신감별을 포함하지 않는 가정법원 조사관에 의한 조사를 가리키는 것이다. 일본의 법률에서는 단순히 '조사'라고 하고 있다[65].

가정법원에서 처리 중인 소년사건에 관하여는 그 심판에 앞서 조사

---

64) 上揭書, 81~82頁.
65) 平野龍一d, 前揭書, 155頁.

가 행해진다(소년법 제8조 제1항). 여기에서 말하는 조사는 광의의 조사를 의미한다. 그것에는 첫째, 비행사실의 존부와 인정 등을 내용으로 하는 소위 '법적 조사'와 둘째, 소년이나 보호자 등의 인격, 환경 등을 명백하게 하는 소위 '사회적 조사'가 포함된다. 전자는 주로 판사가 하지만 후자는 판사의 명을 받은 가정법원 조사관이 하는 것이 보통이다(소년법 제8조 제2항). 조사방침으로서는 '소년, 보호자 또는 관계인의 행상, 경력, 소질, 환경 등에 관하여 의학, 심리학, 교육학, 사회학, 기타 전문적 지식 특히 소년감별소의 감별의 결과를 활용해 조사할' 것이 요청되고 있다(소년법 제9조)[66].

또한 대상 소년에 관해서는 가정 및 보호자의 관계, 경우, 경력, 교육의 정도 및 상황, 비행화의 경과, 사건의 관계, 심신의 상황 등 심판 및 처우상 필요한 사항의 조사를 하도록 하고(소년심판규칙 제11조 제1항), 또 가족 및 관계인의 경력, 교육의 정도, 성행 및 유전관계에 관해서도 가능한 한 조사하도록 한다(소년심판규칙 제11조 제2항)[67].

이와 같이 가정법원이 수리한 사건에 관하여는 우선 조사를 행하는 것이 원칙이고 심판 전에 조사를 하는 '심판전조사'의 구조로 되어 있다. 소년법 제8조의 규정은 가정법원이 통고와 보고를 받은 경우, 수리에 따르는 조사를 포함하여 가정법원이 조사를 할 권한과 책임의 소재를 명확하게 한 것이다[68].

2) 법적 근거

일본에서 소년보호사건에 대한 사회조사의 법적 근거가 되는 법령과 주요한 조문들을 열거해 보면 다음과 같다.

---

66) 森下忠c, 前揭書, 370頁.
67) 平場安治, 前揭書, 231頁.
68) 關力, 前揭書, 104~105頁.

먼저 사건의 조사와 관련된 규정으로 소년법 제8조 제1항에서는 '가정법원은 전 2조의 통고 또는 보고에 의해 심판에 붙여야 하는 소년이 있다고 사료되는 때는 사건에 관해 조사해야 한다. 검사, 사법경찰, 도도부현지사 또는 아동상담소장으로부터 가정법원의 심판에 붙여야 할 소년사건의 송치를 받은 때에도 같다'고 규정하고 있고, 제2항에서는 '가정법원은 가정법원 조사관에게 명하여 소년, 보호자 또는 참고인의 취조, 그 밖의 필요한 조사를 할 수 있다'고 하고 있다.

3) 담당기구

가. 가정법원 조사관

일본의 가정법원 구성 중에서 가장 현저한 특징은 가정법원 조사관을 두고 있는 것이다. 가정법원 조사관은 가정법원에 속한 소샬 케이스워커(social case worker)인 전문가로서 보호사건조사의 주된 담당자이다. 즉 사회적 조사의 담당자는 가정법원 조사관이고, 가정법원은 그가 조사할 것과 조사의 태양에 관해 가정법원 조사관에게 명령하고 그 보고를 받는 것이다.[69]

가정법원 조사관은 인간행동에 관한 제 과학을 전공하고 실무가로서 전문적인 연수를 받으므로 소년보호사건의 케이스워크(case work)적 측면에서 중요한 역할을 담당한다. 가정법원 조사관 및 조사관보의 설치와 직무에 관해서는 법원법에 기본규정이 있다(제61의 2, 3). 즉 가정법원 조사관은 소년법에서 정하는 소년의 보호사건의 심판에 필요한 조사, 그 밖에 소년법에 규정되어 있는 보고, 관찰, 관호, 동행장의 집행 및 결정의 집행 등의 직무를 담당한다. 가정법원 조사관의 직무는 소년보호사건의 조사, 심판, 집행의 전체에 걸쳐 광범한 내용을 가지고 그 직무를 행

---

[69] 平場安治, 前揭書, 230頁.

함에 관하여는 판사의 명령에 따라야 하지만, 실질적으로는 독자적인 성격의 직책을 가지고 관계기관과의 연락 등이 당연히 필요하게 된다. 그 점에서 최고법원은 가정법원 조사관 중에서 수석조사관을 임명해 조사사무의 감독, 지방갱생보호위원회, 그 밖의 기관과의 연락 조정 등의 사무를 담당할 수 있도록 하고 있다. 가정법원 조사관의 사무를 보좌하는 자로서 가정법원 조사관보가 있다. 또 가정법원 조사관보의 직권의 특례에 관한 규칙에 의해 각 가정법원은 사무상 필요가 있는 때는 소속 가정법원 조사관보 중 가정법원 조사관의 직무를 행할 자를 지명할 수 있고 그 지명을 받은 가정법원 조사관보는 당해 가정법원의 조사관의 권한을 갖게 된다. 가정법원 조사관 및 조사관보의 직무와 조직에 관해서는 최고법원 사무총장의 통달에 규정하고 있다.[70]

현실의 실무에서는 모든 사건에 관해 가정법원 조사관에게 조사를 명하고 있지만 반드시 가정법원 조사관에게 조사를 명해야 하는 것은 아니다. 실무상도 예를 들면 이송, 회부가 행해지는 것이 분명한 경우나 만 연령에서 오일 이내 정도의 경우에는 조사명령을 내리지 않고 취급하는 것이 일반적이다. 게다가 소년사건에서는 가사사건과 달리 많은 경우 조사의 범위, 태양을 개별적으로 한정하지 않고 포괄적인 조사명령이 내려지고 있지만 법률상은 조사명령에 있어서 조사의 범위, 태양을 한정하는 것이 가능하다. 실제상도 소위 일과성의 사건으로 생각되는 경미한 사건에서는 급히 행해야 할 조사의 지침이 제시되어 있다.[71]

나. 과학조사실과 의무실

일본의 가정법원에는 과학조사기관이라고 하여 '과학조사실'과 '의무실'이 설치되어 있다. 과학조사실은 가정법원 조사관에 의해 조직되어 규모가 큰 가정법원에 설치되어 있는 것으로서 주로 재택사건에 관하

---

70) 團藤重光 / 森田宗一, 少年法, 東京: 有斐閣, 1984, 88頁.
71) 平場安治, 前揭書, 230頁.

여 심리테스트 등에 의한 자질감별을 행하고 사건담당조사관의 조사에 협력한다. 의무실은 상근, 비상근의 내과, 정신과의사 등에 의해 조직되어 전국의 가정법원 본청과 규모가 큰 지부에 설치되어 있다. 그 목적은 과학조사의 의학적 측면을 충실히 하고자 하는 것이지만 현재 일본의 가정법원 의무실의 존재는 일반적으로 소년에 대한 의학적 진단과 치료활동을 하는 외에 비행동기의 이해가 곤란한 사건의 해석, 약물관련사건의 진단, 대상 소년의 정신의학상의 진단과 문제의 해결 등 가정법원 조사관에게 구할 수 없는 전문의학적 이론과 기술에 의해 가정법원의 특색인 과학주의에 공헌하는 바가 크다고 평가되고 있다[72].

4) 조사절차

가정법원 조사관의 조사는 판사의 조사명령에 의해 개시된다. 통상명령은 소년보호사건의 전반에 관해 포괄적인 조사를 하는 것으로 나타난다. 결국 조사의 대상과 내용에 관해서는 '소년, 보호자 또는 참고인의 취조 그 밖의 필요한 조사'라고만 규정되어 있지만 소년보호사건을 처리함에 있어 필요한 일체의 사항을 포함한다.[73]

현실의 조사활동을 보면, 통상 최초로 경험을 쌓는 주임 가정법원 조사관에 의해 수리선별절차가 행해지고 그 후 이것을 받아 판사가 법적 조사를 한 뒤에 조사명령을 내리고 사건이 담당 가정법원 조사관에게 배당된다. 이 수리선별절차는 판사가 조사명령을 내리는가 아닌가 어떠한 조사명령을 내리는가를 검토하는 것을 보좌하는 성질을 가진다. 이것을 인테이크(intake)라고 부르는 경우도 있지만 미국법의 인테이크와는 다른 것이므로 주의할 필요가 있다. 소년보호사건은 특히 일본과

---

72) 澤登俊雄d, 前揭書, 112頁.
73) 關力, 前揭書, 107頁.

같이 전건 송치주의가 취해지고 있는 법제에서는 일과성의 극도로 경미한 사건에서 복잡한 배경을 가지고 비행성이 진행된 소년의 사건까지 여러 가지이기 때문이고 소년보호사건을 적정하면서도 신속하게 처리하기 위해서는 이 수리선별절차가 불가결하다. 담당 가정법원 조사관은 필요에 따라 보호자 조회, 학교 조회, 피해자 조회 등을 서면으로 하면서 일시를 약속하여 소년, 보호자를 호출해 필요사항을 청취하게 된다. 경우에 따라서는 소년의 주거지나 학교에 가서 소년, 보호자, 참고인과 면담하거나 소년감별소 송치의 관호조치가 취해지고 있는 소년에 관해서는 소년감별소 감별기관과 케이스 컨퍼런스를 행한다.[74]

가정법원 조사관은 이상과 같은 조사결과에 의거해 인격진단, 사회진단이라고 불리는 종합적인 판단을 하고 조사결과를 기재한 서면에 처우의견을 붙여 판사에게 보고한다. 이 처우의견은 판사를 구속하는 것은 아니고 어디까지나 판사가 판단함에 있어 참고자료이다. 그러나 실제상은 조사관이 작성한 처우의견의 약 8할이 판사의 처분과 일치하고 있는 것이 현실이다. 가정법원 조사관의 조사보고를 위해서는 정해진 양식의 '소년조사표'가 있다[75]. 통상 A, B, C의 세 종류가 있는데, A표가 가장 상세하고 C표가 가장 간단하다. 또 이외에 각 가정법원 독자로 고안한 조사표를 사용하고 있는 경우도 많다[76].

소년조사표를 중심으로 하여 가정법원 조사관이 수집한 자료와 작성한 서면은 법률기록과 분리하여 통상 일괄해 사회기록이라 불리는 '소년조사기록'으로 철해진다. 소년조사기록은 법률기록과 분리되어 독립된 기록이 되고 심판의 기록이 될 뿐 아니라 보호처분의 집행기관(보호관찰소, 소년원 등)에 결정서와 함께 송부되어 소년에 대한 처우에 참고가 된다.[77]

---

74) 平場安治, 前揭書, 231~232頁.
75) 關力, 前揭書, 107頁.
76) 平場安治, 前揭書, 232頁.

5) 조사방법

가정법원 조사관에 의한 조사의 방법에 관해서는 특별한 규정이 없다. 통상 가정법원에 소년, 보호자, 관계인을 호출하여 그의 진술을 청취하는 방법 외에 가정법원 조사관이 소년, 보호자의 집, 학교, 근무처에 나가 각각의 진술을 듣거나 정황을 보고 듣는 방법이 취해진다. 또 학교와 근무처 등에 서면조회를 하는 경우도 있다. 이 경우 가정법원 조사관은 개인으로서 조사하는 것은 아니고 가정법원으로서 조사하는 것이기 때문에 조회서 등은 가정법원 조사관 개인명의로 나가는 것이 아니라 가정법원명의로 나가야 한다. 조사의 과정에서 조서를 작성할 필요가 있으면 가정법원 조사관이 스스로 작성할 수 있다(소년심판규칙 제6조). 소년, 보호자, 참고인의 진술을 녹취한 조서(진술녹취조서)에는 진술자에게 서명날인을 받아야 하지만(소년심판규칙 제12조 제2항), 소년보호사건으로서는 이것이 부적당한 경우도 있다. 이 경우에는 그 진술의 요지를 조사보고서에 기재해 조서에 대신할 수 있다(소년심판규칙 제12조 제3항). 그러나 진술녹취조서가 작성되는 경우는 드물다[78].

2. 가정법원 조사관의 시험관찰

1) 의 의

시험관찰은 소년을 가정에 돌려보내거나 적당한 곳에 위탁하고, 가정법원 조사관이 적절한 지도와 조언을 행하면서 소년의 행동을 관찰하

---

77) 關力, 前揭書, 107頁.
78) 平場安治, 前揭書, 231~232頁.

고 소년이 올바른 사회생활을 할 수 있을 것인지를 검토하는 것이다. 이 경우 시험관찰의 결과에 의거해 최종적인 처분이 결정되게 된다. 이 시험관찰은 중간적 처우로서 소년에 대해 널리 이용되고 있다[79].

이와 같이 시험관찰은 보호처분의 결정에 자료로 쓰기 위한 가정법원 조사관의 조사와 시험적인 관찰이 일체가 된 것이다. 그것은 일반의 조사나 감별과 같이 정적인 소년의 있는 그대로의 상태에서의 조사나 관찰은 아니고, 동적인 즉 국가의 손에 의해 일정의 보호적인 일을 해보고 그것에 대한 소년의 반응을 조사, 관찰하여 소년에 대한 보호처분이 필요한가 또는 상당한가, 어떤 보호처분이 적당한가에 관한 자료를 수집하는 것이다. 보호의 수단을 선택할 자료를 획득한다고 하는 의미에서는 가정법원 조사관의 조사, 소년감별소의 감별과 함께 광의의 조사에 포함되는 것이다. 그러나 시험관찰은 어디까지나 소년의 교정보호의 목적으로서 자료로 쓰고자 하는 것이어야 한다. 단순히 소년을 실험재료로서 여러 가지의 처치를 실시해 보고 그 효과를 시험하는 것은 소년의 인격의 존엄을 해하는 것이고 헌법의 취지에도 반하는 것이다. 그러므로 그 자체는 보호처분의 실질을 가진 보호조치이고 단 일반의 보호처분과 다른 점은 그것이 잠정적인 것이고 그 결과를 보아 최종적인 보호처분을 결정한다고 하는 의미에서 처분의 변경이 가능하며 그것이 예정되어 있다고 하는 것이다. 그러므로 시험관찰 자체에 따라서 어느 정도는 보호·교정의 결과를 거두는 경우가 기대되고 있는 것이고 시험관찰에 따라서 그의 목적을 달성하면 이미 보호처분의 결정을 할 필요성은 없어지고 불처분결정으로 중단해도 지장이 없다. 그 점에서는 시험관찰 쪽이 보호처분으로서의 보호관찰보다도 원래의 프로베이션(probation)의 의미에 더욱 부합하다고 말할 수 있다[80].

---

79) 關力, 前揭書, 97頁.
80) 平場安治, 前揭書, 235~236頁.

2) 요 건

소년법 제25조 제1항은 '가정법원은 제24조 제1항의 결정을 가지고 상당한 기간, 가정법원 조사관의 관찰에 붙일 수 있다'고 정하고 있다. 그러므로 시험관찰의 결정을 함에 있어 일반적인 요건은 '보호처분을 결정하기 위해 필요가 있는 때'라고 할 수 있다. 즉 첫째 보호처분에 붙일 개연성이 있을 것, 둘째 바로 보호처분에 붙일 수 없거나 상당한 사정이 있을 것, 셋째 가정법원 조사관의 관찰활동(보다 상세한 자료수집 또는 소년에 대한 보도·원호)이 필요하고 그 결과 적절한 종국결정이 가능하다고 보일 것, 넷째, 상당한 기간 내에 앞의 요건들을 만족시킬 가능성이 있을 것 등 이상의 요건을 만족해야 한다[81].

시험관찰은 보호처분을 언도할 것인지 여부와 보호처분 중 어떤 것을 언도할 것인가에 관해 충분한 결정자료가 없는 경우에 이루어지는 것이다. 그러므로 바로 어떤 보호처분에 붙여지는 것이 가능하고 또 상당할 때는 보호처분결정을 언도해야 할 것이다. 또 시험관찰은 조사의 일면을 가진 것이면서 보호처분의 실질도 가진 것이기 때문에 절차 면에서도 조사의 단계에서 시험관찰에 있는 것은 상당하지 않고 심판을 경과하고, 즉 적정절차의 조건을 만족하는 경우에만 결정하는 것이 가능하다. 가정법원은 보호처분의 결정을 위해 필요가 있다고 인정되는 때에는 결정을 가지고 상당한 기간, 가정법원 조사관의 관찰에 붙이는 것이 가능하다(소년법 제25조 제1항). 그러므로 시험관찰의 결정에는 관찰해야 할 가정법원 조사관을 지정하는 것과 함께 기간을 정하는 것이 가능하다. 그러나 시험관찰에 있어서 기간을 정하는 것은 요건은 아니고 오히려 정하지 않고 하는 예가 많다[82].

---

81) 澤登俊雄d, 前揭書, 124頁.
82) 平場安治, 前揭書, 236~237頁.

3) 기 간

시험관찰의 기간에 관해서는 '상당한 기간'이라고 되어 있기 때문에 통상 기간을 정하지 않고 실시된다. 그러나 소년심판규칙 제40조 제1항은 '관찰의 기간을 정하는 것이 가능하다'고 하고 있으므로 사안에 따라 정기로 하는 것이 좋지만 이 경우에도 기간의 연장, 단축, 정한 기간의 취소가 가능하다. 또한 '상당한 기간'으로는 3개월에서 6개월 정도가 타당한 것으로 되어 있다[83].

시험관찰의 기간에 관하여는 다음 두개의 점에서 일정한 제약이 있다. 첫째는 시험관찰의 잠정적, 시험적 조치로서의 성격에서 오는 제약이다. 시험관찰이 소년에 관해 보호처분이 필요한가 또는 상당한가, 어떤 보호처분이 적당한가를 선택하기 위한 잠정적, 시험적인 것이기 때문에 장기적인 기간은 필요하지 않고 더욱이 본래의 보호처분보다도 장기에 걸치는 것은 시험관찰의 성격에 반한다. 이 점은 보도위탁과 재택시험관찰 모두 같다. 둘째는 소년의 인권과의 관계에서의 제약이다. 시험관찰은 소년에 대해 심리적 강제를 가해 유형무형의 구속을 주는 것이기 때문에 그 기간이 장기에 걸치는 것은 소년의 인권상에 문제가 된다. 이것은 특히 보도위탁에 관하여 말해지는 것이지만 재택시험관찰도 보도위탁과 같이 심리강제를 수반하는 것이기 때문에 두 가지 모두 같은 것이다[84].

4) 가정법원 조사관의 지정

시험관찰의 특징 중 하나는 가정법원 조사관의 지정이다. 소년심판규

---

83) 澤登俊雄d, 前揭書, 125頁.
84) 平場安治, 前揭書, 237~238頁.

칙 제40조 제1항에서는 '가정법원 조사관의 관찰에 붙이는 결정을 함에는 가정법원 조사관을 지정하는 것으로 한다'고 규정하고 있다. 이 규정은 시험관찰 전 과정에서 가정법원 조사관이 대상 소년의 일상생활에 상시 유의하고 소년이 보이는 시험관찰과정에서의 심리적, 사회적 반응에 민감하게 반응하며 적시 적절한 조치를 가한다고 하는 임기응변의 자세를 갖추지 않으면 효과적이지 않고 오히려 재범이라고 하는 위험한 결과를 발생시킨다고 하는 중요성에 주목한 규정이다. 지정된 가정법원 조사관은 원칙적으로 당해 사건의 조사를 맡은 자이지만 시험관찰을 전문적으로 취급하는 부국이 있는 가정법원인 경우에는 그곳의 조사관이 지정된다. 어떤 경우에도 지정된 조사관은 소년의 동태를 관찰하고 종국기간을 간과해서는 안 된다. 또한 지정된 조사관은 관찰결과를 서면으로 가정법원에 보고해야 할 의무를 지고 보고서에는 의견을 붙여야 한다(소년심판규칙 제40조 제5항).[85]

5) 방 법

시험관찰은 보호처분을 결정하기 위해 필요가 있다고 인정되는 때에 행해지는 잠정적, 시험적 조치이고 장래에 종국적인 보호처분을 예상하는 것이라는 점에 한계가 있다. 그러나 소년에 관하여 보호처분이 필요한가 또는 상당한가, 어떤 보호처분이 적당한가에 관하여 가정법원이 적절하게 판단하기 위해서는 소년을 있는 그대로의 상태에서 관찰해서만은 불충분하고 동적, 적극적으로 보호적인 일을 행할 필요가 있다. 시험관찰은 잠정적, 시험적인 조치이기 때문에 보호처분의 필요성이 분명한 경우에는 신속하게 시험관찰을 중단하고 사후의 보도를 보호처분에 위임해야 한다. 시험관찰은 가정법원 조사관이 담당, 실시하는 것이

---

85) 田宮裕, 少年法, 東京: 有斐閣, 1988, 187∼188頁.

지만 가정법원의 결정의 범위 내에서 판사의 지휘, 감독하에서 실시되어야 한다. 시험관찰의 구체적인 방법은 사안에 따라 다르지만 통상 소년과 보호자를 가정법원에 정기적으로 출두시켜 면접하거나 가정법원 조사관이 소년, 보호자의 집, 근무처를 방문하거나 경우에 따라 편지, 전화 등의 통신을 이용해 하는 경우도 있다. 또 그것과 병행해 카운셀링, 심리검사, 작문, 일기지도 등을 행하는 경우도 있다. 더 나아가 학교, 직장의 고용, 보호관찰관, 보호사, 아동위원 등의 원조, 협력을 구하는 경우도 있다.[86]

6) 관찰과 함께 취해지는 조치

가정법원은 시험관찰을 함에 있어 다음과 같은 조치를 할 수 있다(소년법 제25조 제2항). 첫째, 준수사항을 정하여 그의 이행을 명하는 것이다. 이 경우에는 준수사항을 구체적으로 명료하게 제시하고 소년이 자발적으로 이것을 준수하도록 하는 마음가짐을 가지도록 노력해야 한다(소년심판규칙 제40조 제2항). 둘째, 조건을 붙여 보호자에게 인도하는 경우이다. 이 경우에는 보호자에 대해 소년의 보호감독에 관하여 필요한 조건을 구체적으로 지시해야 한다(소년심판규칙 제40조 제3항). 셋째, 적당한 시설, 단체 또는 개인에게 보도를 위탁하는 경우(소년심판규칙 제40조 제4항)이다. 이 경우 신병의 위탁을 수반하지 않는 경우와 신병의 위탁을 수반하는 경우가 있다[87]. 전자는 소년을 지금까지의 주거에 거주하도록 하고 학교장, 보호사, 아동위원 등에게 보도를 위탁하는 방식이지만, 후자는 소년을 보도위탁처의 시설에 거주시켜 보도를 가하는 방식이다. 실제로는 대부분 후자의 형식이 취해지므로 일반적으

---

86) 平場安治, 前揭書, 238∼239頁.
87) 실무상 신병의 위탁을 수반하지 않는 경우는 '보도위탁'이라 부르고, 신병의 위탁을 수반하는 경우 '신병부보도위탁'이라 부른다.

로 보도위탁이라고 하면 '신병부보도위탁'을 말한다[88].

소위 신병부보도위탁이라도 강제력을 행사할 수는 없다. 강제력을 행사하는 것을 긍정하는 법률상의 근거도 없고 강제력을 행사하는 것은 관호조치에 의한 것이라면 몰라도 시험관찰에 있어서는 적당하지 않다. 소년법 제25조 제2항 제3호의 신병부보도위탁의 '신병부'라는 말은 동조 제2항 제1호, 제2호와 같고 가정법원이 결정을 함에 있어 소년을 보도위탁처에서 보도해야 할 경우를 준수사항 또는 조건으로 하고 있음에 지나지 않으며 시험관찰의 심리적 강제를 이용해 개선의 실익을 거두는 것이 기대되고 있지만 이것을 물리적으로 강제하는 수단은 아니다. 또 특히 신병부보도위탁에 관하여는 소년의 인권을 침해해서는 안 되고 가정법원은 보도위탁처의 선정 및 위탁중인 소년의 지도방법에 관하여 항상 충분한 주의를 기울여야 한다. 또 매우 장기화하는 경우에는 시험관찰에 부수하는 조치로서 적당하지 않다. 보도위탁의 경우에는 위탁한 자에 대해 그것에 의해 생기는 비용의 전부 또는 일부를 지급할 수 있다(소년법 제29조). 이것은 식비, 의료비 등 소년의 생활비와 비품, 문구, 위탁처의 인건비 등 보도교육사무를 하기 위한 비용으로 나뉜다. 이에 대해 소년이 위탁처의 물건을 가지고 도주한 경우에는 산입하지 않는다[89].

7) 취소와 변경

시험관찰은 그 과정에서 결정을 취소, 변경하고, 담당 가정법원 조사관의 지정을 변경하며, 관찰의 기간, 보도조치의 내용, 재택시험관찰로 할 것인가 신병부보도위탁으로 할 것인가의 변경이 모두 가능하다(소년

---

88) 澤登俊雄d, 前揭書, 125~126頁; 平場安治, 前揭書, 239~240頁.
89) 平場安治, 前揭書, 240頁.

심판규칙 제40조 제4항). 또한 시험관찰은 중간적 조치이고 종국적인 처분이 아니므로 보호처분결정이 명료한 단계에서는 신속히 시험관찰을 중단하고 이후의 보도활동은 집행기관에 위임해야 한다[90].

이송결정의 경우는 당연하게 실효하는 것은 아니고 이송을 받은 법원에서 취소하고 변경이 이루어져야 한다. 시험관찰 중에 소년감별소 송치의 관호조치결정(소년법 제17조 제1항 제2호)이 있어도 시험관찰결정이 당연하게 실효하는 것은 아니다. 또 관호조치 후의 심판에 있어서 시험관찰이 계속 행해지게 되는 경우도 있기 때문에 시험관찰 중에 관호조치결정이 되었다고 하여 반드시 시험관찰을 취소할 필요는 없다. 반대로 관호조치 중에 시험관찰의 결정이 있어도 관호조치는 당연하게 실효하지는 않는다. 그러나 통상의 경우 관호조치를 유지한다고 하는 의미는 아니기 때문에 관호조치를 취소하는 것으로 될 것이다. 이미 보호관찰 중인 소년도 나머지 죄를 위한 시험관찰이 가능하다. 또한 소년원수용 중의 소년에 있어서도 가퇴원 중의 소년의 경우는 보호관찰 중의 소년과 같이 시험관찰에 처할 수 있다. 그러나 실무상은 불가능에 가깝다.[91]

3. 소년감별소의 감별

1) 의 의

감별이란 소년의 심신에 관하여 과학적인 전문기술을 사용해 진단을 행하는 것으로 그것에는 의학적, 심리학적 및 임상정신의학적 방법이

---

90) 田宮裕, 前揭書, 195頁.
91) 平場安治, 前揭書, 241~242頁.

병용된다. 일본에서는 소년의 심신의 상황에 관한 조사는 가능한 한 소
년감별소에서의 과학적 감별의 방법에 의해 검사되도록 하고 있다(소년
심판규칙 제11조 제3항). 따라서 감별은 소년감별소의 소관이고 관호조
치로서 소년감별소에 송치된 소년에 대해서는 심신의 과학적 감별이
행해진다. 그리고 가정법원은 소년을 소년감별소에 송치하는 때는 소년
감별소에 대해 가능한 한 관호감별상의 주의 그 밖의 참고가 될 사항
을 제시해야 한다(소년심판규칙 제11조 제4항). 그러나 소년이 소년감
별소에 수용되어 있지 않은 경우에도 처우결정의 자료로 하기 위해 감
별결과가 유용하다고 생각될 때는 소년감별소의 감별을 받게 해야 한
다. 이것은 일반적으로 재택감별이라고 말하고 있다. 재택감별의 처리
방법으로서 컴퓨터를 이용한 감별방법을 사용하여 비교적 간편하게 판
정하는 방법이 시행되고 있다. 또 소년감별소 이외의 가정법원 의무실
의 의사라든가 그 밖의 전문가에 의한 감별도 가능하다. 감별의 제도는
원래 수형자분류에 있어서 효과를 거두었지만 미국에서는 소년감별소
의 활용이 불가결한 것으로 되어 수용관호와 결합된 소년감별소제도를
일본에서도 제정하게 된 것이다[92].

　이러한 감별의 개념에 관해서는 법규상 또는 학문상 많은 의견이 있
으나 먼저 소년감별소처우규칙 제17조에서는 '감별은 소년의 소질, 경
력, 환경 및 인격 및 그것의 상호의 관계를 밝혀 소년의 교정에 관해
최량의 방침을 세울 목적을 가지고 이루어져야 한다'라고 명시하고 있
고, 제19조는 감별을 위해 조사해야 할 사항으로서 근친자 및 보호자,
생애력, 교육력 및 직업력, 신체상황 및 정신상황, 불량행위력 및 본
사건의 행위, 입소 후의 동정, 그 밖의 참고사항을 들고 있다[93].

　한편 일본의 문헌에 나타나 있는 연구자들의 견해를 살펴보면 다음
과 같다. 먼저 히라노(平野) 교수[94]에 의하면 "원래 감별이라는 말은

---

92) 上揭書, 234頁.
93) 澤登俊雄d, 前揭書, 128頁.

거울에 비추어 보는 것처럼 하여 진실의 모습을 가려낸다는 뜻의 '감'
자와 특징이 다른 것을 나눈다는 뜻의 '별'자의 합성어로서 가정법원의
심판에 붙여진 개개의 비행소년에 관하여 주로 개체적 측면에서 그가
어떻게 하여 비행을 범하게 되었는가, 어떻게 하면 금후 다시 비행을
범하지 않을 수 있을 것인가를 과학적으로 해명해 제언하는 작업이라
고 말할 수 있을 것이다"라고 보고 있으며, 모리시타(森下) 교수95)는
"감별이라고 하는 말은 classification의 번역이다. classification은 보통
분류라고 해석되는 것으로 감별과 분류는 같은 것이다. 단 분류는 최초
분리(segregation)＝분류수용으로서의 관념이고, 교정시설에 있어서의 피
수용자의 분류를 의미하는 것으로서 사용되었다. 이 말은 그 후 보다
넓게 사용되고 있다. 이것과 구별하는 의미에서 classification을 감별이
라고 표현하는 것은 심판전조사제도(pre-trial investigation system)의 일
환으로서 이 제도를 부상시키는 것이 의도된 때문일 것이다"라고 보고
있다.

2) 법적 근거

일본에서 소년보호사건에 대한 분류심사의 법적 근거가 되는 법령과
주요한 조문들을 열거해 보면 다음과 같다.

조사의 방침에 관하여 소년법 제9조에서는 '전조의 조사는 가능한
소년, 보호자 또는 관계인의 행상, 경력, 소질, 환경 등에 관하여 의학,
심리학, 교육학, 사회학, 기타 전문적 지식 특히 소년감별소의 감별의
결과를 활용해 조사하도록 노력해야 한다'라고 규정하고 있고, 소년심
판규칙 제11조에서는 '심판에 붙여야 하는 소년에 관해서는 가정 및

---

94) 平野龍一d, 前揭書, 180頁.
95) 森下忠c, 前揭書, 169頁.

보호자의 관계, 경우, 경력, 교육의 정도 및 상황, 불량화의 경과, 성행, 사건의 관계, 심신의 상황 등 심판 및 처우상 필요한 사항의 조사를 해야 한다(제1항), 가족 및 관계인의 경력, 교육의 정도, 성행 및 유전관계 등에 관하여도 가능한 한 조사하도록 한다(제2항), 심신의 상황에 관하여는 가능한 소년감별소를 거쳐 과학적 감별의 방법에 의해 검사되어야 한다(제3항), 소년을 소년감별소에 송치하는 때는 소년감별소에 대해 되도록 관호감별상의 주의, 그 밖의 참고로 될 사항을 제시해야 한다(제4항)' 등의 규정을 두고 있다.

소년감별소와 관련하여 소년원법 제16조에서는 '소년감별소는 소년법 제17조 제1항 제2호의 규정에 의해 송치된 자를 수용하는 것과 함께 가정법원이 행하는 소년에 대한 조사 및 심판에 따르는 보호처분 및 징역 또는 금고의 언도를 받은 16세 미만의 소년에 대한 형의 집행에 이바지하기 위하여 의학, 심리학, 교육학, 사회학, 기타 전문적 지식에 의거해 소년의 자질감별을 행하는 시설로 한다'고 규정하고 있다. 소년원수용수형자가 될 소년에 대한 전문적인 조사를 위해 2001년 소년법 일부개정에 의해 이 조항의 일부내용이 개정되었다.

또한 감별에 관하여는 소년감별소처우규칙 제17조에서 '감별은 소년의 소질, 경력, 환경 및 인격과 그러한 상호의 관계를 분명하게 해 소년의 교정에 관해 최량의 방침을 세울 목적을 가지고 이루어져야 한다'고 규정하고 있을 뿐 아니라, 법무사무차관통달('감별결과통지서의 양식개정에 관하여' 중 '감별의 의의')에서 '감별은 소년의 자질을 분명히 하고자 하는 것이다. 그러나 감별은 전기 각종의 과학적 지식의 단편적인 응용에 그치는 심신의 검사에서 다시 일보 나아가 실제로 해결을 필요로 하는 문제를 가진 소년에 대해 그 문제와 관련하여 자질을 밝히도록 하여 나아가 그 문제의 해결에 대해 가장 유효적절한 과학적 처우의 방침을 부여하는 것이 아니라면 실제의 목적에 부합할 수 없다'고 하고 있다.

이상과 같이 일본 소년감별제도의 법적 근거가 되는 법령들은 크게 두 가지 유형으로 나눌 수 있는데, 하나는 소년법과 소년심판규칙 등 소년사건의 사법적 처리부문의 규정과 또 하나는 소년원법, 소년감별소 처우규칙, 법무사무차관통달 등 처우부문의 규정으로 이분할 수 있다. 전자는 심판을 위한 조사라는 것이 우선이고 그중에서 소년의 심신의 상황에 관한 검사가 주된 내용이 된다고 하는 취지를 갖고 있다. 한편 후자는 심판결정 후의 처우를 위한 목적이 그것에 더해져 그 위에서 단순히 심신의 상황에 관한 검사만이 아니라 소년의 개체적 요인과 환경적 요인을 종합해 그의 문제성의 형성과정을 분석하고 그의 문제해결에 따라 가장 유효적절한 처우의 방침을 세우는 것이 그 내용이 되어야 한다고 강조되고 있다. 이와 같은 상위는 각각의 법령과 통달의 성격에 따라 생기는 뉘앙스의 차이에 불과한 것이지만 과거 30여년의 소년감별제도의 발전의 자취를 뒤돌아보면 그 궤적은 전자에서 후자로 변모하는 경향을 나타내고 있다. 결국 초기에는 '심판을 위하여'라고 하는 목적에 보다 큰 무게를 두었지만 최근에는 그것과 나란히 '처우를 위하여'라고 하는 목적 또한 중시하는 방향에서 감별의 내용을 충실화했다고 볼 수 있다[96].

3) 담당기구

가. 의 의

소년감별소는 관호의 조치라고 하여 송치된 소년을 수용하는 것과 함께 가정법원이 행하는 소년에 대한 조사 및 심판과 나란히 보호처분의 집행에 자료로 쓰기 위한 자질감별을 행하는 시설이고, 교육과 치료를 목적으로 하는 수용시설은 아니다. 특히 의학, 심리학, 교육학, 사회

---

96) 平野龍一d, 前揭書, 178~180頁.

학 등의 인간과학의 지식과 기술을 가지고 자질을 감별한다고 말할 수 있다. 그러므로 건전육성에 적극적인 의의를 가지고 있는가 아닌가의 사실은 신병보호의 충실과 진단력의 크기, 적부, 수용에 수반하는 처우의 영향, 진단 후의 처우결과 여하에 의존하는 것이다[97].

나. 수용양태

소년감별소에 수용된 자 중에는 관호조치(소년법 제17조 제1항 제2호)에 의한 것이 가장 많고, 다음으로 많은 것은 구류에 대신하는 관호의 조치(소년법 제43조)이다. 그 외에 수용의 법적 종류로서는 구류(소년법 제48조), 감정구류(소년법 제14조), 동행장의 집행의 경우의 가수용(소년법 제26조의 3), 인치장에 의한 유치(범죄예방법 제45조) 등에 의한 것이 있다[98].

감별소에서는 처음에는 개별실에서, 시간이 지나면 집단실로 이전되는 것이 보통이다. 창에는 철격자가 설치되어 있고 문은 자동으로 잠기며 안에서는 절대로 열리지 않는다. 취침시간 이외에 마음대로 자는 것은 허용되지 않는다.[99]

다. 조 직

감별소 내에서 소년을 접촉하는 직원은 감별기관과 법무교관이 있다. 감별기관은 주로 공무원 시험의 심리직 시험에 합격하여 채용된 심리전문직으로 수용된 소년에 대하여 심리테스트나 면접을 하고 감별결과통지서를 작성하는 것을 직무로 하고 있다. 법무교관은 소 내에서의 소년들의 생활지도나 행동관찰을 하고 판정회의에서 그 결과를 보고하며 감별기관의 업무를 보조한다[100].

---

97) 桂島眞禧雄, "少年鑑別所の課題", 刑政, 93(3), 1982, 13~14頁.
98) 森下忠c, 前揭書, 371~372頁.
99) 丸木政臣 外6人, 非行・敎育・少年法, 東京: 民衆社, 1982, 108頁.

라. 시 설

일본의 소년감별소는 전국에 본소 52개소와 지소 3개소가 설치되어 있다. 도쿄 교정관구에 12개의 시설이 있으며, 오사카 교정관구는 6개의 시설, 나고야 교정관구에는 역시 6개의 시설이 있고, 히로시마 교정관구는 5개, 후쿠오카 교정관구는 9개, 센다이 교정관구는 6개의 시설이 있다. 그리고 삿포로 교정관구와 다카마츠 교정관구에는 각 4개의 시설을 관할하고 있어 모두 52개의 시설이 있으나, 특기할 만한 것은 후쿠오카 관구에는 섬이 많고 이송에 어려움이 있어 오오시마 구치지소와 미야코 구치지소, 야시마다 구치지소에 소년감별소 지소와 같은 역할을 하도록 하여 일시 관호조치를 하고 있다[101]. 일본의 소년감별소 시설은 전후 소년법 제정 시(1948년)에는 군막사나 비행장 격납고 등을 빌려 사용하였고, 1949년경부터는 구치소에 특별히 구획된 장소에 도주할 우려가 있는 소년들을 수용하였다고 한다[102].

4) 감별의 성격

소년감별소 송치의 관호조치에는 소년의 신병보전과 소년의 자질감별이라고 하는 2가지 성질이 포함되어 있는데 여기에서의 감별은 그 성질에 있어 가정법원 조사관에 의한 조사와 구별된다. 조사는 소년감별소에 의한 자질감별(심신감별)과 구별해 '사회조사'라고 불리지만 자세히 보면 그 실질은 인격조사이고 조사의 대상은 소년의 성격 및 생활환경에 관한 것이다. 그러므로 조사의 내용에는 당연 자질에 관한 조사도 포함된다. 재택사건에 관하여 특히 자질감별이 필요한 때는 과학

---

100) 上揭書, 108頁.
101) 이춘화, "소년분류심사제도에 관한 비교법적 고찰", 보호 제16호, 2004, 38쪽; 법무부, 일본의 소년보호제도, 과천: 법무부, 2005, 46쪽.
102) 조상연, "일본의 소년감별소제도 연구", 법무연구 17, 1990, 193쪽.

조사실과 의무실의 협력을 얻어 가정법원에서도 그것을 행할 수 있지만 신병사건에 관하여는 특히 소년감별소의 감별이 활용되고 있다. 단 재택사건에 관해서도 소년감별소의 감별을 받을 수 있다. 재택감별은 주로 교통관계의 비행사건에 관하여 사용되고 있다[103].

이러한 감별은 일반적으로 임상적인 작업이라고 보고 있다. 그런 이유에서 감별진단이라든가 임상진단 같은 임상적인 호칭이 사용되기 쉽다. 확실히 감별에 있어서는 자질의 해명이 그 작업의 중심을 이루기 때문에 임상의학이나 임상심리학의 지견, 기술 등은 필수적으로 요청된다. 그럼에도 불구하고 감별은 그 목적에 있어서도 대상자의 특질에 있어서도 임상적인 성질을 부분적으로밖에 가지지 않는다. 우선 목적에 관해서 고찰해 보면, 감별은 첫째 어떻게 그가 비행을 저지르게 되었는가의 분석(문제형성과정의 해명)과 둘째 어떻게 그가 장래 다시 비행을 저지르지 않도록 할 것인가의 명확화(개선방책의 제언)라고 하는 두 개의 사안을 그 작업내용으로 하고 있다. 따라서 그중의 첫째는 어떤 종류의 임상 활동에서는 생략되는 것으로서 둘째를 하기 위해 항상 절대적으로 필요한 작업이라고는 말할 수 없다. 감별이 단순히 임상적인 작업이라면 첫째를 결여하더라도 좋지만 감별의 경우에는 그렇지 않다. 왜냐하면 감별 목적의 첫째로서 '심판을 위하여'라고 하는 것이 있는 한 '인격심' 등으로 부르고 있는 소년심판에 있어서는 단순히 사법적인 논거만으로 판단이 이루어지는 것은 예외적이고 원칙으로서는 행위자와 행위에 관하여 실증과학적인 인식이 판단을 위한 기초가 되어야 한다[104].

---

103) 澤登俊雄d, 前揭書, 127~128頁.
104) 平野龍一d, 前揭書, 182~183頁.

5) 감별종류

감별은 실무에서는 다음의 4종류로 나누어지고 있다[105].

① 가정법원 관계의 수용감별: 이것은 관호의 조치(소년법 제17조 제1항 제2호)에 의해 소년의 신병을 수용해 행하는 감별로서 가장 전형적인 것이다. 실무에서는 관호조치에 감별청구가 포함되어 있다고 해석하여 관호조치를 받는 소년 전원에 대하여 감별을 실시하고 있다.

② 가정법원 관계의 재택감별: 이것은 소년의 신병이 감별소에 수용되지 않고 집에 있는 그대로 사건이 가정법원에서 처리 중인 경우에 가정법원에서의 청구에 의거해 행해지는 감별이다. 실무에서는 소년감별소의 소재지에서 멀리 떨어진 가정법원 지부의 경우라든가 소년의 신병을 수용할 곳이 소년이나 그 가족에게 특별한 불이익을 가져오는 경우에 이런 형태의 감별이 이용된다.

③ 법무성 관계에서의 의뢰감별: 이것은 소년원의 장, 지방갱생보호위원회 및 보호관찰소의 장으로부터 '보호처분의 집행에 이바지하기 위하여' 의뢰되어 행하는 감별이다(소년원법 제16조, 제16조의 2 참조). 소년원수용 중인 자에 대하여 행해지는 이런 종류의 감별은 실무에서 '재감별'이라고 부르고 있다. 재감별은 다른 소년원으로의 이송, 수용계속(소년원법 제11조) 등을 판단하기 위한 자료를 제공하는 것이 그 주된 내용이다. 보호관계기관에서의 의뢰감별은 많은 경우 가퇴원심사의 경우에 소년의 개선도를 참고자료로서 제공하는 것이 그 목적이다.

---

105) 이하 森下忠c, 前揭書, 370~371頁.

④ 일반소년감별: 이것은 일반가정, 학교 등의 의뢰에 의거, 지역사회에
   대한 서비스로서 행해지는 감별이다. 최근 이런 종류의 감별이
   많아지고 있다. 많은 경우 대상자를 보호자와 동반하여 감별소에
   오도록 하여 감별을 실시하고 있다.

6) 감별절차와 방법

수용감별에 있어 감별의 처리절차로서는 우선 입소 직후에 초회면접
을 하고 소년의 현재 정신상태, 비행내용, 가정과 생활력의 개요를 파
악해 소년감별소 내에서의 처우상 유의점과 감별계획에 있어서 중요사
항을 명확하게 한다. 다음으로 집단심리검사를 행하지만 통상 이것에는
신제전중B식지능검사, 성격검사(문장완성법 및 인격목록), 태도검사가
있고, 소년감별소에 따라서는 정신작업검사와 묘화검사 등도 이용되고
있다. 그 후 이러한 초회면접과 집단심리검사에서 얻은 정보와 소년감
별소 내에서의 행동관찰, 외부에서 얻은 자료에 의해 감별계획이 세워
지고 그 감별계획에 의거해 소년의 인격경향, 문제점에 따라 면접, 정
신의학적 검사, 개별심리검사 등이 실시되는 것이다. 그리고 최종적으
로 이러한 면접, 제 검사의 결과, 행동관찰의 결과 등을 종합해 소년감
별소장 주재하에서 대상자의 처우, 행동관찰 및 감별에 종사하는 직원
이 함께 당해 소년의 자질의 특질 및 그의 문제점 및 소년을 비행에
이르게 한 요인과 재비행의 위험성을 여러 가지 각도에서 검토하고 토
의하는 판정회의가 열린다. 소년감별소장은 그 판정회의의 결과를 감별
판정으로서 감별결과통지서에 그 나머지의 정보와 함께 기재하여 가정
법원에 송부한다.[106)]
이상을 정리해 보면 감별절차는 방법에 따라 신체의학적 진단, 정신

---

106) 平場安治, 前揭書, 234~235頁.

의학적 진단, 면접, 검사, 처우를 통한 행동관찰, 보호자와 관계자에게로의 조회와 서류조사 등에 의한 자료수집 및 감별의 결과를 종합하여 결론을 도출하기 위한 판정회의의 7종으로 나뉜다. 이것이 소년이 입소 직후부터 퇴소까지 사이(전국 평균 재소기간은 약21일) 계통적으로 순서를 세워 실시된다는 의미이지만 이하에서는 각각의 구체적 내용에 관하여 설명을 더하면서 그 절차를 기술하고자 한다107).

가) 신체의학적 진단

입소소년에 관해 입소 직후부터 신체적인 질환과 장애의 유무에 관하여 진단이 개시되고 문제가 발견되면 직접 치료가 이루어진다. 제 검사와 진료에 관하여 외부의 의사와 의료기관에 위탁하는 경우도 많다.

나) 정신의학적 진단

입소소년 모두에 대해 행해지는 것은 아니고 정신장애의 의심이 있는 소년과 비행내용이 극히 특이하고 사회적으로 큰 반향이 있는 소년에 대해서만 이루어진다. 그러므로 정신장애의 의심을 체크해 발견하는 것은 감별기관과 관호교관의 임무라는 의미에서 특히 감별기관에는 임상적인 면접과 검사기법에서 습득한 경험에서의 정신의학적 지식과 경험이 강력하게 요청되고 있다.

다) 면 접

의학적인 면접은 문진이라 불리는데 그것은 앞의 두 가지에 포함되어 있는 것이고 여기에서는 그 외의 면접에 관해 기술하고자 한다. 그것은 감별면접과 관호면접으로 나눌 수 있지만 감별기관이 행하는가 관호교관이 행하는가의 구별에 따라 전자가 심리학적 관점에서의 조사

---

107) 이하 平野龍一d, 前揭書, 188~193頁.

면접, 후자가 보다 넓은 관점에서의 상담면접[108]이라고 하는 뉘앙스의 차이가 있지만 반드시 엄밀하게 나뉘는 것은 아니고 이것은 서로 밀접한 관련을 가지고 있기 때문에 각각의 직원의 자질과 기능에 따른 적절한 분담을 바꾸어도 전혀 차이가 없다. 오히려 다음과 같이 재소 중의 처우와 감별실시의 경과에 따른 차이가 중요하다.

입소 직후 행하는 초회면접은 동시에 실시되는 신체의학적 진단과 함께 매우 중요한 것으로 다음 두 가지 내용과 목적을 가진다. 첫째, 소년의 심적인 현재상태(안정하고 있는가 불안한가, 자신과 주위에 관해 정확하게 생각하고 있는가, 구금반응 등을 일으키고 있지 않은가 등)를 파악하고 금후 소 내에서의 처우상의 유의점을 탐구함과 동시에 정신의학적 진단을 포함한 감별실시상의 유의점을 찾는 것이다. 둘째, 본건 비행, 가정 및 생애력의 개요를 파악하고 금후의 감별실시에 당면해 초점을 이루어야 할 바와 그 실시방법으로서 제시되어야 할 것을 명확화하는 것이다. 이후 제2차, 제3차 면접이 중요하지만 각각의 면접은 그때까지 모아지는 각종 정보를 편집하고, 종합하며 소년이 가진 문제점과 개선점을 한정하여 명확화하는 파헤치는 방향으로 이루어진다.

라) 검 사

여기에서도 역시 의학적 검사는 제외된다. 그러므로 주체는 심리검사이고 그중에서도 지능검사와 인격검사가 자주 사용된다. 필요에 따라 적성검사(직업적성검사와 때로는 운전적성검사), 학력검사 등도 실시된다. 일반적인 검사의 실시수순은 다음과 같다. 입소 직후의 초기면접과 신체의학적 진단이 끝난 때로부터 2~3일 후에 소년의 심정이 안정될 무렵

---

108) 조사면접이란 생애사, 자기상, 대가족감정, 본건 비행의 상황 등에 관한 소년의 생각과 감정 등을 묻는 것을 말하며, 상담면접이란 여러 가지 괴로운 것과 불안, 장래에 관한 생각 등을 교관과 소년과의 대화로 심정을 안정시키고 자기통찰을 심화시키며 개선의 의욕을 일으키도록 하는 것을 말한다.

제1차 검사가 행해진다. 이것은 한마디로 스크리닝(screening)을 위한 것으로서 집단으로 실시되는 지능검사와 인격검사를 3~5종류 조합하여 2회쯤으로 나누어 실시하고 지적인 면과 인격적인 면에서의 문제의 소재를 파악한다. 구체적으로는 집단식지능검사, 문장완성법검사, 질문지법 성격검사, 크리페린정신작성검사, 회화욕구불만검사, 태도검사 등이고 이 중에서는 법무성이 비행소년용으로 새로이 개발한 것도 있다.

그 후에 제2차, 제3차의 면접을 행하고 관호처우를 통과한 소년의 행동을 관찰하거나 조사관의 조사자료와 보호자와의 면접 등에서 정보를 모으며 문제점을 더욱 한정하고 깊이 있게 파헤치며 그 위에 그러한 문제점에 초점을 모은 개별적인 형식의 진단검사를 행하는 경우가 많다. 자주 사용되는 것을 구체적으로 열거하면 로루샤하검사, 주제통각검사(TAT) 등의 투영기법, MMPI 등의 질문지검사법, 손데이검사, 묘화법, 웨크스프법과 비에법에 의한 진단지능검사, 뇌기질장해와 간질 등을 검색하기 위한 그풋시검사와 뇌파검사, 벤타-게쉬탈트검사, 모자이크검사, 색채피라미드검사 등이다.

심판의 결과 소년원 송치 등의 보호처분에 처해지는 것이 결정된 소년에 대하여는 그 처우방침의 책정에 자료로서 학력검사와 직업적성 또는 흥미 검사를 하는 경우도 있다.

마) 처우를 통한 행동관찰

소년이 가진 문제성의 지적과 해명에도 불구하고 금후에 있어서 개화될 수 있는 문제점과 가능성을 심화하기 위해서는 심리검사나 서류조사만으로는 안 되고, 오히려 소년의 있는 그대로를 바라보는 자세가 필요하다. 그리고 그를 위하여 처우장면에서의 행동에 대하여 소년이 제시하는 것과 행동을 관찰하는 것이 매우 중요시되어 왔다.

행동관찰에는 입소, 거실 내 생활, 운동, 면회 등의 관찰장면, 수용 중의 통상생활장면에 있어서의 행동경향 등을 관찰하는 통상의 행동관찰과 과제작문, 회화, 집단토의, 기타 의도적으로 일정한 조건을 설정한 경우에 있어서 행동경향 등을 관찰하는 의도적 행동관찰의 2종이 있다.[109]

바) 조회와 서류조사 등에 의한 자료수집

소년감별소처우규칙 제19조에는 감별을 위한 조사사항으로서 ① 근친자, 보호자, ② 생애력, 교육력, 직업력, ③ 신체상황, 정신상황, ④ 불량행위력, 본사건의 행위, ⑤ 입소 후의 동정 등을 규정하고 있지만 그 중에서 조회와 서류조사에서 의뢰하는 경우가 많은 것은 ① ② ④이다. 그리고 동 규칙 제20조에 의하면 이러한 조사에서는 '가정법원에서 자료를 얻도록 노력하고 필요가 있는 때에는 시정촌역장, 경찰관서, 학교 등에 조회해' 조사해야 하는 것으로 되어 있다.

사) 종합을 위한 판정회의

이상의 절차에서 각종 방법으로 수집된 정보를 종합하여 당해 소년의 자질의 특질, 문제점, 비행요인, 재비행예측 등을 명확히 하고 개선·갱생할 수 있는 최선의 방책을 검토하기 위하여 감별판정회의를 한다. 이 회의는 각각 감별과정에 종사한 감별, 관호, 의무에 관계되었던 담당자 또는 책임자가 출석하고 통상 소장 주재하에 진행된다. 토의 결과 보호불요, 재택보호(전문케이스워커에 의한 보호, 비전문가에 의한 보호), 수용보호(소년원, 초등, 중등, 특별, 의료 표시 교호원 및 양호시설로 구분), 보호부적(정신장애, 기타 이유로 보호조치가 적당하지 않은 경우, 검사에게로의 송치가 적당한 경우) 등이 결정된다.[110]

감별판정회의의 종류는 간이판정회의, 보통판정회의, 정밀판정회의가 있는데 간이판정회의는 서류심사를 원칙으로 하고, 보통판정회의는 감별담당관 및 관계과장이 참석하여 소장 주재하에 실시하는 것이며, 정

---

109) 澤登俊雄d, 前揭書, 128頁.
110) 조상연, 앞의 논문, 223쪽.

밀판정회의는 관계직원을 참석시켜 사례연구 후 협의하여 판정하는 것이다. 그러나 보통판정회의가 대부분이다.[111]

이러한 감별판정회의는 처우규칙과 차관통달 등에서는 규정되어 있지 않고 실무상 정착된 것이다. '판정회의'라는 명칭 때문에 여러 가지 감별판정 중의 '보호처분결정의 자료가 될 사항'에 관하여만 결정하는 회의로 생각되고 있는데 그것은 잘못된 것이며 이외에도 관호처분의 방침에 관한 사항, 소년원의 처우, 지도 및 훈련에 관한 사항, 그 밖의 장래 보호방침에 관한 권고사항이 판정되어야 한다.[112]

7) 감별결과

소년감별소에서의 조사의 결과로부터 얻은 정보들은 판정회의에서 종합되고 당해 소년의 자질의 특질 및 그의 문제점, 소년을 비행으로 이끈 요인, 재비행의 위험성 등을 명확하게 하고 개선·갱생을 위한 최적의 처우방침을 검토한 후에 감별결과통지서가 작성되어 심판의 자료로서 가정법원에 제출된다.[113]

감별결과통지서에 기재되는 내용은 첫째, 소년의 신상에 관한 일반적인 것, 둘째, 신체에 대한 검진결과를 발육상태, 신장, 체격, 체중, 건강상태, 흉위, 질병이나 기타 이상사항, 셋째, 지능지수, 성격, 정신장애 등과 종합적인 진단판정, 기타 정신장애에 관한 것을 포함하여야 한다. 또한 감별소에서의 행동관찰 내용을 기술하며, 종합소견으로서 소년의 소질, 환경, 비행성에 대한 문제점을 분석하여 해결법을 제시하고 소년에 대한 적절한 처우지침과 필요한 기관 또는 보호자나 직장 등에서 사용할 수 있는 처우지침을 포함하도록 한다. 또한 사회적 예후는 소년

---

111) 김준호 / 이동원, 앞의 책, 27쪽.
112) 平野龍一d, 前揭書, 192~193頁.
113) 澤登俊雄d, 前揭書, 128~129頁.

의 장래에 대한 예측을 기술하도록 한다. 이상의 내용을 토대로 하여 보호처분에 대한 최종적인 판정을 하도록 되어 있다[114].

또한 감별의 결과는 다른 기록과 함께 소년부에 기재되고 보호처분의 결정이 된 경우 그 처분의 집행에 자료로 하기 위해 소년원, 보호관찰소 등에 송부된다.[115] 이 소년부의 작성은 제일 먼저 남자는 처우 1부문에서, 여자는 처우 2부문에서 처리되는데 여기에서 소년부표지, 처리경과표, 위탁결정서, 행동관찰표가 첨부되어 감별부문으로 넘어간다. 감별부문에서는 각종 검사결과와 의무과에서 실시한 검진결과를 합철한다. 이러한 소년부는 보호처분이 집행되는 동안 소년의 신병과 같이 이동한다. 한편 그 사본은 소년감별소에 두고 보호처분이 종료되면 소년부를 반환받아서 보관한다. 소년부는 당해 소년이나 관계인의 인권에 관한 사항이 기재되어 있으므로 법률에 근거하여 필요 관련 이외 외부인에게는 '인비'로 하여 취급에 항상 신중을 기하도록 하고 있다[116].

이와 같이 소년사법체계 속에서 소년감별소는 필요한 한도에서 가정법원 조사관의 사회조사결과를 이용해 자질을 감별하고 그 결과를 감별결과통지서에 의해 가정법원에 보고하며 가정법원 조사관은 이 감별결과통지서에 의한 자질감별의 결과와 자기의 사회조사결과에 의거한 의견을 붙여 가정법원에 보고하고 판사는 감별통지서와 가정법원 조사관의 의견이 붙은 조사보고서의 쌍방을 검토해 구체적 처우방침을 발견한다고 하는 이상적인 운영이 실현되고 있는 것이다[117].

일본에서 소년감별소의 감별판정과 가정법원 판사의 심판결정의 일치율은 매우 높아서 조사관이 작성한 처우의견의 약 8할이 판사의 처분과 일치하고 있다고 한다.[118]

---

114) 김준호 / 이동원, 앞의 책, 28쪽.
115) 澤登俊雄d, 前揭書, 129頁.
116) 조상연, 앞의 논문, 229쪽.
117) 田宮裕, 前揭書, 74頁.
118) 關力, 前揭書, 107頁.

4. 관호조치

1) 의 의

소년에 대한 사회조사와 감별을 정확하게 하여 심판의 대상이 되고, 적정한 결론을 내리기 위해서는 상당한 정도의 시간을 필요로 한다. 그런데 소년 자신의 문제성이 심각하고 그가 처해 있는 상황이 열악한 경우, 아무것도 하지 않고 있다면, 소년법의 목적인 보호·육성이 시의를 잃게 된다. 그러므로 일본 소년법(제17조 제1항)에서는 앞의 경우에 잠정적, 응급적으로 보호적 조치를 강구하고 우선 소년의 비행성의 심화를 방지하며, 열악한 환경으로부터의 구제를 도모함과 동시에 이 사이에 심판을 행하기 위하여 필요한 자료로서의 사회조사, 심신감별을 행하도록 하는 관호조치에 관해 규정하고 있다.[119]

이러한 일본의 관호조치에는 가정법원 조사관의 관호와 소년감별소 수용의 두 가지가 있다. 먼저 가정법원 조사관의 관호는 신병의 구속을 수반하지 않는 임의 처분이다. 소년감별소 관호조치는 계속 중인 사건을 위해 가정법원에 의해 행해진다. 이것은 소년의 자유를 구속하고 신병을 보전하는 조치이다. 이 관호조치는 형사절차에서의 구류에 대신하는 것이지만 형사사법적 기능과 보호기능을 병행하는 이중 구조의 성격을 가진다.[120]

2) 요 건

일본의 관호조치에 관한 소년법의 조항은 소년의 보호에 있어서는

---

119) 平野龍一d, 前揭書, 117~118頁.
120) 森下忠c, 前揭書, 372頁.

매우 유효한 조치이지만 단순히 '심판을 행하기 위하여 필요가 있을 때'라 하여 극히 추상적으로 규정하고 있어 소년의 인권을 침해할 위험성이 있다. 실무적인 관점에서 관호조치의 요건은 이하의 4가지 범주로 나누어 볼 수 있다.[121)

첫째, 사건이 계속하고 있어야 한다. 관호조치결정은 심판을 행하기 위하여 가정법원의 결정이 있고 사건이 가정법원에 계속할 때 하게 된다. 또 계속하고 있는 한 언제라도 가능하다. 사건이 계속하는 경우로 가장 많은 것은 가정법원에 대한 사법경찰의 송치(소년법 제41조)와 검사의 송치(소년법 제42조)에 의한 경우이다. 다음으로 많은 것은 이미 가정법원에 계속하고 있는 재택사건에 관해 소년법 제11조 제2항, 제12조의 동행장에 의해 동행된 소년이다. 또한 소년법 제6조 제3항의 '송치'도 이에 포함되며, 보호관찰소장으로부터 소년법 제2조 제1항 제1호의 보호관찰 중의 자가 가정법원에 소년법 3조 1항 3호의 통고가 된 경우가 있다. 이 경우도 심판을 개시하기 때문에 관호조치를 당연히 받게 된다. 또한 소년법 제55조의 이송에 의하여 한 번 동법 제20조의 검사에게로의 송치라고 하는 종국결정이 되고 가정법원의 손을 떠난 사건이 다시 가정법원에 계속되는 것이 요망되는 경우가 존재한다. 마지막으로 수는 극히 적지만 일반인으로부터의 통고, 가정법원 판사의 보고에 의해 사건이 계속하는 경우가 있다.

둘째, 심판을 개시하고 이것을 유지할 필요성이 있어야 한다. 심판개시결정을 할 것인가 하지 않을 것인가는 판사의 재량에 의한다. 그 재량의 자료로서는 신병송치의 경우에는 일건기록, 송치자의 의견, 사전조사를 행하고 있는 청에서는 가정법원 조사관의 조사결과가 주가 되고, 다른 송치에 관련된 것에 관하여는 당해 송치자의 의견과 그때까지 수집된 자료로 이루어진다. 다음으로 심판유지의 필요성에는 주거부정,

---

121) 이하 平野龍一d, 前揭書, 119~124頁.

증거인멸의 우려, 도주의 우려가 있다.

셋째, 비행사실 존재의 개연성이 높아야 한다. 비행사실은 소년의 자유를 구속하고 보호자의 보호권을 제약하기 위한 명확한 이유가 된다. 이것은 기본적 인권의 제약에 관한 헌법상의 요청을 충족하는 것이다. 비행사실의 존재는 가정법원 스스로 인정한 것 이외에 관하여는 송치자로부터 제출된 자료에 의하여 심증이 형성된다.

넷째, 재비행의 우려, 자살·자상의 우려, 양친 등으로부터의 학대의 우려, 불량집단으로부터의 악영향의 우려, 소재불명이 될 우려 등 이상 열거한 요보호성이 있어야 한다.

3) 가정법원 조사관 관호

가. 성 격

가정법원 조사관의 관호는 신병의 구속을 수반하지 않는 임의처분이다. 가정법원 조사관의 책임에 있어서 소년의 도주 등을 방지하고 출두가 확보될 수 있도록 지켜보는 방법이다. 반드시 바로 곁에 둔다든가 상시 감시한다든가 할 필요는 없다. 소년 자신과 보호자를 지도 교육하고 절차를 협력하여 유지하면 된다. 그를 위해서는 가정법원 조사관 자신 또는 그 밖의 사람의 정신적 영향력을 이용하고 또 어느 정도의 환경조정을 행할 수 있다. 가정 내의 문제라든가 보호자의 무이해 때문에 도주나 재비행의 위험이 있는 경우 바로 소년감별소수용의 길을 취하지 않고 상황에 따라서는 신뢰할 수 있는 개인이라든가 시설단체 등에 위탁할 수 있다고 해석한다. 단 어디까지나 임의처분이기 때문에 소년 자신 및 보호자의 동의가 있어야 한다. 가정법원 조사관의 관호도 조사를 위하여(소년법 제16조 제1항) 행해지기 때문에 경찰서 등에 대하여 필요한 원조를 할 수 있다. 이와 같이 가정법원 조사관의 관호는 일종의 프로베이션(probation)적 작업이라고 해석하지만 본래 프로베이션인 시험관찰과는 구별되어야 한다. 즉 비행을 전제로 하는 인격적 개량으로의 적극적 협력에까지는 개입할 수 없다.[122)]

나. 절 차

가정법원 조사관의 관호도 가정법원의 작용으로써 이루어지는 것이기 때문에 가정법원의 결정에 따라 행해진다(소년법 제17조 제1항). 이 결정은 소년의 면전에서 언도되어야 한다(소년심판규칙 제3조 제2항). 이 결정은 소년에게는 가정법원 조사관의 관호를 받을 의무가 생기게 하고 가정법원 조사관에게는 당해 소년을 관호할 권한과 의무를 생기게 한다. 그러므로 담당 가정법원 조사관을 지정해야 한다(소년심판규칙 제20조 제1항). 이 지정은 변경할 수 있다(동3항). 이 관호조치를 받는 때는 그 취지를 속히 보호자 및 부첨인 중의 각각 적당하다고 인정되는 자에게 통지해야 한다(소년심판규칙 제22조). 누구에게 통지하는가는 법원의 재량사항이다. 이와 같이 가정법원 조사관의 관호에 붙임에는 결정을 요한다. 단 예외로서 검사가 소년의 피의사건에 있어서 그 사건이 가정법원에 송치된 때는 종래의 구류에 대신하는 관호조치는 가정법원의 소년보호사건의 관호조치로 간주된다(소년법 제17조 제6항).[123)] 그러므로 바꾸어 관호조치의 결정을 할 필요는 없다. 가정법원 조사관의 관호에는 기간의 정함이 없다. 취소 또는 변경이 없는 한 종국결정까지 속행한다. 관호조치의 취소 또는 변경이 있으면 그 취지를 보호자 및 부첨인 중의 적당한 자에게 통지해야 한다(소년심판규칙 제22조). 그러나 가정법원 조사관의 관호는 거의 활용되고 있지 않다. 왜냐하면 현실적으로 신병보전의 실효성이 극히 적어 활용의 여지가 거의 없기 때문이다.[124)]

---

122) 平場安治, 前揭書, 192頁.
123) 2001년 소년법 일부개정에 의해 조문의 위치가 제4항에서 제6항으로 바뀌었다.

4) 소년감별소 관호

가. 절 차

소년감별소수용은 신체의 구속을 수반하는 강제처분이다. 소년감별소 송치는 결정 및 그의 면전고지를 요한다. 이 결정에서는 송치해야 할 소년감별소를 지정해야 한다. 또 이 결정에 관해서도 변경할 수 있다(소년심판규칙 제20조 제1항, 제3항). 가정법원의 토지관할구역 외에 있는 소년감별소를 지정하는 경우도 차이가 없다. 이 결정을 한 때는 보호자 및 부첨인의 각각 적당한 자에게 통지할 것을 요한다(소년심판규칙 제22조). 이 결정은 가정법원의 판사의 집행지휘에 의해(소년심판규칙 제4조 제1항, 방식에 관하여 동2항) 가정법원 조사관, 법원서기관, 법무사무관, 경찰, 보호관찰관 또는 아동복지사에게 집행시킬 수 있다(소년법 제26조 제1항). 집행을 위하여 호출하고 동행이 인정되며 그 방법은 보호처분의 결정의 경우와 같다(소년법 제26조 제2항부터 제4항까지). 구류에 대체하는 관호조치청구에 의해 소년감별소의 관호를 받고 있는 소년이 검사로부터 가정법원에 송치된 경우에는 종래의 관호조치는 소년보호사건의 관호조치로 간주되기 때문에(소년법 제17조 제5항) 관호조치의 결정을 필요로 하지 않는다. 단 그 취지를 소년감별소에 통지해야 한다(소년심판규칙 제21조의 2).[125)]

나. 수용기간

소년감별소의 관호는 기간의 제한이 있다. 기존의 소년법에서는 원칙적으로 2주이지만 특히 계속의 필요가 있는 때는 1회에 한해 갱신할 수 있어 최고 4주까지 가능하였으나, 실무에서는 이 기간이 갱신되어 3주로 되는 경우가 많았다[126)]. 그러나 2001년 소년법 일부개정에 의해

---

124) 平場安治, 前揭書, 193~194頁.
125) 上揭書, 194~195頁.

기간에 다소 변화가 있었다. 기본이 2주이고 1회에 한해 갱신할 수 있다는 점은 동일하지만, 범죄소년 중에서 사형, 징역 또는 금고에 해당하는 죄의 사건에서 그의 비행사실의 인정에 관해 증인심문, 감정 또는 검증을 행하는 것을 결정한 것 또는 이것을 행한 것에 관하여 소년을 수용하지 않으면 심판에 현저한 지장이 생길 우려가 있다고 인정되기에 족한 상당한 이유가 있는 경우에는 그의 갱신은 2회를 한도로 행할 수 있다는 점에 차이가 있다(소년법 제17조 제3항, 제4항).

이러한 수용기간의 기산일은 결정의 날인가 소년감별소에 입소한 날인가의 논쟁이 있다. 소년의 인권보호의 관점에서 일본 형법 제23조 및 제24조를 유추하여 기산일을 결정의 날로 해석하는 것도 충분한 이유가 있다고 할 것이지만 구류에 준하고 현실에서 소년감별소에 입소한 날부터 기산하는 것이 일본의 통설이고, 실무상의 취급이다. 수용 중의 소년이 도주하는 등 현실에서 구금되지 않은 일수는 기간에 산입되지 않는다. 소년이 병으로 가정법원의 허가를 받고 병원에 입원한 경우 소년의 재소자로서의 지위는 계속하기 때문에 관호조치 기간은 진행하는 것으로 해석한다. 관호조치 중의 소년에 대해 감정유치장이 집행된 경우에도 같다. 구류에 대신하여 관호조치에 의해 소년감별소에 수용되어 검사로부터 가정법원에 사건이 송치된 경우 소년보호사건의 관호조치로 간주되지만 이 경우의 기산점은 사건송치를 받은 날[127]이다[128](소년법 제17조 제7항).

관호조치의 변경이 있는 경우도 똑같이 수용기간은 통산 4주를 넘을 수 없다(소년법 제17조 제6항). 예외로서 수용기간의 갱신을 허용하지 않는 경우가 있다. 그것은 검사로부터 다시 송치를 받은 사건에서 앞서 소년감별소 수용의 관호조치(소년법 제17조 제1항 제2호의 경우 및 구류에 대체하는 관호조치의 경우의 쌍방을 포함한다)가 취해진 경우 또는 구류장이 발부된

---

126) 森下忠c, 前揭書, 372~373頁.
127) 사건송치를 받은 날이란 송치서가 도착한 날을 말한다.
128) 平場安治, 前揭書, 195~196頁.

경우이다(소년법 제17조 제5항). '다시 송치를 받았다'고 하는 것은 한 번 소년법 20조에 의해 검사에게 송치된 사건이 다시 동법 제42조에 의해 가정법원에 송치된 경우이고 동일 사건이 가정법원에 두 번 계속된 경우이다.

다. 수용소년의 처우

수용관호 중의 소년은 기결, 미결의 수인이 아니기 때문에 도망해도 범죄는 아니다. 그러나 도망시킨 죄, 도망원조는 성립한다. 소년감별소에 수용계속 중인 소년은 소년감별소처우규칙 제38조부터 제39조까지의 범위에서 접견 교통할 수 있다. 처우규칙이 규정하는 소년의 권한인 면회와 통신의 제한과는 달리 소년에 대해 내재적으로 감독권을 가지는 가정법원은 조사, 심판을 위하여 필요가 있는 때에는 접견교통의 제한, 금지를 행할 수 있다. 단 형사소송법 제81조와의 형평상 부첨인인 변호사와의 사이에 있어서는 금지할 수 없다[129].

라. 탐색처우

일본의 소년감별소에 있어서 처우의 이념과 방법은 전후에 있어서 소년보호사상의 변천이나 수용인원의 증감[130]에 따라 변천하여 1970년경부터는 그 즈음 관호처우의 주도적 방식이었던 교육적·치료적 처우의 연장선상에 있어 그것을 수정하기 위한 방향전환이 시작되는데, 바로 탐색처우가 그것이다.

탐색처우는 관호를 위해 수용되어 있는 소년[131]에게 의도적·조작적인 시점을 가지고 행하는 것으로 소년의 문제점 및 개선 가능성의 정도를 탐구하는 처우를 말한다. 구체적으로는 관호와 감별의 유기적 연대하에 개

---

129) 上揭書, 197~198頁.
130) 1974년에는 신수용자가 10,410인으로 최저를 기록했다.
131) 탐색처우는 현재 소년감별소에 수용되어 있는 자만을 대상으로 하고 있다. 재택감별이나 신병의 수용을 수반하지 않는 의뢰감별 대상자는 당연 여기에서 배제된다.

개의 소년의 특성 등을 고려하여, 작문, 독서, 회화, 점토세공, 심리극, 집단토의 등의 처우를 실시하는 것이다. 그것은 심판을 위한 자질감별에 기여함과 동시에 심판결정 후의 처우방침을 수립하는 것이다. 수용감별의 목적이 심판을 위한 감별결과의 제공에 있는 것은 종래부터 인정되어 있는 것이지만 1975년경부터 소년원의 처우에 직접 유용하게 쓰이는 감별이 강력하게 구해지게 된다. 당시 소년원의 단기처우과정의 시도가 궤도에 올랐기 때문이다. 즉 단기처우, 특히 교통단기처우에 있어서는 수용기간이 짧기 때문에 입원 후 조기에 처우방침을 수립해 처우에 착수하여야 하고, 감별에 의거한 처우지침으로의 기대도가 높았기 때문이다. 그 후 감별을 위한 자료수집에 중점을 둔 탐색처우는 소년원의 단기처우가 정착되어 관호처우의 일환으로서 더욱 중요한 의의를 인정하게 되었다.[132]

Ⅳ. 교정단계의 소년조사제도

1. 소년원의 분류심사

1) 의 의

일본의 소년원은 소년의 특성에 맞는 개별화된 처우가 가능하도록 하기 위하여 소년법에 소년원의 종류를 네 가지로 법정하여 분류처우를 실시하였다. 1977년 6월부터는 비행의 다양화와 복잡화에 대처하기 위하여 좀더 세분화된 새로운 분류처우제도가 실시되었는데, 일본 소년

---

132) 森下忠c, 前掲書, 373~374頁.

원의 분류처우제도는 전국의 53개 소년원을 이 기준에 따라 세분하고 소년들을 분류하여 개인의 특성에 맞는 소년원에 배치하였다.

2) 법적 근거

소년원에 수용된 소년에 대한 개별처우를 위한 조사에 있어 법적인 근거는 소년원법에서 찾을 수 있다. 소년원법 제2조 제1항에서는 소년원의 종류를 초등소년원, 중등소년원, 특별소년원과 의료소년원으로 구분하고 있고, 제2항부터 제5항에 걸쳐 다음과 같이 규정하고 있다. 즉 '초등소년원은 심신에 두드러진 고장이 없고 14세 이상 대개 16세 미만의 자를 수용한다. 중등소년원은 심신에 두드러진 고장이 없고 대개 16세 이상 20세 미만의 자를 수용한다. 특별소년원은 심신에 두드러진 고장은 없지만 범죄적 경향이 진행된 대개 16세 이상 23세 미만의 자를 수용한다. 단 16세 미만의 자라도 소년원수용수형자에 관해서는 여기에 수용할 수 있다. 의료소년원은 심신에 두드러진 고장이 있는 14세 이상 26세 미만의 자를 수용한다'는 것이다. 2001년 소년법 일부개정에 의해 특별소년원에 소년원수용수형자를 수용하도록 하게 되었다.

또한 제6항에서는 '수용할 자의 남녀의 구별에 따라 이것을 설치한다. 단, 의료소년원에 관해서는 남녀를 분격하는 시설이 있는 경우는 이를 제한하지 않는다'고 하여 성별에 따른 분류처우를 규정하고 있다.

3) 담당기구

소년원수용소년의 분류처우를 위해서는 가정법원 판사와 소년감별소, 소년원분류보호과가 단계적으로 업무를 분담한다. 먼저 가정법원 판사는 소년원의 종류를 지정하고, 소년감별소에서는 구체적으로 개별적인 소년원을 지정하며, 지정된 소년원의 분류보호과에서는 입원한 소년에 대한 개별처우를 위한 분류를 실시한다. 가정법원과 소년감별소에 대해서는 앞에서 살펴보았으므로 여기에서는 소년원의 분류담당기구에 관해서만 알아보기로 한다.

소년원에는 서무과, 교무과, 의무과와 분류보호과가 있다. 이 중 분류보호과에서는 교무과에서 소년에 대한 교육계획을 세움에 있어 기초가 되는 분류조사업무와 함께 보호사무, 입출원사무를 담당한다.[133]

4) 분류절차

일본의 가정법원은 소년원 송치결정을 함에 있어서 송치해야 할 소년원의 종류를 소년원법 제2조에 의거 4종의 소년원 중에서 선택해 지정해야 한다(소년심판규칙 제37조 제1항). 분류의 기준이 되는 성별이나 연령은 명확한 판단이 가능함에 반해 심신의 두드러진 고장 유무와 범죄적 경향의 심도에 관한 자료는 가정법원 조사관이 작성한 조사결과의 보고와 의견, 그리고 소년감별소의 감별결과를 활용해야 하고, 더 나아가서는 심리를 담당한 판사의 판단에 의존하게 된다. 그러나 가정법원 판사는 소년원법에 규정되어 있는 4종의 소년원 중 한 가지를 지정할 뿐이고 구체적인 소년원을 지정하는 것은 아니다. 구체적으로 개별적인 소년원을 지정하는 업무는 소년감별소가 담당하는데, 이때는 교정관구장의 '보호소년분류규정'에 의거해 소년감별소장이 구체적으로 수용될 소년원을 지정하는 절차를 밟게 된다.[134]

그렇게 소년원이 지정되면 그곳의 분류보호과에서는 입원한 소년에 대한 개별처우를 위한 분류를 실시한다. 소년의 입원절차가 끝나면 단독실에서 1~2주 정도 있게 되는데, 이 기간 동안 면접조사를 실시하고 또한

---

133) 關力, 前揭書, 126~127頁.
134) 田宮裕, 前揭書, 304~305頁.

소년감별소에서 실시한 감별결과와 각종 테스트를 통해 개개 소년의 비행과 관계된 인격상의 문제나 가정환경, 학교에서의 문제 등이 여러 각도에서 철저하게 분석된다.[135] 한편 소년원의 장은 소년원법 제16조의 2 규정에 의거하여 소년감별소에 수용소년에 대한 자질감별을 요구할 수 있다.

〈표 3-1-1〉 일본의 소년원 교육과정과 처우과정 분류기준

(1986년 5월 1일 현재)

처우기간	교육과정	처우과정	시설 수
단기처우	일반단기처우(S)	–	22
	교통단기처우(T)	–	10
장기처우	생활지도과정(G)	G1 성격의 치우침이 두드러지기 때문에 특히 개별적·치료적인 지도를 필요로 하는 자	26
		G2 한계지, 유치한 행동양식 등 인격의 미숙함이 있고 통제가 안 되는 행동경향이 뚜렷한 자	26
		G3 G1, G2 이외의 자	28
	직업훈련과정(V)	–직업훈련법 등에서 정한 직업훈련의 이수를 필요로 하는 자	2
	교과교육과정(E)	E1 의무교육과정의 이수를 필요로 하는 자	18
		E2 고등학교교육을 필요로 하고 그것을 받을 의욕이 인정되는 자	10
	특수교육과정(H)	H1 정신박약자이고 전문적 의료조치를 필요로 하는 심신에 두드러진 고장이 없는 자 및 정신박약자에 대한 처우에 준한 처우를 필요로 하는 자	13
		H2 정서적 미성숙 등에 의해 비사회적인 형의 사회부적응이 두드러지기 때문에 전문적인 치료교육을 필요로 하는 자	12
	의료조치과정(PM)	P1 신체질환자	3
		P2 맹, 농, 아, 신체부자유 등의 신체장애가 있는 자	3
		M1 정신병자 및 정신병의 의심이 있는 자	3
		M2 정신병질자 및 정신병질의 의심이 있는 자	3

주1: 법무성 교정국 자료에 의한다. 시설의 총수는 처우과정을 병설하고 있는 시설이 있기 때문에 55청을 넘는다.

주2: 關力, 非行少年はこう扱われる, 東京: 有信堂高文社, 1991, 124쪽.

---

135) 關力, 前揭書, 132頁.

5) 분류기준

일본의 소년원은 표에 나타나 있는 바와 같이 교육과정과 처우과정에 따라 14종으로 분류해 놓고 있다. 이들 소년원의 분류내용이 곧 소년원수용소년에 대한 분류기준이 될 것이다.

우선 소년원을 단기처우를 실시하는 소년원과 장기처우를 실시하는 소년원으로 나누고 있다. 장기처우를 행하는 소년원에서는 단기처우에서는 교정효과가 충분히 기대될 수 없는 소년을 대상으로 하고 기본적인 처우과정을 지정하여 가능한 한 공통의 문제성을 가진 소년을 동일한 시설에 수용하여 처우한다. 이것은 각 소년원이 일인 일인의 소년의 자질이나 감별의 결과 등을 종합적으로 판단하여 개선의 효과를 높이도록 하는 것이고, 수용기간은 2년 이내로 되어 있다. 단기처우는 비행의 경향이 어느 정도 진행되어 있고 소년이 가진 문제성이 단순하거나 비교적 경미한 등 조기개선의 가능성이 큰 소년을 대상으로 한다. 이러한 소년에 대해서는 단기간에 계속적 집중적인 지도와 훈련을 행하여 교정효과를 충분히 높여 사회에 복귀할 수 있도록 한다. 이 단계 처우는 더 나아가 수용기간이 6개월 이내인 일반단기와 주요비행이 교통사범인 소년을 대상으로 하는 수용기간이 4개월 이내의 교통단기로 나뉜다. 이와 같이 연령이나 남녀의 차이, 건강자와 비건강자, 의무교육의 수료자와 비수료자, 비행정도의 강약, 수용기간 등 여러 가지 면으로 분류하고 어느 정도의 동일 경향의 집단을 형성하여 교정교육이 쉽도록 처우방법이 취해지고 있다[136].

---

136) 上揭書, 125~126頁.

2. 교도소의 분류심사

1) 의 의

일본의 경우 소년형사사건은 성인범과 동일한 절차로 진행되기 때문
에 소년수형자에 대한 분류처우제도 또한 성인수형자와 동일하게 적용
되며, 다만 분류심사를 통해 소년수형자로 분류되어 별도로 처우받고
있을 뿐이다. 따라서 이하에서는 소년수형자의 분류기준을 중심으로 일
반적인 분류처우제도에 관해 살펴보고자 한다.

2) 법적 근거

수형자에 대한 분류처우에 있어 법적인 근거는 '수형자분류규정[137]'
에서 찾을 수 있다. 1972년 7월부터 시행된 이 규정에 의해 분류센터가
설치되어 분류조사가 실시되고 이에 따라 분류처우가 행해지고 있다.[138]

3) 담당기구

일본의 행형시설은 1995년 12월 말 현재 전국에 형무소 59개, 소년
형무소 8개, 구치소 7개, 형무지소 8개, 구치지소 110개가 설치되어 있
다. 이 중 소년수형자를 수용하는 곳은 소년형무소이다[139]. 그러나 수
형자에 대해 조사를 실시하는 곳은 분류센터이다. 분류센터는 전국 8개

---

137) 법무대신훈령.
138) 권태정, 재소자 분류수용제도에 관한 연구, 서울: 한국형사정책연구원, 1992, 41쪽; 森
  下忠d, 前揭書, 136頁, 217頁.
139) 上揭書, 214~215頁.

교정관구마다 1개소씩 설치되어 있는데, 이곳에는 전문직원을 집중배치하고 있고 분류실, 심리검사실, 심리치료실, 심정상담실, 적성시험공장 등의 특별설비를 갖추고 있다. 이 외에 형무소, 교정관구 및 법무성에 특별기관을 두고 있다.[140]

4) 분류절차

일본의 수형자분류처우제도의 절차는 먼저 과학적인 조사를 행하여 그것을 기초로 처우계획을 수립하고 그 계획을 효과적으로 실시하기 위한 집단을 형성하여 각 집단에 적합한 처우를 실시하는 기본구조를 갖고 있다. 각 관구에 분류센터를 두어 26세 미만이나 집행할 형기가 1년 이상인 남자, 초입수형자의 입소 시 조사와 이상수형자의 재조사 및 분류에 관해 각 형무소에 대한 원조를 행하고 있다. 분류조사의 결과에 의하여 개개 수형자의 수용분류급의 판정이 행해져 각 분류급에 해당하는 시설에 수용하게 된다.[141] 한편 소년수형자를 수용하고 있는 시설[142]의 장은 소년원법 제16조의 2 규정에 의거하여 소년감별소에 수용소년에 대한 자질감별을 요구할 수 있다.

재조사는 수용되어 있는 시설에서 실시하는데, 집행기간이 8개월 미만인 자는 대개 2개월 정도, 그 외에는 대개 6개월 정도마다 정기적으로 실시한다. 재조사는 처우계획의 부적절한 실시의 수정과 수형자의 처우경과 개선도에 따라 특별처우, 급별변경, 가석방 신청 등의 자료로 사용한다.[143]

---

140) 권태정, 앞의 책, 41~42쪽.
141) 위의 책, 42쪽.
142) 일본 소년원법 원문에는 '감옥'이라고 규정되어 있다.
143) 森下忠d, 前揭書, 219頁.

〈표 3-1-2〉 일본의 수형자분류기준

(1995년 3월 31일 현재)

대분류급	소분류급	분류기준	시설 수
수용분류급	A급	범죄경향이 진행되지 않는 자	23
	B급	범죄경향이 진행되고 있는 자	33
	W급	여 자	6
	F급	일본인과 다른 처우를 필요로 하는 외국인	2
	I급	금고에 처해진 자	11
	J급	소 년	11
	L급	집행기간 8년 이상인 자	7
	Y급	26세 미만의 성인	16
	M급	정신장애자	6
	P급	신체상의 질환 또는 장애가 있는 자	9
처우분류급	V급	직업훈련을 필요로 하는 자	
	E급	교과교육을 필요로 하는 자	
	G급	생활지도를 필요로 하는 자	
	T급	전문적 치료처우를 필요로 하는 자	
	S급	특별한 양호적 조치를 필요로 하는 자	
	O급	개방적 처우가 적당하다고 인정되는 자	
	N급	경리작업 적격자라고 인정되는 자	

주1: 법무성 교정국 자료에 의한다. 수용분류급의 시설 수는 병설되어 있는 시설도 있기 때문에 행형시설의 총수와 일치하지 않는다.

주2: 森下忠, 刑事政策大綱, 東京: 成文堂, 1996, 220쪽.

5) 분류기준

분류조사의 결과를 가지고 수용분류급과 처우분류급을 판정하는데, 그 내용은 표와 같다.

수용분류급은 10종으로 그 분류기준은 첫째, 성별, 국적, 형의 종류, 연령, 형기이고, 둘째는 범죄경향의 진도, 심신의 장애 유무이다. 예를 들어 여자이면서 소년으로 범죄경향이 진행되고 있지 않은 수형자는 WJA로 표시되고, 26세 미만의 성인으로 범죄경향이 진행되고 있으면서 정신박약자로 판명되었지만 의료시설에 수용될 필요는 없는 남자수형자는 YBMx로 표시된다.[144]

제3절 미국의 소년조사제도

Ⅰ. 미국의 소년사법체계와 조사제도 개관

미국의 소년조사제도는 각 주마다 소년법원 또는 가정법원제도가 차이가 있고 우리나라의 소년사법제도와 많은 차이가 있기 때문에 이를 일목요연하게 정형화하기는 쉽지 않다. 일반적으로 미국의 소년보호사건절차는 소위 인테이크(intake)라 불리는 초입면접에 의해 심판 여부를 결정한 후 처분심리를 거쳐 유죄가 확정되면 본격적인 분류심사에 들어간다. 즉 3단계에 걸쳐 조사가 이루어지는 것이다.

따라서 이하에서는 먼저 미국의 전체 소년사법체계 속에서 조사제도가 차지하고 있는 위치에 대해 설명하고,[145] 절을 바꾸어 소년사법체계의 각 단계별 조사제도에 관해 차례로 소개하고자 한다.

미국의 사법제도는 각주의 사법관할권이 인정되는 분권적 구조를 가지

---

144) 上揭書, 219~220頁.

145) 이하 Clifford E. Simonsen, Juvenile Justice in America, New York: Macmillan Publishing Co., 1991., pp.195~196; Albert R. Roberts, Juvenile Justice, Chicago: The Dorsey Press, 1989, pp.124~132.

고 있어 그 내용이 조금씩 다르지만, 일반적인 소년사건 처리과정은 대체로 체포(arrest), 초입면접(intake), 심리(adjudication), 처분결정(disposition), 사후지도(aftercare)로 이어진다.

먼저 체포단계를 보면, 경찰에 범죄행위가 보고될 경우 소년사법절차는 경찰관의 조사로부터 시작된다. 경찰은 관련 소년을 다이버전(diversion) 프로그램에 등록하는 조건으로 귀가조치를 하거나 소년을 구속하고 그 사건을 소년법원의 초입면접관에게 이송시킬 수 있다.

다음으로 초입면접단계를 보면, 초입면접관은 사건이 재판절차로 이행해야 할 것인지를 판단한다. 초입면접관은 관련 소년을 훈방하거나 다이버젼 프로그램에 등록하거나 소년법원 직원의 비공식적 보호관찰에 응하는 조건하에 석방할 수 있다. 한편 초입면접관은 기소(file petition) 의견을 붙여 사건을 소년검사에게 회부할 수 있다.

심리단계를 보면, 소년법원 판사는 심리에 제출된 모든 증거를 검토하여 혐의사실의 인정 여부를 결정해야 한다. 판사가 청구를 기각하는 판결을 할 경우에는 석방해야 하고 혐의사실이 인정되더라도 소년이 다이버전 프로그램에 등록한다는 조건하에서 유죄판결을 유예할 수 있다.

보호처분을 할 경우 판사는 관련 소년에게 어떤 처분을 할 것인지에 대해 관련 당사자들의 권고를 검토하고 처분이 소년 본인이나 지역사회에 이득을 주지 않을 경우 불처분결정을 할 수 있다. 보호처분은 사회내처분과 시설내처분으로 나눌 수 있다. 사회내처분에는 보호관찰, 경고 또는 훈계, 사회봉사명령, 벌금 또는 자택구금 등이 있다. 시설내처분에는 포스터케어(foster care)와 그룹홈(group home), 소년원수용조치 등이 있다.

마지막으로 사후지도에 관해 보면, 어떤 처분이 내려지든 간에 법원은 관련 소년의 사후지도 수락의 조건하에 보호처분을 소멸시킬 수 있는데 사후지도로는 보호관찰, 상담, 다이버전 프로그램 등록 및 기타 소년들의 재범 가능성을 줄이고자 고안된 조치 등이 있다.

이상과 같이 소년이 범죄를 범하면 먼저 수사단계를 거쳐 소년법원으로 송치되어 조사와 심판의 절차를 거치게 되는데, 소년법원에서 이러한 절차를 거친 결과 형사법원에서 재판을 받는 것이 타당하다고 판단하면 관할이전을 한다.146)

이러한 미국의 소년사법체계 내에서 소년에 대한 조사과정이 차지하고 있는 위치에 관해 간략하게 살펴보면, 경찰 또는 검사에 의해 소년법원으로 송치된 비행소년에 대해서는 먼저 어떤 소년을 법정에 세워야 할 것인가를 사전에 선별하기 위한 초입면접절차를 거치고, 이러한 조사결과 정식의 법원심리절차가 필요하다는 결정이 이루어지면 신청서를 제출하게 되며 소년은 신청서에 적시된 혐의사실에 관하여 시인 또는 부인의 답변을 하게 된다. 기소된 소년이 시인을 하지 않으면 증거에 의해 사실을 인정해야 하므로 사실심리를 위한 공판이 개정된다. 소년법원 판사가 소년법원의 가장 뚜렷한 특징인 처분의 개별화를 달성하기 위해서는 당해 소년에 대하여 충분한 자료가 필요하게 된다. 이러한 정보는 보통 보호관찰관이 행하는 조사 및 사회조사보고서(social inquiry report) 또는 심리결과보고서(disposition report)라고 불리는 보고서에 의해서 제공된다. 또한 법원에서 일하는 정신과의사 또는 사회사업가(social worker) 등도 판사에 대해 적절한 정보를 제공한다. 이러한 조사결과에 기해 처분이 내려지면 구체적인 처우지침 마련을 위해 본격적인 분류심사가 이루어진다.147)

이상 미국의 소년사법체계의 전체적인 과정과 그 과정에서 소년에 대한 조사제도가 차지하고 있는 위치는 [그림 2]와 같다.

---

146) 최인섭 역 / Champion, Dean J., "Juvenile Treated as Adult for Criminal Prosecutions", 초청강연회 자료집, 서울: 한국형사정책연구원, 2001, 26쪽.

147) 이하 홍석조, "미국의 소년사법제도," 각국의 소년사법제도연구, 법무자료 제113집, 1989, 27~33쪽.

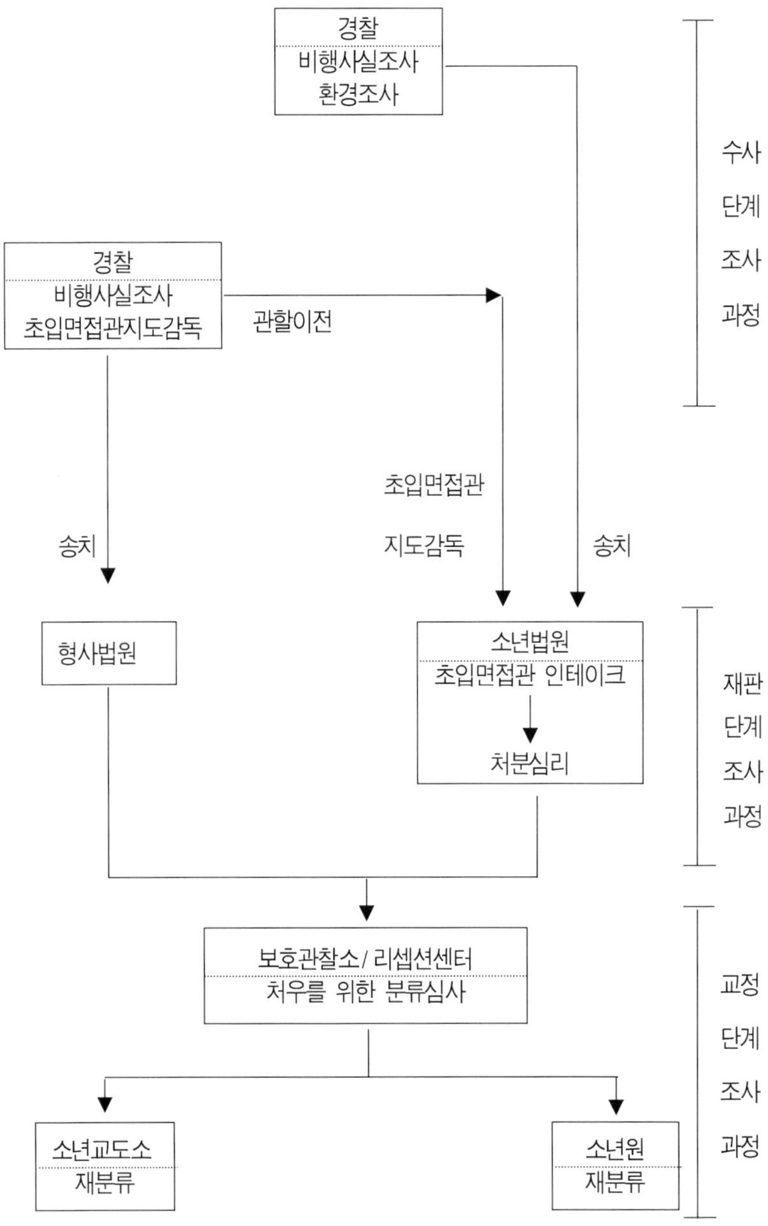

[그림 2] 미국 소년사건에서의 조사절차

Ⅱ. 수사단계의 소년조사제도

1. 경찰의 조사

1) 의 의

미국의 소년사법체계에서 가장 먼저 소년에 대한 조사를 실시하는 곳은 역시 경찰이다. 미국의 경찰조직 내에서 소년문제를 담당하는 부서에 대해서는 과거로부터 많은 명칭이 존재해 왔다. 범죄예방국이나 소년국, 청소년원조국이 그것이고, 최근에는 소년통제국이 많이 언급되고 있다[148]. 어떤 명칭을 사용하든 소년에 대한 조사 또한 이러한 부서에서 실시한다. 여기에서는 이러한 소년담당부서의 업무와 조사절차 및 내용에 관해 차례로 살펴보고자 한다.

2) 담당기구

미국의 경우는 앞에서 언급한 바와 같이 경찰 내 소년담당부서의 명칭이 다양하게 사용되는데 어떤 명칭을 사용하더라도 공통적인 역할은 탈선, 잠재적 탈선 및 탈선을 이루는 요건의 규명, 탈선과 탈선의 원인조사, 사건의 심리 또는 이송, 어린이와 청소년보호, 지역사회 조직화 등이다.[149] 뉴욕시의 경우를 예를 들면, 경찰국 산하에 청소년지원과 (youth service division)를 두고 있는데, 이 부서에서는 경찰서 내의 소

---

148) Simonsen, op. cit., p.193.
149) Ibid., p.193.

년 관련사건 담당공무원을 감독하고 지원한다. 또한 이 부서의 주요업무는 '청소년보고서(Juvenile Report)'의 작성이다.150)

3) 조사절차와 내용

탈선행위에 대한 경찰에서의 조사기간 동안 혐의자는 구속될 수도 있고 아닐 수도 있다. 관련 소년을 잘못 처리함으로써 비행자라는 낙인이 찍히지 않도록 경찰이 철저히 그 사건을 조사하는 것이 매우 중요하다. 심문은 과학이라기보다는 기술이며 이를 반드시 거쳐야만 한다. 그리고 경찰은 유연한 태도를 견지해야 한다. 심문이 성공하면 경찰은 정상적으로 용의자의 유·무죄의 충분한 증거를 확보할 수 있다. 심문은 조사과정에서 가장 핵심적인 요소이기는 하지만, 그것은 반드시 실현되거나 성공하는 것만은 아니다151).

소년담당부서는 소년범죄자를 처리함에 있어서 독점적 권한을 갖고 있고, 소년담당조사관이 조사에 참여해 관련 소년에 관한 사실과 개인 정보를 확인하기에 충분한 사회적 배경을 조사한다. 소년담당조사관은 모든 소년범죄자의 심문에 참여해야 한다.152)

앞에서 예를 들었던 뉴욕시의 청소년지원과의 주요업무인 '청소년보고서'는 사법적 처리는 불필요하지만 관련 소년의 행위에 대한 계속적인 조사가 요구될 때, 특히 부모의 감독이 요구되는 경우와 같은 경미한 범죄인 경우에 필요하다. 관할 경찰관은 나이, 범죄의 성격, 사전기록, 소년담당공무원의 소견 및 기타의 이용 가능한 모든 정보를 고려하여 재량으로 청소년보고서를 작성할 수 있다. 청소년보고서는 작성된

---

150) Roberts, op. cit., p.102.

151) Simonsen, op. cit., p.210.

152) John P. Kenney / Harry W. More, Jr., Principles of Investigation, New York: West Publishing Co., 1979, p.357.

후에 관련 소년이 거주하는 지역의 관할 청소년담당관(youth officer)에게 송부되는데, 그 목적은 다음과 같은 추가적 조사를 하기 위함이다. 즉, 피해자, 학교, 가족, 친구, 그 밖의 관련된 사람들과의 인터뷰를 포함하기 위해서 이다. 관련행위에 따른 처분 또는 사회봉사의 수용 여부에 대한 관련 소년과 그의 부모의 태도를 파악하기 위해 이들에 대한 조사가 필요한 것이다. 소년의 비행이 사실로 인정되는 경우, 당사자와 그의 부모는 사회봉사명령을 받게 된다.[153)

2. 검찰의 조사

1) 의 의

미국의 소년사법체계에서 소년에 대한 조사를 실시함에 있어 검사의 역할은 비법률가인 초입면접관의 권리남용에 대한 감독과 지원에서 그 의의를 찾을 수 있다. 1970년대 초 청소년범죄율의 증가로 인하여 초입면접심리의 발전이 촉진되었는데, 규정상 법원과의 합의에 의해 초입면접결정과정에서 검사의 역할이 필요하다는 주장에 따라 검사는 이 같은 절차단계에서 영향력을 행사할 수 있는 지위를 갖게 된 것이다. 여기에서는 이러한 검사의 담당업무와 조사절차 및 내용에 관해 차례로 살펴보고자 한다.

2) 담당기구

초입면접관의 조사과정에 개입하는 검사의 역할은 다음과 같다. 첫

---

153) Roberts, op. cit., p.103.

째, 초입면접관은 기소청구(file)와 기소불청구(nofile)의 결정을 하고, 검사는 정식재판을 하는 사건에 관해서만 그 청구가 법적인 요건을 충족하고 있는지 또는 정확성을 갖고 있는지를 검토할 수 있다. 둘째, 초입면접관은 검사의 동의 없이는 중죄를 기각하거나 다른 기관으로 이송시킬 수 없다. 셋째, 보다 심각한 범죄혐의 사항은 초입면접관의 권한을 넘을 수 있다. 따라서 그 혐의사항은 검사가 검토하여 기소할 수 있다. 검사는 특정혐의를 수정하여 비공식적 해결수단으로써 초입면접관에게 이송시킬 수 있다. 검사는 모든 청구의 내용에 대해 입증을 해야 한다.154)

조사과정에서 검사가 주도적 역할을 하는 것은 소년에 대한 초입면접절차상에서 발생할 수 있는 다음과 같은 권한남용을 제거시킨다는 점에서 바람직하다. 소년들은 그들이 범행을 했다는 충분한 증거가 없는 사건에서 비법률가에 의해 기소되는 부당한 처분을 받는 경우가 있다. 반대로 위법행위가 존재함에도 불구하고 초입면접관이 소년을 재판절차로부터 회피하는 것은 지역사회에 위험을 초래할 수 있다. 검사의 조사절차감독은 이같이 초입면접관의 권한이 남용되는 것을 막을 수 있다.155)

3) 조사절차와 내용

검사는 기소에 대한 궁극적 책임을 부담해야 한다. 이것은 검사가 소년의 비행사실에 대해 법적인 판단을 하기 위해 경찰과 그 외의 기관으로부터 독점적으로 수사할 권한을 가짐을 의미한다. 검사의 기소여부 결정은 검사 집무실 내에서 초입면접절차를 통해 이루어진다. 법

---

154) Ibid., pp.128-129.
155) Ira M. Schwartz, Juvenile Justice and Public Policy, New York: Lexington Books, 1992, p.110.

적 요건충족 여부를 결정한 후에 다음 선택사항은 당해 사건이 형사법
원으로 이송되는가, 소년법원으로 이송되는가의 여부이다. 이 결정은
소년사건에 대해 관심이 있고 경험이 있는 검사 또는 검사의 지도하에
있는 초입면접관에 의해 이루어진다. 이러한 기능을 행사할 때 검사는
소년의 요구사항을 충분히 고려하면서 다른 한편으로는 그 지역의 안
전과 복리도 함께 고려한다.[156)

Ⅲ. 재판단계의 소년조사제도

1. 초입면접(intake)

1) 의 의

경찰에서 법원으로 인계된 소년이 거치게 되는 최초의 사법절차인
초입면접과정은 소년법원이 계속해서 사건을 취급할 것인가를 결정하
는 예비적인 심사(screen)과정이다. 이 단계는 초입면접관(intake officer)
이 소년에 대한 면접과 조사를 통하여 해당 소년이 판사의 심리까지
거칠 필요가 있는가를 결정함과 동시에 소년이 정서적 불안정 등의 요
인으로 정신병적 진단을 받을 필요가 있는가에 대해서도 결정하는 소
년법원 특유의 절차이다. 그러나 이 과정은 지역에 따라 차이가 많고
문서화된 가이드라인이 있는 것도 아니기 때문에 초입면접관의 결정은
폭넓은 재량권을 가지고 있다.[157)

---

156) Ibid., pp.109~110.
157) 김준호 / 이동원, 앞의 책, 30쪽.

인테이크라고 하는 말은 원래 '받아들이는 것'이라는 의미이지만, 소
샬 케이스워크(social case work)의 발달에 따라 그 용어로서 사용되게
되었다. 어떤 사람이 원조를 구하여 사회기관에 온 경우 최초로 면접하
여 그 사람의 주소와 요구를 밝히고 문제의 성질·내용 등의 개요를
이해, 그 문제는 동 기관에서 취급하는 것이 적당한가 어떤가 또 동
기관에서 취급하여 얻을 것이 없는 것이라면 그 사람을 적당한 기관에
돌려보낸다고 하는 심사 및 의뢰의 과정을 소샬 케이스워크에서는 인
테이크라 부르고 있다. 인테이크는 그 사람의 필요사항을 합리적으로
정확하게 처리하기 위하여 생긴 것이다. 이와 같은 인테이크는 현재 미
국의 많은 소년법원(juvenile court)과 가정법원(domestic relation court)
에서 정착된 절차의 하나로 도입되어 독특하게 발전되고 있다.158)

2) 법적 근거

미국의 초입면접제도와 관련된 법적 근거는 미국표준소년법원법159)에
서 찾을 수 있다. 동법 제17조(section 17) (a)항에서는 '소년이 법원에 송
치되거나 법원이 지정한 구급 또는 일시보호시설에 인계되었을 때에는
법원의 초입면접관 또는 다른 법원관리는 즉시 조사를 행하고, 제14조 규
정에 의한 구금 또는 일시보호가 필요하지 않다면 즉시 소년을 석방하여
야 한다'고 함으로써 초입면접관에 의한 인테이크에 관해 규정하고 있다.

3) 담당기구

초입면접의 담당기구는 초입면접관160)이다. 초입면접관은 보통 소년

---

158) 平野龍一d, 講座少年保護2, 少年法と少年審判, 東京: 大成出版社, 1982, 134~135頁.
159) 1968년 제정된 Uniform Juvenile Court Act.
160) 초입면접관을 접수조사관이라 부르기도 한다. 플로리다 주의 경우 접수조사관(intake

법원 산하 보호관찰소 조직의 일부에 속해 있다. 초입면접관은 소년을 그의 부모에게 돌려보낼지 또는 어떤 유형의 보호관찰을 부과해야 할지 등을 결정하기 위한 권고를 한다. 또한 어떤 소년법원에서는 그 사건을 형사법원으로 이송해야 할 것인지도 심사한다.161) 초입면접관은 청구의 타당성 있는 이유에 대해 법률적 판단을 하고, 관련 소년의 배경에 대해서 간단한 조사를 하며, 소년과 그의 부모에 대해 비공식적 심리를 행하거나 경찰이나 변호인과 당 사건에 관해 토의를 할 수 있다.162)

초입면접과 심사의 주요기능은 재판청구의 대상자인 소년의 관할 법원을 판단하는 것이다. 또한 초입면접과의 주요부분은 소년이 최종처분을 받기까지의 구속 여부를 결정하는 것이다163). 초입면접은 정식사법절차를 거치지 않아도 될 사건들을 선별해 내는 역할을 하고, 법원이 조기에 소년과 그의 부모, 경찰 및 기타 관련된 사람들의 태도를 탐색하는 데 도움을 줌으로써 법원의 업무부담을 조정해 주는 데 실질적인 기여를 한다.164)

4) 조사절차와 내용

소년을 심판절차에 붙일지의 여부는 체포영장이 아니라 심판청구를 통해서 결정된다. 이는 경찰, 피해자, 부모, 학교직원이나 사회사업가에

---

juvenile probation officer: JPO)은 법원으로부터 명령등본을 교부받아 해당 소년 및 가족과의 면담 등을 통하여 정보를 수집하고, 그 결과를 바탕으로 평가와 처우계획을 수립한다. 접수조사관은 검찰에 권고안을 제안하기도 한다. 법무부, 외국의 소년사법제도, 과천: 법무부, 2005. 199쪽.

161) Joseph W. Rogers and G. Larry Mays, Juvenile Delinquency and Juvenile Justice, New York: John Wiley & Sons, 1987, pp.359~363.

162) James A. Inciardi, Criminal Justice, New York: Harcourt Brace Jovanovich Publishers, 1987, p.688.

163) Simonsen, op. cit., pp.284~286.

164) Roberts, op. cit., pp.124~127.

의해서 제기된다. 체포영장과 마찬가지로 동 청구는 혐의가 있는 범죄 또는 탈선, 관련소년의 이름과 주소, 그리고 그의 부모의 이름과 거주지, 범행 상황설명 등을 적시해야 한다. 이 같은 심판청구가 소년의 정식 재판절차의 출발이다. 심판청구 이후 그 사건의 사실에 대한 예비조사 차원으로 법원에 의한 초입면접심리가 열린다. 그러나 이는 판사에 의해서 진행되지 않을 뿐만 아니라 공개법정에서 행해지지도 않는다. 대신에 심리관은 사회봉사 및 행동과학에 대한 배경지식이 있는 중재인, 변호사, 보호관찰관이나 법원이 명한 자이다. 초입면접심리의 목적은 소년의 권익보호를 위해 사건을 신속하게 처리하기 위함이다[165]. 즉 초입면접은 현장절차가 아니라 행정절차이다.[166]

소년법원의 초입면접관은 두 가지 유형의 심사를 한다. 첫째는 법적 심사인데 이는 범죄의 내용에 관해 심사하는 것으로서 소년이 범죄를 저질렀는지와 그가 현재 어떤 유형의 보호관찰하에 있는지를 심사한다. 둘째는 사회적 심사인데 이는 소년 및 그의 가족과 관계를 맺으려고 시도하고 그의 품행, 학교기록, 병력, 심리학적 경력 등의 정보를 수집하는 것이다.[167]

위스콘신주의 경우는 먼저 사건이 초입면접관에게 회부되어 인테이크 결정을 하기 위해 필요한 작업이 행해진다. 우선 '일차사회심사(preliminary social screening)'라 불리는 조사의 과정이 있고 초입면접관은 면접을 통해 소년이 비행사실을 인정하는가를 알아보고, 더 나아가 소년과 보호자의 사실에 대한 태도, 동기 등에서 재범의 가능성을 확인한다.[168]

다음으로 초입면접관은 해당 소년이 인계된 후 48시간 내지 72시간 내에 구금 여부 등을 결정하는 구금심리(detention hearing)를 개최하는

---

165) Inciardi, op. cit., p.688.
166) Roberts, op. cit., p.127.
167) Rogers, op. cit., pp.359~363.
168) Roberts, op. cit., p.136.

데 초입면접과 구금심리 이후에 초입면접관이 내릴 수 있는 결정은 다음 세 가지로 요약될 수 있다. 첫째, 사건을 더이상 취급하지 않고 종결시키는 경우, 즉 판사의 심리를 거치지 않고 초입면접단계에서 종결시켜 가정으로 소년을 돌려보내는 것, 둘째, 사건을 계속 취급하되 구치소(Detention Center)와 같은 곳에 수용하지 않고 집으로 돌려보낸 상태에서 법원의 절차에 따르도록 하는 것, 셋째, 구치소에 수용된 상태, 즉 구속상태에서 법원의 절차에 따르도록 하는 것이다. 물론 정신의학적 진단을 병행하여 처분을 명할 수 있다[169]. 이상과 같은 초입면접은 재판단계에서의 1차 조사과정이라고 할 수 있다.

이러한 결정을 함에 있어 고려되는 사항은 소년이 자신이나 다른 사람에게 있어 위협적인 존재인지 여부, 도주의 위험이 있는지 여부, 누군가에게 보복을 당할 위험이 있는지 여부, 가정환경의 안정성이 결핍된 상태인지 여부 등이다.[170]

2. 처분심리(disposition hearing)

1) 의 의

처분심리는 목적 면에서 초입면접심리와 유사하나 법원의 정식심리의 필요성을 결정하는 주체는 치안판사이다. 치안판사는 사건을 기각하거나 정식재판 전에 심리를 하거나 다른 기관으로 이송할 수 있다. 재판 전 심리는 일반적으로 언론과 일반인에게 공개되지 않는다. 판사는 사건의 사실관계와 비행소년의 행동에 따라 법원의 정식심리 여부를 판단한다.[171].

---

169) 김준호 / 이동원, 앞의 책, 30~31쪽.
170) Rogers, op. cit, p.363.

2) 법적 근거

미국의 처분심리에서의 조사제도와 관련된 법적 근거 또한 미국표준소년법원법에서 찾을 수 있다. 동법 제28조(section 28) (a)항에서는 '공소장의 공소사실을 당사자가 인정하거나 제34조 규정에 따라 청문회 고지서가 발부되었다면 교정처우 또는 재활교육과 처분의 필요에 따라 청문회 이전에 법원은 법원에 속한 보호관찰관, 법원행정관 또는 다른 관리, 또는 법원이 정한 자로 하여금 소년·가족·환경, 처분과 관련된 다른 사안에 대하여 사회조사를 하고 문서로 보고하도록 지시할 수 있다. 만일 공소장의 공소사실을 인정하지 않거나 제34조 규정에 의한 청문회 고지가 발부되지 않았다면, 법원은 이 법에 따라 제공된 청문회 고지에 대한 내용을 듣고 소년이 비행을 행하였거나 우범소년 또는 요보호소년이라는 것을 확인하기 이전까지는 사회조사와 문서보고를 지시할 수 없다'고 규정하고 있다.

또한 제29조(section 29)의 (a)항에서는 '공소내용에 대한 증언을 청취한 뒤 법원은 소년이 요보호소년, 비행소년, 우범소년인지 여부와 공소내용이 해당 소년에 대한 것인지에 관하여 사실을 조사하고 공소를 제기한다(중략)'고 하고 있고, (b)항에서는 '소년이 비행 또는 우범행동을 하였다고 할 만한 일반적으로 의심할 수 없는 증거를 법원이 발견하였다면 즉시 절차를 진행하고 소년이 처우 또는 재활교육이 필요한지 여부에 대한 증거를 듣는 청문회를 연기하고 그에 따른 사실조사와 공소를 제기한다(중략)'고 규정하고 있다.

한편 제6조(section 6) (a)항에서는 법원이 부과한 보호관찰관의 권한과 의무에 관해 규정하고 있는데 그중 조사업무에 관한 규정만 살펴보면 다음과 같다. 즉 '1. 조사 및 보고자료 작성, 권고사항을 작성하여 이를 소년법원에 제출한다, 2. 고소사실을 접수하고 조사를 행하며 이

---

171) Inciardi, op. cit., p.691.

법에 의한 사건진행의 개시를 위하여 소년의 비행, 방종적, 요보호 상태를 제기한다'는 것이 그것이다.

3) 담당기구

법원의 처분심리 과정에서 조사업무를 담당하는 곳은 보호관찰소이다. 보호관찰소 직원이 판결전조사라는 중요하고 어려운 업무를 맡기 위해서는 고된 노력, 헌신, 정보 그리고 인간행동을 기술할 수 있는 능력이 요구된다. 이를 위해서는 법, 의학, 정신의학과 같은 지식과 자원을 합하는 능력과 효과적인 심문기술도 필요하다.[172]

4) 조사절차와 내용

초입면접단계에서 사건이 종결된 경우를 제외하고는 범죄사실 확인단계, 즉 유죄 확인단계를 거쳐서 처분결정을 하기 위한 처분심리단계로 들어간다. 일단 유죄가 확인되면 사건에 지정된 보호관찰관은 조사자료를 준비하여 처분심리를 위한 보고서를 작성하게 된다. 이 보고서에는 가족의 구조적 특성과 양육, 학교생활과 성적, 성숙도와 책임감 정도, 친구관계, 지역사회활동의 참여 및 직업력, 사법당국에 대한 태도, 비행의 동기분석 및 비행가치관, 인성적 특성 등에 관한 정보가 포함된다[173]. 비행소년은 법원의 결정에 따라 가정으로 복귀되거나 대체적 생활기관으로 이송 또는 여러 해 동안 사회와 격리되기 때문에 이러한 조사는 소년의 미래를 위해 매우 중요하다[174].

보고서의 사본은 사법심리관, 검사 그리고 가해자 변호인에게 배포되고,

---

172) Simonsen, op. cit., pp.286~287.
173) 김준호 / 이동원, 앞의 책, 31쪽.
174) Simonsen, op. cit., p.286.

가해청소년과 그의 부모도 공유할 수 있다. 이 보고서는 부모에 대한 중요한 언급이 포함되고 보호관찰관의 권고를 판사가 받아들이지 않을 수도 있기 때문에 보호관찰부서의 입장에서는 골치 아픈 절차이기는 하지만 소년심판을 위해 매우 필요한 것으로 평가된다. 처분심리는 보호관찰관이 작성한 보고서상의 구술요약부터 시작된다.[175] 처분심리의 결과로 시설에 수용되는 처분을 받게 될 소년은 본격적인 분류심사업무를 담당하는 기관에 보내지게 된다.

Ⅳ. 교정단계의 소년조사제도

1. 소년원의 분류심사

1) 의 의

미국에서는 소년을 보호시설에 수용하기 위하여 보호관찰소 또는 리셉션센터(reception center)라고도 불리는 분류심사원에서 소년에게 적합한 수용시설을 결정하기 위한 분류조사를 실시한다. 그러나 이러한 제도는 각 주에 따라 차이가 있어 일률적으로 정리하기는 어렵기 때문에 여기에서는 몇 개 주를 예로 들어 살펴보고자 한다.

2) 담당기구

소년분류심사기관은 주에 따라 명칭이나 소속기관이 다르다. 대표적인

---

175) Roberts, op. cit., pp.131~132.

주를 중심으로 분류심사기관을 살펴보면 다음과 같다. 먼저 알래스카의 경우는 별도의 기구 없이 보호관찰관(probation and parole officer)이 적절한 장소에서 적절한 시간에 분류심사를 위한 업무를 수행하고, 캘리포니아에서는 소년국 산하의 분류심사원(Reception Center and Clinic)에서 분류심사관(casework specialist)이 분류심사업무를 수행한다. 플로리다에서는 건강과 사회복귀 서비스부(Department of Health and Rehabilitative Service) 산하의 소년비행과(Division on Delinquency)에서 소년상담원이, 하와이에서는 소년교정시설에서 보호관찰관(probation officer)이 담당한다. 인디아나주는 소년국 산하의 소년진단과(Juvenile Diagnostic Unit)에서, 오레곤은 아동서비스과(Children's Service Division)에서 보호관찰관이 수행한다.[176]

3) 분류심사절차와 내용

소년법원에서는 비행소년을 분류심사원에 위탁하면서 과거 경찰이나 법원의 자료를 함께 송부하게 된다. 분류심사원에서는 소년을 담당할 책임자를 선정하고 선정된 책임자는 소년에게 필요한 검사와 조사가 무엇인가를 검토하여 자료를 수집하게 된다. 캘리포니아 분류심사원의 경우를 살펴보면 42일 내에 각종 검사와 상담, 부모와의 면담 등을 통하여 주로 임상적인 측면과 처우 프로그램(교과, 직업훈련, 인성교정 등) 적용을 위한 분류심사를 실시한다. 분류심사관은 소년의 행동과 비행의 원인 등을 분석하여 작성한 임상보고서(clinic summary report)를 생활담당 직원, 분류심사관, 교사 등을 포함하는 청소년처우심사위원회(youth offender parole board)에 제출하게 된다. 한편 캘리포니아의 분류심사원에서는 법원에서 위탁 수용한 소년의 처우를 결정하는 분류심

---

176) 김준호 / 이동원, 앞의 책, 29쪽.

사기능과 아울러 치료기능도 가지고 있으며 또한 가석방 중에 범죄를 저지른 소년에 대한 심사를 하기도 한다.[177]

일반적으로 분류절차에는 신체검사와 심문에서부터 광범위한 일련의 정신 및 심리검사, 학문 및 직업적 평가, 오리엔테이션, 의료 및 치아검진, 다수의 관련 인물들에 대한 심문 등이 행해진다. 일부 분류 프로그램은 운동능력 및 접견에 대한 관심, 종교인과의 접촉도 포함한다. 실험과 심문을 거친 후 다양한 검사진단자들에 의해 보고서가 작성되고 수형자 사건파일에 삽입된다. 수형자의 사회 및 가족배경, 근로경력, 범죄기록, 이전 수용경력, 현재의 범행, 그 밖의 관련배경자료를 파일에 수록한다. 분류위원회는 그 사건을 평가한 후 결정을 한다. 위원회에는 1명의 변호사와 사회사업가, 교사, 심리학자, 의사, 연구원, 행정직원 및 관리직원 등 15명 정도의 인원으로 구성된다. 이 위원회에서는 다양한 자료를 종합하고 논의하며, 만약 수형자에게 필요한 것과 상황이 변한다면 재분류권한을 행사할 수 있다.[178]

최근 미국에서는 다양한 분류방법이 발전되고 있는데 대표적인 것이 계약분류와 전자분류이다. 먼저 계약분류의 경우 기본절차는 다른 분류유형과 유사하나, 수형자와 분류위원회의 장의 서명에 의한 계약의 형태로 이루어진다는 차이가 있다. 수형자에게 필요한 사항과 요구조건이 계약서에 명시된다. 또한 미국의 과학·기술의 성장으로 전자분류가 최근에 진단의 수단으로서 도입되고 있다. 이 시스템은 수형자의 공격적 행동, 우울증, 자살기도 가능성 및 지적 수준, 직업적 능력과 관심, 사회화, 범죄의 치밀성, 육체적, 정신적 건강 등을 측정하기 위한 것이다. 이 시스템은 20분 정도 조사원의 인터뷰와 일련의 설문조사, 대조표 및 관심과 능력실험 등으로 구성 되어 있는데 이것의 종결은 대략 2시간 정도를 소요한다. 이 같은 자료는 광스캐너와 컴퓨터 프로세스에 의해 판독되고, 이전에 분류

---

177) 위의 책, 32쪽.
178) Inciardi, op. cit., p.555.

된 모든 수형자와 개별 수형자를 비교하는 세부적 출력물로 제공된다.[179)]

4) 분류기준

미국의 소년원 분류 시 요인별 기준은 다음과 같다[180)].

① 보안: 소년의 위험성에 따라 경비를 달리할 폐쇄, 중급, 보통, 제한시설에 수용

② 연령·성숙성: 생리적, 정신적 연령, 신체의 크기 등 심신발달 정도와 전체적인 성숙도 평가 후 구분, 유소년·소년·청소년·성인으로 구분

③ 처우·관리: 성격에 따라 처우(치료방법에 따른 처우), 병원치료·집중처우·정규처우

④ 작업·학과교육·직업훈련: 직업훈련대상자 대부분의 17세 이후 퇴원자, 학과교육은 초등·중고등·대학과정

⑤ 성인·미성년: 성인형사법원에 송치된 자, 성인형사법원에서 송치된 미성년자

⑥ 기타: 범죄단체관계, 공범관계(제한적으로 실시), 행정적인 이송

한편 대부분의 미국 소년원에서 수용을 위한 분류는 와렌(Warren, M)에 의하여 제안된 I-Level 분류제도(Interpersonal Maturity Level Classification System)에 의한다. 캘리포니아 청소년국에서는 1960년대에 이를 채택하고 1970년대에는 다른 주에서도 채택되었다. 이 분류는 인간관계의 연속적인 발달과정을 I1단계에서 I7단계가지 7단계로 나누고 있다. I1단계는 대인관계의 성숙정도가 극히 유치한 단계이고 I7단

---

179) Ibid., p.556.

180) 원혜욱, "소년원의 분류조사제도", 소년보호연구 제4호, 2002, 20쪽; 박전교/이헌구, '소년원생의 분류수용기준 설정에 관한 연구', 소년보호업무연구논집 제2집, 법무부 보호국, 1997, 278쪽, 재인용.

계는 가장 잘 발달된 단계이다. 대부분의 범법자는 I2, I3, I4단계에서 발견되는데 이들은 다시 다음과 같이 9가지 비행형으로 세분화된다.[181]

　① I2-Aa: 공격적 비사회형(요구적)

　② I2-Ap: 수동적 비사회형(불평불만형)

　③ I3-Cfm: 미성숙적 영합형(영합적)

　④ I3-Cfc: 환경영합형(영합적)

　⑤ I3-Mp: 조작형(조작적)

　⑥ I4-Na: 폭발적 노이로제형(방어적)

　⑦ I4-Nx: 불안 노이로제형(방어적)

　⑧ I4-Ci: 비문화동화형(동화적)

　⑨ I4-Se: 기회성 정서반응형(동화적)

2. 교도소의 분류심사

1) 의　의

　비행소년의 교도소에서의 경험은 일반적으로 분류로부터 시작된다. 최광의의 의미에서 분류는 범죄자의 교육적, 직업적, 처방적 보호상의 필요성 등이 결정되는 절차이다. 적어도 이론적으로는 분류제도에 의해 교정기관은 소년에 대한 개별화된 처우를 고려할 수 있고 교도소의 프로그램을 그에 합치되게 조정한다. 교정분류의 가장 기본적인 유형은 유죄판결 이후 신입 분류심사과정에서 찾을 수 있다.[182]

---

181) 법무부 보호국, 각국의 소년보호제도, 서울: 법무부 보호국, 1997, 113~114쪽; Simonsen, op. cit., pp.136~137.

182) Inciardi, op. cit., p.552.

2) 담당기구

현재의 분류는 연령, 성별, 위험도 또는 그 외의 요소에 근거한 단순한 범죄자의 구별의 차원을 넘어서고 있다. 이러한 분류는 진단적 평가와 처방계획에 근거하는데 기관의 프로그램과 교정시설의 유형분류의 범위는 주별로 다양하고 관할지역 내의 기관 간에 차이가 있다. 그러나 대체로 분류를 담당하는 조직은 다음과 같이 수용·안내과, 분류위원회, 수용·진단센터 등의 형태로 구성되어 있다.[183]

첫째, 수용·안내과(Reception and Orientation Units)는 일부 관할지역에서는 그 기관 내에 분류클리닉을 보유한다. 심리학자, 사회봉사자, 기타 전문가로 구성된 이 조직들은 일련의 진단연구를 행하고 수형자들의 의료, 직업, 처방에 관한 사항을 당국에 건의한다. 분류클리닉은 또한 신입 재소자의 안내 프로그램을 제공한다.

둘째, 분류위원회는 전문직, 행정인사로 구성되어 있고 통합 분류제도의 형태로서 부상하고 있다. 또한 교도소장 또는 부교도소장이 의장이 되고 사회사업가, 심리학자, 목사, 교사 등이 참여하고 있다. 위원회의 결정은 교도소 행정에 구속력을 갖고 있다.

셋째, 수용·진단센터(Reception-Diagnostic Center)는 중죄인을 대상으로 오리엔테이션과 분류를 하기 위한 핵심시설이다. 이 같은 특별시설은 미국의 교정 역사에 있어서 비교적 새로운 것이며 그 기원은 1940년대 뉴욕, 캘리포니아 그리고 연방 차원에서 신설되었다. 이 센터의 목적은 분류에 대한 권한을 구체적인 교도소보다는 교정 시스템 담당자에게 맡기는 것이다. 이것은 분류절차를 주 차원으로 표준화하고 분류와 오리엔테이션에 전문화된 직원과 시설을 제공해 준다. 또한 진단에 근거한 권고는 분류된 수형자가 궁극적으로 이송된 개개의 교도

---

183) 이하 Ibid., pp.553~554.

소에 대해 구속력을 가진다. 이 센터에서는 새로운 수형자들을 20~90일간 집중적으로 관찰하고, 이에 따른 권고의 내용은 관리 및 처방 계획뿐만 아니라 그 수형자가 이송될 교도소에 관한 의견을 포함한다.

미국의 교정연합은 수용·진단센터를 강력하게 지지하면서 모든 주에 이 시설을 설치할 것을 촉구했다. 이 시스템의 도입만이 수형자를 위한 진단과 처방 계획을 발전시킬 것이라고 생각하고 있는 것이다.[184]

3) 분류심사절차

미국의 수형자분류심사제도의 절차는 다음과 같다. 구금시설 간의 수용분류에 있어서 연방정부에서는 연방교정국 관할하에 연방교도소 시스템을 지역별(동남부, 동북부, 중앙남부, 중앙북부, 서부)로 운영하고 있다. 주정부에서는 주 단위별로 주립교도소시설을 운영하고 있고, 지방정부 및 소단위지역의 시정부에서는 단기형교정시설을 운영하고 있다. 수형자에 대한 판결전조사를 운영하여 형확정자료로 활용하고 행형과정에서도 범죄인의 과학적 분류와 개별적 처우 및 석방 시 보호를 위한 자료로 활용한다. 구금시설의 과학적인 분류제도에 의하여 교정시설 자체를 기능별로 분류함은 물론 교정시설 내에서도 처우의 상이에 따라 수용실을 분리, 구분하고 있다. 그리고 유죄확정자에 대한 집중적인 조사, 처우 및 훈련을 위해 리셉션센터 또는 진단센터를 설치, 운영하고 있다.[185]

4) 분류기준

미국 연방 교정기관의 범죄자분류기준에 따르면 범죄자를 ① 악성처우

---

184) Ibid, p.554.
185) 법무부, 교정자료, 서울: 법무부, 1984, 55~57쪽; 권태정, 재소자 분류수용제도에 관한 연구, 서울: 한국형사정책연구원, 1992, 36쪽에서 재인용.

곤란범죄자, ② 상습교정가능범죄자, ③ 개선가능범죄자, ④ 마약상용자, ⑤ 마약범죄자, ⑥ 육체·정신장애범죄자, ⑦ 단기형범죄자, ⑧ 소년비행자, ⑨ 여성범죄자, ⑩ 미결범죄자 등 10종으로 구분하고 있다. 한편 미국교정협회에서는 ① 상급(우발범, 기회범을 포함한 초범자), ② 반사회적 경향을 갖는 누범자, ③ 강도의 정신이상자, ④ 이상에 포함되지 않는 정신적·육체적 무능력자로서 사회적응성에 한계가 인정되는 자 및 신체적·정신적 상태에 관한 자기통제가 불가능한 자로 구분하고 있다.[186]

제4절 독일의 소년조사제도

Ⅰ. 독일의 소년사법체계와 조사제도 개관

독일의 소년조사제도는 소년에 대한 검사의 조사절차를 도와주는 소년법원보조인(Jugendgerichtshilfe)제도를 중심으로 이루어지고 있다. 즉 독일의 소년사건절차는 조사단계인 예비절차와 처분단계인 심판절차로 구성되어 있고, 예비절차에서는 비행사실과 인격 및 환경조사가 함께 이루어지는데, 비행사실에 대한 조사는 검사가 담당하고 있고 인격 및 환경조사에 대해서는 소년법원보조인의 도움을 받을 수 있게 되어 있다.

따라서 이하에서는 먼저 독일의 전체 소년사법체계 속에서 조사제도가 차지하고 있는 위치를 살펴보고, 절을 바꾸어 소년에 대한 조사과정

---

186) 위의 책, 37~38쪽.

인 예비절차(Vorverfahren)와 담당기구인 소년법원보조인에 관해 차례로 소개하고자 한다.

독일의 소년사법체계는 바이마르공화국의 제국법(Reichsrecht)시대 이후로 소년의 비행성에 대한 일원적인 소년법체제를 거부하고, 형벌(Strafe)과 보조(Hilfe)의 엄격한 구별에 근거한 이원적 입법구조의 형태를 취하고 있다. 즉 소년범죄는 소년법원법(Jugendgerichtsgesetz)에 의해 규율되고 보호를 요하는 소년의 경우는 소년복지법(Jugendwohlfahrtgesetz)에 의해 규율되는 것이다. 그러나 범죄소년에 대해서는 일원적 구조를 취하여 형벌이든 보호처분이든 모두 소년절차(Jugendverfahren)로 통합되어 소년법원에서 행한다.[187]

이러한 독일의 소년사법체계 속에서 소년에 대한 조사과정이 차지하고 있는 위치에 관해 간략하게 살펴보면, 먼저 범죄를 저지른 소년은 경찰에 의해 소년사건을 처리하기 위해 임명된 소년검사에게 송치된다. 검사는 수사범위에 관하여 사실관계와 행위자에 대한 처분의 결정에 중요한 환경 등을 조사해야 하고 이 경우 소년법원보조인의 도움을 받을 수 있다. 독일의 비행소년에 대한 조사과정은 예비절차라고 부르는데, 이때 범죄사실에 대한 조사는 경찰과 검사가 행하지만 소년의 인격판단에 필요한 조사는 이 소년법원보조인이 담당한다. 이러한 조사절차가 끝나면 소년법원에서 심판절차를 거쳐 처분이 내려진다. 처분의 종류에는 교육처분(Erziehungsmaβregel)과 훈계처분(Zuchtmittel), 소년형(Jugendstrafe)의 세 가지가 있다[188].

---

187) Klaus Laubenthal, Jugendgerichtshilfe im Strafverfahren, Köln: Carl Heymanns Verlag KG, 1993, S. 3 ff.; 1922년 7월 9일 제정된 제국소년복지법(Reichsjugendwohlfahrtsgesetz)과 1923년 2월 16일 제정된 제국소년법원법(Reichsjugendgerichtsgesetz)이 오늘날 독일 소년사법의 이원적 입법구조의 모태라 할 수 있다. 이는 오늘날까지 이어지는 소년형법의 의무와 소년보조의 엄격한 구별을 의미한다. Friedrich Schaffstein / Werner Beulke, Jugendstrafrecht, 11. Aufl., Stuttgart: Verlag W. Kohlhammer, 1993, S. 23 ff.

188) 이하 신동운, "서독의 소년사법제도," 각국의 소년사법제도연구, 법무자료 제113집, 1989, 155~159쪽.

이상의 소년사법체계의 전체적인 과정과 그 과정에서 소년에 대한 조사제도가 차지하고 있는 위치는 [그림 3]과 같다.

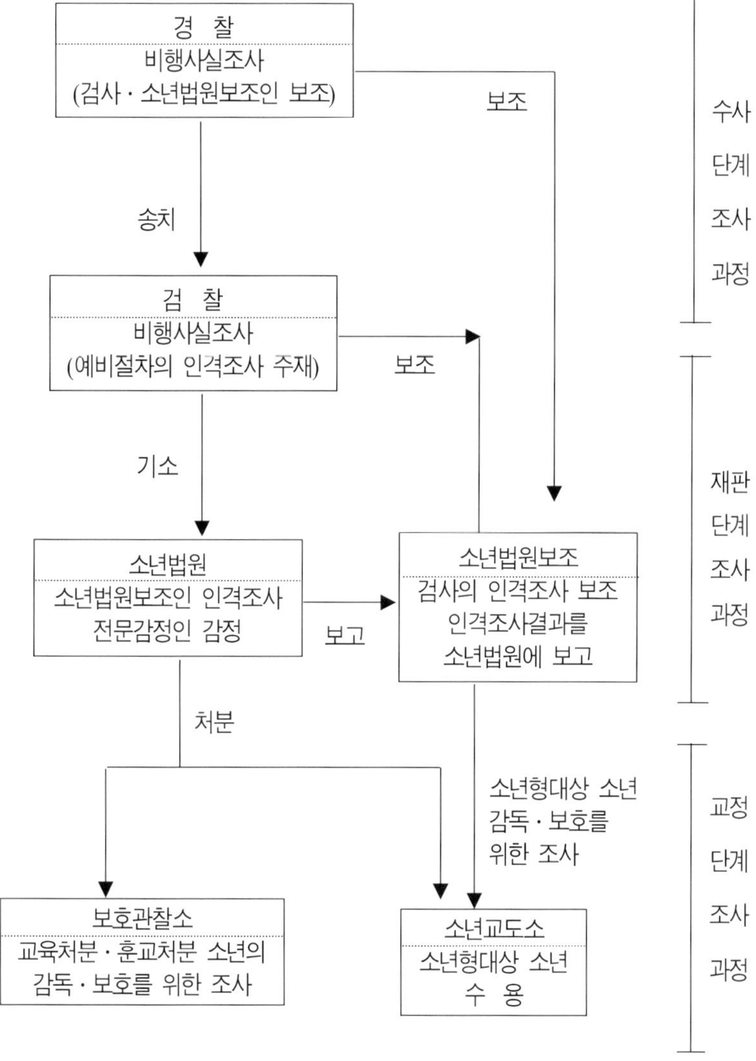

[그림 3] 독일 소년사건에서의 조사절차

II. 수사단계의 소년조사제도

1. 경찰의 조사

1) 의 의

소년조사절차의 개시는 통상 경찰기관에 의해 행해지게 된다. 경찰은 검사와 소년법원보조인의 보조기관(Hilfsorgan)으로서 검사가 예비절차단계에서 행하는 소년의 비행사실에 대한 조사와 소년법원보조인이 실시하는 인격조사에 필요한 객관적인 사실조사를 돕게 된다.[189]

2) 법적 근거

독일에서는 우리의 경우와는 달리 경찰의 소년조사에 대한 직접적인 근거규정을 특별히 두고 있지 않다. 그러나 경찰의 소년조사절차단계에 있어서는 이른바 '합법성의 원칙(Legalitätsprinzip)'이 적용되므로, 형사소송법(StPO)상의 일반규정들(독일 형사소송법 제160조, 제161조 제1항, 제152조 제2항)이 적용되게 된다. 따라서 형사소송법상의 규정들이 경찰의 소년조사에 대한 간접적인 근거법규가 된다.[190]

---

189) Schaffstein / Beulke, a.a.O., S. 175 f.
190) Peter-Alexis Albrecht, Jugendstrafrecht, 2. Aufl., München: C · H · Beck, 1993, S. 336 f.

3) 조사의 내용

가. 피의자신문조서(Protokollierung)

경찰의 소년에 대한 수사절차로서 행해지는 피의자신문조서는 소년
에 대한 조사에 있어서 가장 중요한 단계로 평가받는다. 그 이유는 피
의자신문조서를 통해 소년의 비행사실에 대한 조사가 처음에 이루어지
고, 향후 조사절차에 있어서도 피의자신문조서가 결정적인 영향을 미치
기 때문이다[191].

나. 객관적인 비행사실의 조사(sachliche Ermittlungen)

경찰은 검사와 소년법원보조인의 보조기관으로서 검사의 비행사실에
대한 조사와 소년법원보조인의 인격조2사에 근거가 되는 객관적인 사
실에 대한 조사를 보조하게 된다. 따라서 경찰의 조사권한(polizeiliche
Ermittlungstätigkeit)은 객관적인 비행사실과 그 비행여부에 대한 조사에
국한된다.

2. 검찰의 조사

1) 의 의

실무상 검사의 주된 임무는 공소의 제기에 있다. 따라서 검사는 공소
의 제기 여부를 판단하기 위해서 형사소송법상의 절차에 따라 조사절차
를 취할 수 있다. 여기서 검사는 범죄사실을 증명하기 위한 증빙자료를

---

191) Albrecht, a.a.O., S. 358 f.

수집하고, 이를 확보하기 위한 목적에서 조사절차를 행하는 것이다.[192]

2) 법적 근거

수사단계에 있어서 소년사건에 대한 검사의 조사절차는 형사사건에 관한 일반규정인 독일 형사소송법 제160조가 근거법규가 된다.

3) 담당기구

소년범죄절차에 있어서 소년사건의 조사는 소년검사(Jugendstaatsanwalt)가 담당한다. 소년검사는 경찰과 소년법원보조인의 도움을 받아 소년사건에 대한 조사를 실시한다.

4) 조사내용

공판절차 개시 전 검사의 소년사건에 대한 조사절차는 공소제기를 위한 준비절차의 일환으로 행해진다. 소년검사의 조사내용은 주로 비행사실에 대한 해명과 객관적인 비행사실에 대한 조사를 중심으로 이루어진다. 경찰관이 작성한 피의자신문조서에 기록된 내용들이 검사의 조사단계에 있어서도 중요한 자료가 된다.

---

192) Albrecht, a.a.O., S. 358 f.

Ⅲ. 재판단계의 소년조사제도

1. 예비절차

1) 의 의

독일의 소년사건에 있어서 조사절차(Ermittlungsverfahren)는 공판 전 예비절차로서 행해진다. 소년법원법상 이 예비절차의 특징은 조사의 범위와 그 수행자의 분리에 있다. 우선 조사는 소송절차개시 후 가능한 한 즉시 피의자의 가족관계, 성장과정, 그때까지의 태도, 기타 피의자의 심적·정신적·성격적 특성의 판단에 영향을 미칠 수 있는 모든 사정을 그 대상으로 해야 하기 때문에 소년의 인격과 환경을 전체적으로 파악할 것이 요구된다. 그리하여 가정환경, 사회환경, 성장과정, 소질, 태도, 장래에 대한 계획 등이 조사되며 그 외에 지능, 재능, 의지, 감성, 성격, 소질, 가치관, 자연과 기술에 대한 태도, 특별한 특징 등이 전체적으로 조사된다. 그런데 이러한 조사의 수행자가 분리되어 있어 객관적인 비행사실에 대한 조사는 경찰과 검사가 행하지만 소년의 인격판단에 필요한 인격조사는 소년법원보조인이 담당하게 된다[193].

2) 법적 근거

소년사건에 있어서 조사절차는 원칙적으로는 일반적인 형사소송법상

---

193) Ulich Eisenberg, Jugendgerichtsgesetz, 7. Aufl., München: C·H·Beck, 1997, §43 Rdnr. 16a ff.

의 절차에 의해 진행된다(§§ 151-200 StPO). 그러나 소년사건에 대해서 특별히 규정하고 있는 소년법원법 제43조에서 제46조까지의 조사절차에 관한 규정은 형사소송법에 우선하여 적용된다.[194]

소년조사절차에 대한 특별규정을 두고 있는 소년법원법 제3장 중 예비절차에 관한 절에서는 우선 제43조에서 조사의 범위에 관한 규정을 두고 있다. 동조 제1항에서는 "소송의 개시 이후 가능한 한 즉시 피의자의 심리적·성격적 특징을 판단할 수 있기 위해 생활환경과 가정환경, 성장과정, 이제까지의 피의자의 소송과 모든 나머지 행동이 조사되어야 한다. 가능한 한 친권자와 법정대리인, 학교와 교육자가 포함되어야 한다. 만약 소년이 그에 대해 원치 않는 불이익, 특히 그의 교육이나 직장을 상실할 우려가 있다면 학교나 교육자의 청문은 중단되어야 한다"고 하여 인격판단에 관한 조사를 규정하고 있다. 또한 동조 제2항에서는 "필요한 한도 내에서는 특히 피고인의 성장상태나 소송을 위한 다른 중요한 개인적 특성을 알아보기 위해 피고인에 대한 조사가 행해질 수 있다. 가능한 한 소년에 대한 이 같은 조사를 위해서 명령을 수행할 수 있는 전문감정인에게 위임할 수 있다"고 하여 전문감정인을 통한 조사에 대해서 규정하고 있다. 그 밖에도 감정을 위하여 피의자를 시설에 수용해 관찰할 수 있다(소년법원법 제73조). 조사의 주요한 결과는 피고인에게 교육상의 불이익을 주지 않는 태양으로 기소장에 기재된다(제46조). 소년피의자에게 소년형이 예상되는 경우에는 공소제기 전에 검사 또는 판사가 피의자를 심문한다(제44조). 형사소송법 제153조의 요건에 있는 경우에는 검사는 판사의 동의를 얻어 임의적 또는 필요적으로 소추를 보류하는 것으로 된다(제45조). 절차의 개시와 그 경과는 관계자에게 통지된다.[195]

---

194) Albrecht, a.a.O., S. 357 ff.; Herbert Diemer / Armin Schoreit / Bernd-Rüdeger Sonnen, Kommentar zum Jugendgerichtsgesetz, 2. Aufl., Heidelberg: C · F · Mü ller, 1995, §43 Rdnr. 1 ff.

3) 조사절차의 주체

예비절차단계로서 소년조사의 주재자는 통상의 형사소송법절차와 마찬가지로 소년검사(Jugendstaatsanwalt)가 된다고 봄이 일반적이다[196]. 그러나 조사절차단계의 주재자로서의 검사의 역할은 단순히 의제적인 효력(faktische Wirksamkeit)에 그친다고 한다[197]. 왜냐하면, 실제로는 다음에 설명할 소년법원보조인(JGH; Jugentgerichtshilfe)에 의해 소년조사, 특히 소년법원법 제43조상의 인격판단에 관한 조사가 이루어지고 있기 때문이다. 여기서 검사와 소년법원보조인과의 관계가 문제가 된다.[198].

이에 대해 검사가 물론 소년조사의 주재자이기는 하지만, 실무상 검사는 조사기관(Ermittlungsbehörde)이라기보다는 소추기관(Anklagebehörde)이며 오히려 검사의 조사실행을 보조하기 위한 소년법원보조인이 실제적인 조사기관으로서 역할을 한다고 해석하는 견해가 있다[199]. 또 다른 견해는 조사절차에서의 검사의 지위는 조사에 대한 감독기관으로서의 역할(Überwachungsfunktion)을 가지므로 실제적인 조사기관은 소년법원보조인이 된다고 해석하는 견해[200], 그리고 검사의 이중적 권한(Doppelzuständigkeit)에 따라 인격조사를 위한 법적인 책무는 검사가 지지만, 실제상의 그 조사의 실행은 소년법원보조인에게 위임된 것이라고 해석하는 견해[201] 등이 제시되고 있다. 그러나 결국 소년조사상의 실질적인 조사주체는 다음에 설명할 소년법원보조인이라는 점에는 의문의

---

195) 澤登俊雄b, 世界諸國の少年法制, 東京: 成文堂, 1994, 215頁.

196) Schaffstein / Beulke, a.a.O., S. 175 f.

197) Albrecht, a.a.O., S. 358 f.

198) 검사와 소년법원보조인의 관계에 관한 문제에 대해서는 Diemer / Schoreit / Sonnen, a.a.O., §43 Rdnr. 3 ff. 참조.

199) U. Eisenberg, a.a.O., §43 Rdnr. 16 ff.; Schaffstein / Beulke, a.a.O., S. 175 f.

200) Rudolf Brunner / Dieter Dölling, Jugendgerichtsgesetz, 10. Aufl., Berlin: Walter de Gruyter, 1996, §43 Rdnr. 3 f.

201) H. Ostendorf, Kommentar zum Jugendgerichtsgesetz, 3. Aufl., 1994, §43 Rdnr. 7 f.

여지가 없다.

4) 조사의 내용

가. 인격에 관한 조사(Ermittlungen zur Persönlichkeit)

피의자의 인격에 대한 조사는 검사의 주재하에 소년법원보조인에 의해 이루어진다. 이 절차에서 소년법원보조인은 경찰의 도움을 받을 수 있으며, 소년법원법 제43조 1항에 따라 공판절차 개시 이후 즉시 조사를 실시해야 하고, 인격판단을 위한 소명자료로는 관련된 지침(Richtlinien), 포괄적인 의견서(Kommentierung), 자료(Literatur) 등을 원용할 수 있으며, 무엇보다 피의자와의 공개된 대화가 가장 중요한 판단자료가 된다[202]. 특히 주의하여야 할 점은 인격에 대한 조사가 자칫 헌법상 보장된 개인의 "정보에 대한 자기결정권(informationelle Selbstbestimmungsrecht)"에 대한 침해로 이어질 수 있기 때문에 이러한 조사의 범위는 헌법상 비례성의 원칙(Verhältnismäßigkeitsgrundsatz)에 따라 필요최소한도 내에서 적절하게 이루어져야 한다.[203]

나. 전문감정인을 통한 감정(Begutachtung)

전문감정인을 통한 감정은 소년법원보조인이 소년법원법 제43조 제1항에 따른 인격조사가 충분하지 못한 한도 내에서, 즉 소년피의자의 본질적인 인성을 알아보기 위해 전문적인 지식을 요할 경우에 권한이 있는 기관(소년판사 또는 소년검사)의 명령에 의해 전문감정인에 의한 조사가 행해질 수 있다(소년법원법 제43조 제2항)[204]. 이는 특히 피의자

---

202) Diemer / Schoreit / Sonnen, a.a.O., §43 Rdnr. 11 ff; U. Eisenberg, a.a.O., §43 Rdnr. 21 ff.
203) Albrecht, a.a.O., S. 360 ff.
204) Schaffstein / Beulke, a.a.O., S. 176 f.; Albrecht, a.a.O., S. 362 f.

의 성장상태를 조사하기 위해서 많이 이용된다. 이러한 전문감정인을
통한 감정서의 원용 여부와 그 의뢰를 결정할 때에 있어서도 비례성의
원칙에 따라 결정되어야만 한다.205)

다. 피의자의 심문(Vernehmung des Beschuldigten)

소년법원법 제44조에 따라 피의소년에게 소년형벌이 예상되는 경우
에는 공소제기 전에 소년법원 판사 또는 검사가 피의자를 심문해야 한
다. 그러나 제44조에 의한 피의자 심문은 소년형이 예상되는 경우 이
외에 소년법원 판사 또는 검사의 요청에 의해 소년에 대한 심문이 긴
급하게 요구된 경우에도 행해질 수 있다고 해석된다.206) 이 규정은 공
소제기 전 피의자의 개인적인 정보를 얻고 나아가 소년피의자의 책임
을 덜어 주기 위해 비행동기와 비행사실과의 관련성 등을 알아보기 위
한 것이다.207)

2. 소년법원보조인제도

1) 의 의

독일의 소년법원보조인제도는 소년범죄에 대한 특별예방을 위한 목적
하에서 도입된 독일 특유의 제도이다.208) 소년법원보조인제도는 이미
1923년 독일 제국소년법원법에서부터 기원하는 것으로서 소년에 대한 교
육적, 사회적 보호의 관점에서 소년법원법이 특별히 소년범죄에 있어서

---

205) U. Eisenberg, a.a.O., §43 Rdnr. 29 ff.
206) Schaffstein-Beulke, a.a.O., S. 173 ff.; U. Eisenberg, a.a.O., §44 Rdnr. 4 f.
207) Diemer / Schoreit / Sonnen, a.a.O., §44 Rdnr. 2 f.
208) Schaffstein / Beulke, a.a.O., S. 166 f.

소년을 원호하고 선도하기 위해 도입된 제도이다. 따라서 소년법원보조인 제도에 대해 "소년재판절차에 있어서의 교육적 심급(die pädagogische Instanz)"이나 "소년피의자에 대한 사회복지적 관청", "적절한 사회통제를 위한 제도(Institution sozialer Kontrolle)"라고 하는 평가들이 이루어지고 있는 이유도 결국 이러한 제도의 도입취지 때문인 것이다.[209]

2) 법적 근거

독일 소년법원법 제43조에는 소년법원의 명령에 의하여 소년법원보조인이 예비절차에서 생활관계, 가족관계, 성장과정, 행상, 심적·정신적·성격적 특성의 판단에 영향을 미칠 수 있는 모든 사정을 조사하도록 규정하고 있다. 또한 동법 제73조에서는 소년의 발육상태를 알아보기 위하여 범죄생물학적인 조사의 자격이 있는 전문가에게 위임하거나 시설에 수용하여 보호관찰을 받게 할 수 있도록 하고 있다.

특히 동법 제38조에는 소년법원보조인에 관해 직접적인 규정을 두고 있는데 이에 따르면 제1항에서 "소년법원보조인은 소년보호단체(Vereinigungen für Jugendhilfe)와 협력하는 소년청공무원(Jugendämtern)에 의해 수행한다"고 규정하고 있고, 제2항에서는 "소년법원보조인의 대리인은 소년재판상 절차에 있어서 교육적, 사회적, 사회복지적인 관점을 관철시킨다. 소년법원보조인의 대리인은 이러한 목적을 위해서 피고인의 인격, 발달, 그리고 주위환경의 연구를 통해서 관계관청을 보조하고, 취해질 조치에 대한 의견을 진술한다. 구속사건에 있어 그들은 조사결과에 대해 지체없이 보고한다. 조사를 행한 소년법원보조인의 대리인은 공판절차에 파견되어야만 한다. 보호관찰관이 그에 대해 소환되지 않는 한도 내에서 대리인은 소년이 지시(Weisungen)와 부담(Auflagen)을 따르는지에 대해

---

209) Albrecht, a.a.O., S. 311 ff.

감시한다. 그들은 판사에게 중요한 위반행위를 보고한다. 지시에 복종하는 경우에는 판사가 다른 사람을 위탁하지 않으면, 그들이 제10조 제1항 3문 5호에 따라 보호와 감시를 수행한다.”고 규정하고 있다. 또한 제3항에서는 “소년에 대한 모든 절차에 소년법원보조인이 동원된다. 이것은 가능한 한 빨리 진행되어야 한다. 수칙의 발급(제10조) 이전에 앞서 소년법원보조인의 대표자의 의견을 항시 들어야 한다. 즉, 누가 보호보조인으로서 임명되어야 할지에 대해서 그 대리인이 표시하는 보호수칙을 고려해야만 한다”고 하여 소년법원보조인은 소년법원과 수사기관을 보조하고 소년을 감독, 원호하며, 소년에 대한 인격과 환경조사를 행하고 처분을 집행할 수도 있도록 하고 있다.[210]

3) 소년법원보조인(Jugentgerichtshilfe)

독일 소년조사제도의 담당기구는 소년법원보조인이다. 소년법원보조인은 소년 등을 원호하기 위한 기관으로서 소년보호단체(Vereinigungen für Jugendhilfe)와 함께 소년청(Jugendamt)을 중심으로 교육적, 사회적, 보호적 견지에서 폭넓은 보조활동을 하고 있다(소년법원법 제38조)[211]. 이것은 기능적으로 우리나라의 소년부 조사관과 같은 것이다. 즉 소년법원보조인은 소년보호업무를 수행하는 개개의 전문요원이다. 이들은 소년법원과 수사기관을 보조하며 소년피의자, 피고인을 감독하고 원조함을 그 직무로 한다. 원래 소년보호활동은 소년청의 직무이므로 개개의 보조인은 소년청의 대리인으로서 활동하게 된다. 소년법원보조인은 소년형사사건 또는 범칙금사건의 재판절차에서 교육적 관점, 사회적 관점, 후견적 관점 등을 제시한다(소년법원법 제38조 제2항). 이러한 목

---

210) Schaffstein / Beulke, a.a.O., S. 168 ff.; 오영근, 소년사건처리절차의 개선방안에 관한 연구, 서울: 형사정책연구원, 1995, 100~101쪽.
211) 澤登俊雄b, 前揭書, 214頁.

적을 위하여 보조인은 소년피의자, 피고인의 인격조사, 환경조사를 행하고 필요한 조치를 권고하는 활동을 수행하며 이를 통하여 소년사건의 유관기관을 지원한다.[212]

소년법원보조인은 조사에 대한 보조, 피의자에 대한 교육적 보호라는 두 개의 임무를 수행하는데 이 중 특히 중요한 것은 소년조사를 보조하는 기능(die Funktion als Ermittlungshilfe)이다. 조사의 주재자인 검사는 절차의 개시 후 가능한 한 빨리 소년법원법 제43조 제1항의 소정의 사항을 조사하여야 하며 이러한 사항의 조사에 있어서 소년법원보조인의 도움을 받게 되는 것이다. 그리하여 소년법원보조인은 범죄소년의 인격조사의 원칙적 수행자가 된다. 그러나 소년법원보조인의 이러한 인격조사의 수행에 대한 법적 근거가 소년법원법 제43조인지 아니면 제38조인지에 대해 다툼이 있으며 그 지위에 대해서도 다툼이 있다. 이에 대해 독일연방형사최고법원(BGHSt)은 제43조상의 소송절차에 있어서 소년법원보조인은 검사와 같은 이행기능과 감독기능이 있다고 인정한 바 있다[213]. 또한 소년법원보조인은 성인법원보조인과는 달리 조사임무 외에 사회보장임무가 부여되어 있다는 특징이 있다.[214]

4) 위임자

법원보조인의 활동은 검찰, 형사법관 또는 사면당국의 위임에 의하여 행해진다. 즉 법원보조인의 구체적인 임무의 범위나 내용은 그러한 위임자의 판단에 의해 결정되는 것이다. 먼저 집행절차 전의 수사로부터 판결에 이르기까지의 일련의 절차에 있어서는 검사들이 주된 위임자이

---

212) 신동운, 앞의 논문, 150~151쪽.
213) BGHSt 27, 250 ; Diemer / Schoreit / Sonnen, a.a.O., §43 Rdnr. 3 f.
214) Karl Peters, Strafproze ß, 4.Aufl., 1985, s.192; 이상철, 판결전조사제도에 관한 연구, 서울: 한국형사정책연구원, 1994, 64쪽에서 재인용.

다. 어떤 시점에서 검사가 법원보조인을 관여시킬 것인가는 공소제기를 위하여 법원보조인의 조사가 필요한지 여부에 달려 있다. 어떤 조사에 의하면 공소장 작성 이전에 임무가 위임된 것이 52%, 공소장 작성 이후에 위임된 것이 44%, 공판절차에서 위임된 것은 불과 4%였다고 한다. 검사 이외에는 구법원의 단독판사들이 이용하기도 한다. 배심법원으로부터 상급심에 이르기까지 검찰이 법원보조인을 의무적으로 이용하여야 하는 울름(Ulm)지방을 제외한 여타 지역에서는 기본적으로 규정에 의해 의무화된 위임이 행하여지고 있지 않다. 오히려 확정된 규정이나 규칙 없이 그때그때 검사나 판사가 법원보조인의 이용 여부를 결정한다. 집행절차에서는 검사와 집행관(Rechtspfleger)이 주 위임자이다. 또한 소규모이지만 형집행위원회나 제1심법원의 위임에 따라 법원보조인이 활동하기도 한다. 사면절차에서는 그 지역 검사장과 사면결정을 준비하는 집행관에 의해서만 위임이 가능하다. 집행절차와 사면절차에서는 유죄판결을 받은 자의 현재의 생활환경이 불확실하거나 그 결정을 위하여 추가적인 정보가 필요한 경우에 임무가 위임된다. 수사, 공판, 집행절차에서는 일반적으로 전체 검사장들 중 일부분만이 법원보조인을 이용하고 있다. 판사가 공판절차에서 주도적으로 법원보조인에게 임무를 부여하는 일은 드물다. 이에 반하여 사법관시보들은 법원보조인을 이용하는 데 매우 적극적이다.215)

Ⅳ. 교정단계의 소년조사제도

소년법원법상 교정단계에서의 소년조사제도에 관해서는 특별한 규정

---

215) 위의 책, 63~64쪽.

을 두고 있지 않다. 그러나 선고된 교육처분 또는 훈교처분, 소년형에
대하여 보호관찰관과 소년법원보조인은 감독임무와 보호임무를 수행하
기 위해 일정한 조사를 할 수 있다. 특히 선고된 교육처분의 일종인
지시를 잘 준수하는지의 여부를 조사하여야 하며, 특히 소년법원보조인
은 소년법원법 제43조 제2항에 따라 소년이 지시와 부담을 위반한 경
우 판사에게 그 행위를 보고할 의무를 진다.[216]

제5절 각국의 특징과 시사점

이 연구에서는 이상과 같이 비행소년에 대한 사법처리과정에서 개별
처우의 전제조건인 과학적인 분류를 위해 소년의 비행사실과 요보호성
에 관해 조사하는 소년분류심사제도에 관해 각국의 법적·제도적 현황
을 살펴보았다. 각국의 소년분류심사제도에 관한 비교법적 고찰을 통해
도출한 각국의 특징과 시사점은 다음과 같다.

다음 장에서 서술할 우리나라 소년분류심사제도의 가장 큰 특징은
소년에 대한 분류심사를 의뢰하는 기관과 분류심사대상 소년이 다양하
다는 점이다. 소년분류심사원에서는 법원 소년부로부터 위탁받은 소년
을 수용하면서 분류심사를 하고 있고 상담조사제도를 통해 불위탁소년
에 대해서도 분류심사를 하고 있다. 한편 소년원과 보호관찰소, 소년관
계기관, 학교, 가정 등으로부터 의뢰된 소년에 대해서도 분류심사를 하
고 있다. 이러한 소년분류심사원의 개방적 성격은 향후 수사기관과의
연계협력까지도 기대하게 되는 요인이다. 현재 검찰에서는 소년에 대해

---

216) Ulich Eisenberg, a.a.O., §98 Rdnr. 7a, §10 Rdnr. 30a.

선도조건부기소유예제도를 실시하고 있는데, 대상 소년을 선정함에 있어 전문적인 조사가 이루어지지 않은 채 운영되고 있다. 또한 경찰에서는 비행소년에 대한 조기 다이버젼을 위해 선도조건부훈방제도를 실시하고자 노력하고 있다. 따라서 검찰이나 경찰에서 이러한 제도를 운영함에 있어 소년에 대한 전문적인 조사자료를 활용할 수 있도록 상호 협력할 필요가 있다. 이를 위해서는 소년원법 제26조에 외래분류심사가 규정되어 있으므로 현행 법체제하에서도 각 기관 간 협의에 의해 얼마든지 시행이 가능하다.

다음으로 일본 소년분류심사제도의 가장 큰 특징은 분류심사의 전문기관인 소년감별소와 법원의 소년조사관이 소년에 대한 조사내용을 분업하여 상호 협력하고 있다는 점이다. 법원 조사관은 주로 소년이 처해 있는 가정, 학교 등 환경적 요인을 중심으로 하는 사회조사를 실시하고 소년감별소에서는 심리적·정신적 요인을 중심으로 하는 감별을 실시함으로써 소년감별소는 조사관에 비해 상대적으로 과학적인 기법과 지식을 활용하는 전문기관으로서의 역할을 수행하고 있다. 우리나라의 법원 소년조사관과 소년분류심사원의 현재 업무내용은 일본과 달리 양 기관에서 수행하고 있는 업무가 유사하게 이루어지고 있다. 오랜 세월에 걸쳐 일본과는 다른 방향으로 제도가 발전해 왔기 때문에 일본의 분업 시스템을 수용하기에는 무리가 있지만 우리나라의 특성에 맞는 분업이 어떤 형태로든지 모색되어야 할 것이다. 한 가지 방안으로서 조사시기를 나누어 소년분류심사원에서는 심판전조사를 담당하고 조사관은 심판과정 중에 조사필요성이 발생하거나 재조사가 필요하게 된 경우의 조사를 담당하는 방안을 제안한다.

다음으로 미국 소년분류심사제도의 가장 큰 특징은 초입면접제도이다. 초입면접은 정식사법절차를 거치지 않아도 될 사건들을 선별해 내는 역할을 하고, 법원이 조기에 소년과 그의 부모, 경찰 및 기타 관련된 사람들의 태도를 탐색하는 데 도움을 줌으로써 소년은 조기에 다이버젼될 수 있고 법원의 업무부담도 조정해 주는 데 실질적인 기여를 한다. 우리나라는 미국과 달리 검사선의주의를 취하고 있으므로 우리의 소년분류심사제도가 소년의 조기 다이버젼을 위해 활용되기 위해서는 위에서 제안한 것처럼 수사기관으로부터 의뢰받은 소년에 대해서도 외래분류심사를 시행해야 할 것이다.

마지막으로 독일 소년분류심사제도의 가장 큰 특징은 소년법원보조인제도이다. 소년법원보조인은 소년보호업무를 수행하는 개개의 전문요원으로서 소년법원과 수사기관을 보조하며 소년피의자, 피고인을 감독하고 원조함을 그 직무로 한다. 원래 소년보호활동은 소년청의 직무이므로 개개의 보조인은 소년청의 대리인으로서 활동하게 된다. 소년법원보조인은 소년형사사건 또는 범칙금사건의 재판절차에서 교육적 관점, 사회적 관점, 후견적 관점 등을 제시한다. 이러한 목적을 위하여 보조인은 소년피의자, 피고인의 인격조사, 환경조사를 행하고 필요한 조치를 권고하는 활동을 수행하며 이를 통하여 소년사건의 유관기관을 지원한다. 이와 같이 소년법원보조인은 소년사법체제 전반에 걸쳐 소년과 사법기관에 개입함으로써 실질적인 보조인 역할을 수행하고 있다. 독일의 소년법원보조인이 법원과 수사기관 모두를 보조하는 있는 점 역시 위에서 제안한 수사기관 의뢰소년에 대한 외래분류심사의 필요성에 관한 시사점이 되고 있다.

제 4 장

우리나라 소년조사제도의 현황과 운영실태

제1절 소년조사제도의 현황

Ⅰ. 한국의 소년사법체계와 조사제도 개관

우리나라의 소년사건은 검사에 의해 소년보호사건과 소년형사사건이 구분되어 각각 별도의 조사절차를 거치게 되는데, 먼저 소년보호사건에 있어서는 가정법원 및 지방법원 소년부에 조사관과 소년분류심사원을 두어 소년의 요보호성에 관해 조사하도록 하고 있고, 소년형사사건에 있어서는 보호관찰소에 판결전조사를 의뢰하도록 하고 있다. 이러한 심판전조사 외에도 소년원이나 소년교도소 등 시설에 수용된 소년에 대해서는 보호관찰소에 환경조사를 의뢰해야 하고, 또한 각 소년수용시설에서는 분류처우를 위한 분류조사가 이루어지고 있다.

따라서 이하에서는 먼저 우리나라의 전체 소년사법체계 속에서 조사제도가 차지하고 있는 위치에 대해 설명하고, 절을 바꾸어 소년사법체계 각 단계별 조사제도에 관해 차례로 소개하고자 한다.

우리나라에는 소년사건의 처리를 위하여 소년법이 제정되어 있는데 이에 의하면 소년사건을 소년보호사건과 소년형사사건으로 구분하고 소년보호사건에 대한 소년심판절차는 소년법에서 규정하면서 소년형사사건에 대해서는 소년법상 특별한 규정이 없는 때는 형사소송법에 의한 형사소송절차에 따르도록 하고 있다(소년법 제48조). 이렇게 절차가 구분되어 있기 때문에 범죄소년의 경우는 보호사건으로 할 것이냐, 형사사건으로 할 것이냐의 선택의 문제가 발생하는데, 우리나라는 이러한 선의권의 문제에 대해 검사선의주의를 취하고 있다. 그리하여 소년이 범죄를 범하면 먼저 수사단계를 거쳐 검사에게로 송치되어 소년형사사건과 소년보호사건으로 구분된 후, 소년형사사건은 일반형사법원에서, 소년보호사건은 소년법원에서 각각 조사와 심판의 절차를 거치게 된다.

그러나 이와 같은 검사선의주의는 비행소년에 대한 조사와 관련하여 몇 가지 문제가 있다. 먼저 범죄소년에 대해 형사처분을 할 것이냐 보호처분을 할 것이냐를 선택하기 위해서는 소년의 요보호성에 대한 조사가 행해져야 하는데 단순히 수사기관이 범죄사실의 수사결과에 따라 결정한다면 소년법의 이념인 소년의 요보호성에 대응하는 개별적 처우의 실현이라는 가치는 반감될 것이다. 죄질과 요보호성은 반드시 일치하는 것은 아니기 때문이다. 또한 검사가 선의권을 행사하기 이전에 소년의 요보호성에 관해 조사한다면 그 성질상 당연한 전제로서 소년의 인격 및 환경 전반에 걸친 자료의 수집과 분석이 필요하게 되는데 수사기관에 의해 개인의 비밀이 불가피하게 탐색되는 것으로 소년의 인권보장의 견지에서 문제가 있다. 또 다른 문제점으로서 수사기관에서 조사가 행해졌다고 하여 심판단계에서의 조사가 생략될 수 있는 것은 아니다. 왜냐하면 법원에서의 조사는 구체적으로 어떤 처우를 선택해야 하는가를 결정하기 위하여 행해지는 것이므로 보다 상세한 것이 요구되기 때문이다. 따라서 수사단계에서의 조사와 심판단계에서의 조사가 중복하여 행해지는 것은 절차적으로 극히 비경제적일 뿐 아니라 수사단계에 있어서 사건처리의 지연, 신병구속기간의 장기화를 초래하게 된다.[217]

이상과 같이 소년보호사건과 형사사건의 처리절차가 구분되어 있는

---

217) 한상호, "소년심판제도의 운용현황 및 개선방안," 청소년범죄연구 1, 1983, 51쪽.

경우에는 소년의 보호를 위한 조사라는 측면에서 검사선의주의는 선의권 행사 시에 전문적인 조사가 이루어질 수 없으므로 선의권 행사는 비행사실에 의존하게 되고 이는 소년의 필요에 따른 구체적, 개별적인 처우라는 소년법제의 기본이념에 반하는 것이 된다. 그러면 우리나라의 소년사법체계 속에서 소년에 대한 조사과정 및 분류심사과정이 차지하고 있는 위치에 관해 간략하게 살펴보고자 한다.

먼저 소년이 범죄를 범하게 되면 이를 발견한 경찰 등의 사법경찰관리는 소년을 검사에게 송치하고 검사가 이에 대해 수사를 완료하면 범죄의 성립 여부를 확정하고 범죄가 성립하는 경우에는 제반 사정을 고려하여 처벌의 필요성이 없다고 생각되는 경우에는 기소유예, 벌금이하의 형에 해당하는 범죄이거나 보호처분에 해당하는 사유가 있다고 인정한 때는 소년법원에 송치하며 그 외에는 일반형사법원에 기소하게 된다.[218]

다음으로는 전문적인 조사과정이 이어지는데, 한국의 경우 조사과정 역시 소년보호사건과 소년형사사건에서 각각 다르게 처리되고 있다. 즉, 소년보호사건에서는 소년부 판사는 조사관에게 조사를 명할 수 있고, 정신과의사, 심리학자, 사회사업가, 교육자 기타 전문가의 진단 및 소년분류심사원의 분류심사결과와 의견을 참작하도록 하고 있고, 소년형사절차에서는 형사법원은 조사관에게 조사를 위촉하거나 보호관찰소에 판결전조사를 요구할 수 있다. 이러한 심판전조사 외에도 소년원이나 소년교도소 등 시설에 수용된 소년에 대해서는 보호관찰소에 환경조사를 의뢰해야 하고, 또한 각 소년수용시설에서는 분류처우를 위한 분류심사가 이루어지고 있다.

이상 우리나라 소년사법체계의 전체적인 과정과 그 과정에서 소년에 대한 조사제도가 차지하고 있는 위치는 [그림 4]와 같다.

---

218) 오영근/ 최병각, 소년사건처리절차의 개선방안에 관한 연구, 서울: 한국형사정책연구원, 1995, 29쪽.

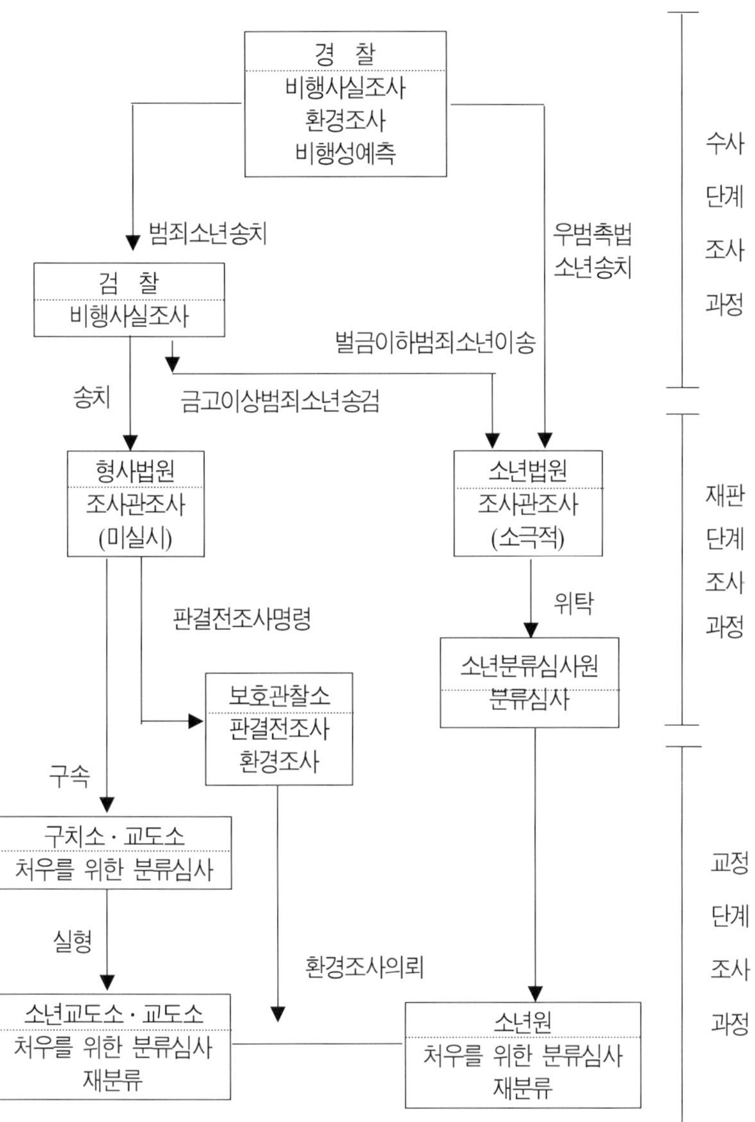

[그림 4] 한국 소년사건에서의 조사절차

Ⅱ. 수사단계의 소년조사제도

1. 경찰의 조사

1) 의 의

소년사건의 처리절차상에서 가장 먼저 소년을 대면하는 기관은 경찰이다. 따라서 소년에 대해 조사를 실시하는 최초의 기관도 경찰이 된다. 경찰에서는 비행사실에 대한 조사 이외에도 소년이 처한 환경에 대한 조사와 재비행예측을 위한 조사를 실시한다.

2) 법적 근거

소년에 대한 경찰의 조사에 있어 법적인 근거는 소년경찰직무규칙[219] 에서 찾을 수 있다. 규칙 제7조에서는 소년경찰의 기본정신으로 처우의 개별화와 과학화를 규정하고 있다. 즉 3호에서는 '처우의 개별화: 소년범 죄 등 비행은 구성요건을 규명하기보다도 소년의 성행 및 환경, 기타 비 행의 원인을 정확히 규명하여 개별적으로 타당한 선도 및 처우를 행한다' 고 하고 있을 뿐 아니라 4호에서는 '처우의 과학화: 소년의 선도와 처우 는 과학적 지식과 방법으로 조사·분석, 검토하여 결정한다'고 하고 있다.

또한 조사방법이나 내용과 관련하여 규칙 제9조에서는 면접 시의 유의 사항을 규정하고 있고, 제30조에서는 수사 또는 조사 시의 확인사항, 제31 조에서는 수사 또는 조사 시의 유의사항에 관해 규정하고 있다. 조사결과

---

219) 1998. 12. 28 경찰청예규 제188호.

의 활용과 관련하여서는 제32조에서 처우에 관한 의견, 제50조에서 보호사
건송치서, 제51조에서 비행위험성 판정자료표 등에 관해 규정하여 경찰에
서 조사된 내용이 검찰에 송부되어 처우에 반영될 수 있도록 하고 있다.

한편 범죄수사규칙Ⅳ220)에서는 소년범죄를 포함하여 일반적인 범죄
수사에서의 조사에 관한 사항을 규정하고 있는데, 제165조부터 제179
조에 걸쳐 범죄수사를 위한 조사의 방법과 피의자신문조서의 기재사항
등에 관해 상세히 규정해 놓고 있다.

3) 담당기구

가. 조 직

경찰에서 소년사건을 담당하는 곳은 경찰청 조직에서는 방범국 방법
지도과이다. 그러나 소년을 직접 대면하여 조사하는 곳은 일선 파출소
와 경찰서인데 경찰서에서의 담당부서는 방범과 여성청소년계이다. 그
러나 고소·고발사건의 경우 조사계에서 담당하기도 한다.

나. 인 력

조사를 담당하는 인력은 소년경찰이다. 이들에 대해서는 소년경찰직
무교육을 통해 보수교육이 이루어지고 있다. 교육은 경찰청 단위로 분
기별로 1회식 1주일간 이루어지며 개인별로 보면 연간 1회 정도 참가
하게 된다. 교육내용은 청소년범죄 수사요령이 비중 있게 다루어지고
그 외 청소년선도활동 등으로 구성된다.

다. 시 설

경찰에서의 소년에 대한 조2사는 파출소나 경찰서 여성청소년계 사

---

220) 1991. 7. 31 경찰청훈령 제57조.

무실에서 이루어지고 별도의 조사실이나 상담실은 마련되어 있지 않다.

4) 조사절차

소년에 대한 조사는 파출소에서 처음 소년을 발견한 경우에는 파출소에서 실시하여 조사자료와 함께 경찰서로 이송하고, 경찰서에서 처음 발견한 경우에는 경찰서에서 실시한다.

파출소나 경찰서에서 조사가 이루어져 문서화되는 것으로는 피의자신문조서, 소년범환경조사서, 비행성예측자료표, 피의자통계원표, 검거통계원표, 발생통계원표, 십지지문(주민등록증이 있을 경우에는 일지지문)을 찍은 옐로카드, 소년사건처리부, 청소년보도표(소년신상조사표) 등이 있다. 이 중 피의자신문조서와 피의자통계원표, 검거통계원표, 발생통계원표, 옐로카드는 소년범뿐 아니라 모든 범죄자에게 적용되는 사항이고, 소년사건처리부와 청소년보도표는 경찰에 비치해야 하는 자료이다. 이들 조사자료 중에서 피의자신문조서와 소년범환경조사서, 비행성예측자료표는 범죄소년의 경우 검찰에 송부해야 하고, 우범소년과 촉법소년의 경우 소년법원에 송부해야 한다.

5) 조사내용

검찰과 법원에 송부되는 자료인 피의자신문조서와 소년범환경조사서, 비행성예측자료표를 작성하2기 위해 구체적으로 조사되는 세부내용을 살펴보면 다음과 같다.

가. 피의자신문조서

소년에 대한 피의자신문조서에는 일반범죄자에 대한 조서와 동일하게 성명, 주민등록번호, 직업, 주거, 본적, 전과 및 검찰 처분관계[221], 상훈·연금관계, 병역, 교육, 경력, 가족, 재산 및 원수입, 종교, 정당·사회단체 가입, 건강상태 등에 관해 조사하여 기록하도록 되어 있다.

나. 소년범환경조사서[222]

소년범환경조사서는 인적사항, 가족사항, 성장과정, 교우관계, 개전의 정에 관한 평가 등을 기록하도록 되어 있다.

다. 비행성예측자료표[223]

비행성예측자료표는 크게 인적사항, 보호자, 사회항목예측조사로 구성되어 있는데, 사회항목예측조사는 생계담당자, 가정결손, 의무교육, 장기결석 1주 이상, 교우관계[224], 가출경험, 14세 미만 조발비행의 각 항목별로 점수를 매기고 이를 종합하여 비행위험성을 판정하며, 이에 따른 처분의견을 제안하도록 되어 있다.

2. 검찰의 조사

1) 의 의

검찰에서는 경찰에서 송치된 소년에 대해 경찰에서 작성한 조서와 소년범환경조사서, 비행성예측자료표를 바탕으로 비행사실에 대해 좀더

---

221) 여기에는 확정판결을 받은 사항뿐 아니라 과거 경찰에서 조사받았던 모든 사건을 기록한다.
222) 부록 2: 조사양식 중 '소년범환경조사서' 참조.
223) 부록 2: 조사양식 중 '비행성예측자료표' 참조.
224) 친한 친구 중에서 직업 없이 무위도식하는 친구 유무, 경찰에 단속되었던 친구 유무.

자세하고 정확한 조사를 실시한다. 이를 통해 소년사건을 보호사건으로 처리할 것인지 형사사건으로 처리할 것인지를 판단한다. 검찰의 조사제도에서 특기할 점은 서울지검 소년부에 상담실을 부설하여 청소년전문가에게 조사를 의뢰하고 그 결과를 참작하고 있다는 것이다.

2) 법적 근거

소년에 대한 검찰의 조사에 관해서는 특별히 법률로 규정해 놓은 것은 없다. 다만 검찰에서 수사실무에 관한 교육을 할 때 간단하게 소년범에 대한 신문요령을 제시하고 있을 뿐이다. 이를 소개하면 다음과 같다.

먼저 소년의 연령을 명확히 하고, 가급적 알아듣기 쉽게 설명하고, 은어·비어·약어·외래어 등은 사용하지 않도록 한다. 신문은 비공개리에 행하며, 애정을 표시하고 선도적인 입장에서 조사과정 중 수시로 위로하고 나무라고 하여 자기 잘못을 깊이 뉘우치도록 한다. 다른 동종의 소년범이 회개하여 선도된 실례도 들어 준다. 가급적 보호자나 교사 등이 참여를 원하는 때에는 이들을 참여시키는 것도 좋으나, 거짓 진술로써 비호할 염려도 있으므로 유의하여야 한다. 전과 있는 소년은 동정이나 호감을 사기 위하여 허위제보를 하는 수도 있다. 소년에 대한 신문은 명확한 질문과 쉽고 자세한 대답으로써 조서의 임의성과 신빙성을 제고하여야 하고, 유도나 암시에 걸릴 질문방법은 사용치 아니하는 것이 좋다.225)

3) 담당기구

검찰에서 소년사건의 조사는 검사가 담당한다. 각 검찰청에서는 소년

---

225) 대검찰청, 검찰수사실무, 서울: 대검찰청, 1998, 26쪽.

사건 전담검사를 두고 있는데, 서울중앙지방검찰청의 경우 형사7부에서 소년사건을 전담하고 있다. 그러나 전담부서가 있다고 해도 모든 소년사건을 이 부서에서 전담하고 있는 것은 아니다.

서울중앙지방검찰청의 경우 특기할 만한 것으로 '푸른상담실'이라는 부설 상담실이 있다. 이 상담실은 청소년심리학이나 범죄사회학 등을 전공한 석·박사로 구성된 전문상담위원단의 자원봉사로 운영되고 있는데, 서울지검의 소년사건 중 좀더 상세한 조사가 필요한 일부 사건에 대해 검사의 의뢰가 있을 경우 전문적인 조사를 실시하고 있다.

4) 조사절차

검찰에서는 자체적으로 수사 또는 조사한 내용을 피의자신문조서에 기록하는데, 이때 경찰에서 송부한 자료를 참고한다. 검찰에서 사용하는 피의자신문조서는 별도의 양식이 없으며 형사법원이나 소년법원에 기소를 하게 되면 이 피의자신문조사를 공소장과 함께 송부한다.

5) 조사내용

검찰에서 소년에 대해 조사한 내용은 피의자신문조서에 기록되게 되는데, 검찰사건사무규칙에 의해 반드시 기입되도록 하고 있는 내용은 성명, 호주, 주민등록번호, 나이, 직업과 직장주소·전화번호, 주거와 전화번호, 본적 등이다. 세부적인 내용에 대해서는 특별한 제한이 없기 때문에 사안에 따라 약간의 차이가 있을 수 있으나 주로 비행사실을 중심으로 기록하게 된다. 따라서 이에 관해서는 별다르게 논의한 내용이 없으므로 여기에서는 서울지방검찰청의 푸른상담실에서 조사하고 있는 내용을 살펴보고자 한다.

푸른상담실의 조사내용은 '푸른상담 기록카드'에 기록하도록 하고 있는데, 구체적인 내용은 크게 인2적사항, 가정환경, 개인의 특성, 학교생활, 취업경험 및 장래희망, 친구관계, 이성관계, 비행관련 경험, 범죄전력, 금번 범죄사항 등으로 구성되고, 마지막에 상담자가 종합적인 의견을 제안하도록 하고 있다.

Ⅲ. 재판단계의 소년조사제도[226]

1. 법원의 소년조사관조사

1) 의 의

소년법원이 취급하는 소년사건을 적정, 타당하게 해결하여 소년에 대한 교화, 건전한 육성을 실현하기 위해서는 소년의 인간관계상 제 문제점 및 인간행동상의 문제점을 과학적으로 해명하고 소년에게 필요한 지도, 원조를 줄 수 있어야 한다. 소년법원을 구성하는 판사를 보좌, 보충함으로써 이러한 기능을 맡는 전문직을 조사관이라 하며 구체적으로는 인간과학의 제 과학, 즉 심리학, 사회학, 교육학, 사회사업학, 정

---

226) 재판단계의 소년조사제도에는 법원의 소년조사관조사와 소년분류심사원의 분류심사 외에 전문가 진단이 있다. 소년부는 조사 또는 심리를 함에 있어 정신과의사·심리학자·사회사업가·교육자 기타 전문가의 진단을 참작해야 한다(소년법 제12조). 이러한 전문가 진단은 조사방침으로서 의학·심리학·교육학·사회학 기타 전문적인 지식을 활용하도록 한 것과 맥을 같이하고 있으나 실무에서는 거의 활용되지 않고 있다. 판사에 따라서 대학교수나 대학부설의 심리연구소에 조사를 의뢰하는 경우가 매우 드물게 있다. 따라서 여기에서는 따로 제시하지 않는다.

신의학 등의 지식과 경험이 있는 자들로써 구성된 조사관으로 하여금 소년법원의 이념을 실현토록 한 것이 소년조사관 조사제도이다. 소년법 제9조에서는 조사의 일반방침을 선언한 뒤 판사가 보호사건뿐만 아니라 형사사건의 심리 등을 함에 있어서 필요한 사항, 예컨대 소년의 비행사실, 성행, 환경 등을 법원 조사관으로 하여금 조사케 하여 조사관의 의견과 함께 보고할 수 있도록 하고 있다.

그동안은 소년비행에 대한 전문성을 갖추지 못한 법원 일반사무직인 법원서기관 혹은 사무관 등이 조사관 겸임 발령을 받아 주로 소년을 법원에 소환하여 면접조사방법에 의하여 조사업무를 수행함으로써 조사의 과학성, 전문성, 객관성에 있어서 많은 문제점을 안고 있었으나 최근 몇 년 동안 전문성을 갖춘 조사직을 특별 채용하여 과학적인 조사를 위해 노력하고 있다. 그러나 법무부 소년보호직 공무원인 소년분류심사원의 분류심사관에 의하여 행하여지는 소년에 대한 분류심사와 관련하여 소속이 다른 기관에 의해 비슷한 조사가 중복되어 행해진다는 비판도 제기되고 있는 실정이다.

2) 법적 근거

우리나라의 소년조사관조사에 있어 법적 근거가 되는 법령과 주요한 조문들을 열거해 보면 다음과 같다.

먼저 소년법 제11조에서는 '소년부 판사는 조사관에 대하여 본인, 보호자, 또는 참고인의 심문 기타 필요사항의 조사를 명할 수 있다'고 규정하고 있다. 또한 조사의 방침에 관하여 소년법 제9조에서는 '조사는 의학·심리학·교육학·사회학 기타 전문적인 지식을 활용하여[227] 소년

---

227) 제9조에서 조사방침의 일환으로 열거하고 있는 의학·심리학·교육학·사회학은 인간행동에 관한 대표적인 학문분야이다. 이와 같이 학문분야를 열거하고 있다고 하여 조사를 위한 전문분야를 이들 학문만으로 제한하는 것으로 해석할 수는 없다.

과 보호자 또는 참고인228)의 성행·경력·가정상황 기타 환경 등을 구명하도록 노력하여야 한다'라고 규정하고 있다.

소년심판규칙 제11조에서는 조사의 방법에 관해 자세히 규정하고 있는데 특히 제1항에서는 1호부터 6호까지 조사의 내용을 열거하고 있다. 즉 '1. 비행사실, 그 동기와 비행 후의 정황 및 비행전력, 2. 소년과 보호자의 교육정도, 직업, 소년과 보호자의 관계, 소년의 교우관계 및 소년의 가정환경, 3. 소년비행화의 경위 및 보호자의 소년에 대한 보호감독상황과 향후의 보호능력, 4. 피해자에 대한 관계 및 재비행의 위험성과 정도, 5. 소년의 심신상태, 6. 기타 심리와 처분을 함에 있어 필요한 사항' 등의 규정을 두고 있다.229)

3) 담당기구

법원의 소년조사 담당기구는 소년조사관이다. 서울가정법원은 창설기

'기타 전문적인 지식'을 언급하고 있으므로 이들 학문과의 인접학문을 비롯해 인간 행동에 관해 전문적으로 연구하는 학문분야라면 모두 포함된다고 보아야 할 것이다. 예를 들면, 사회복지학이라든가 가족학, 아동학, 간호학 등이 여기에 해당될 수 있을 것이다.

228) 참고인은 피의자 아닌 제3자를 말한다. 이는 형사소송법상의 개념으로서 수사단계에서 검사 또는 사법경찰관은 수사에 필요한 때에는 피의자 아닌 자의 출석을 요구하여 진술을 들을 수 있다(형사소송법 제221조). 형사소송법에서는 법원 또는 법관에 대해 진술하는 제3자는 증인이라고 하고, 수사기관에 대해 진술하는 제3자는 참고인이라고 한다. 보호사건에서의 조사절차는 법원에 의해 진행되기는 하지만 심리 전에 이루어지는 과정이기 때문에 조사의 대상이 되는 제3자를 증인이 아닌 참고인으로 칭하고 있다. 보호사건에서의 참고인은 그 성격에 있어서도 형사소송에서 수사기관에 대해 진술하는 제3자와 유사한 역할을 하게 된다. 참고인은 증인과는 달리 강제로 소환당하거나 신문당하지 않는다. 따라서 진술거부권을 고지할 필요가 없다.

229) 이러한 조사내용은 크게 보면 '자질과 환경'을 파악하기 위한 것이라고 볼 수 있다. 이는 소년이 어떤 성격을 가지고 있고, 어떤 상황에 처해 있는지 알아보고자 하는 것으로서 궁극적으로는 '요보호성'의 유무를 구명하고자하는 것이 조사의 목적이다. 보호사건에서의 조사제도는 소년의 요보호성 유무를 파악하기 위해 당사자인 소년을 비롯하여 그의 보호자와 제3자에 대해서까지 그들의 자질과 환경을 구명하도록 하고 있다.

에 그 전문성을 구현하기 위해 조사관으로 심리학, 교육학, 사회사업학, 정신의학의 전문가들을 각 1명씩 두었으나 그 직급이 현직급으로 2급에서 4급으로서 법관이나 일반사무직과 화합을 이루지 못하여 모두 사직 또는 퇴직한 후 일반직 사무관이 순환보직에 의해 조사관업무를 담당하게 되었다. 그 후 조사관업무를 보조하는 조사관보(8급)로 심리학, 법률학 전공자 수 명을 1967년도에 특별 채용하고 1972년 심리학, 사회사업학, 정신의학 등 전문과목이 중요한 비중을 차지하는 조사관보(7급) 공개경쟁시험을 치르기 시작했다.[230] 그 후 소년에 대한 조사는 주로 소년분류심사원의 조사결과를 활용함으로써 조사관제도는 유명무실한 제도로 운영되어 오다가 2001년 7월부터 상담 관련 전공 석사학위 소지자를 계약직으로 채용하였으며, 2004년부터는 조사직 6급으로 특별 채용하여 소년조사를 전담하게 되었다.

  소년법 및 소년심판규칙에는 조사관의 업무에 관해 소년보호사건의 심리에 필요한 조사를 주된 직무로 하고 그 밖에 여러 가지 직무들을 수행하도록 다음과 같이 규정하고 있다.

  1. 진술거부권의 고지(법 제10조)
  2. 보호사건의 대상 소년에 대한 조사(법 제11조)
  3. 동행영장의 집행(법 제16조)
  4. 공무소 등에 조회 및 서류 등 송부요구(규칙 제11조 제2항)
  5. 소년보호자 등에 대한 출석요구(규칙 제11조 제3항)
  6. 조사결과의 보고(법 제19조, 규칙 제12조)
  7. 심리기일 출석 및 의견진술(법 제23조 제2항, 제25조 제1항, 규칙 제23조)
  8. 조사기록의 서명·날인(법 제30조 제2항)

---

230) 박태영, "조사업무의 실태와 개선방안," 청소년범죄연구 3, 1985, 206쪽.

9. 형사사건의 대상 소년에 대한 조사(법 제56조)

조사관은 위와 같은 직무를 통하여 판사를 보좌, 보충하여 소년심판의 적정하고도 효율적인 운영에 기여하고, 소년의 문제 이해, 인간 이해를 통하여 소년에 대해 원조적, 교육적 기능을 갖게 하는 역할을 담당하는 것이다.231) 최근 들어 조사관제도가 양적·질적으로 개선되고 있기는 하지만 실제 이와 같이 중요한 업무를 담당하고 있는 조사관이 그 직무를 충실히 수행하기에는 아직도 수적인 면에서 부족한 것이 현실이다.

4) 조사절차

소년보호사건이 수리되면 소년부 판사는 배당받은 사건을 잘 검토하여 심판조건과 심판에 붙여야 할 이유의 존부에 대해 법적 조사를 해서 심판을 개시할 필요가 생기면 소년의 요보호성의 판단에 도움을 받을 수 있는 사회조사를 행하게 한다. 이 사회조사를 조사관에게 명하는 것을 조사명령이라고 한다. 소년부 판사의 조사명령은 판사의 재량이지만 소년법의 정신에 비추어 본다면 전건 조사명령을 하는 것이 바람직할 것이다.232) 이러한 조사명령에 의해 받은 사건기록에는 비행사실에

---

231) 위의 논문, 207쪽.
232) 소년법 제11조 ②항에서는 소년부에 송치된 소년 외에 보호자 또는 학교와 사회복리시설의 장이 통고한 소년에 대해서는 심리할 필요가 있다고 인정한 때에는 그 사건을 조사하여야 한다고 규정하고 있다. 동조 ①항에서는 '조사를 명할 수 있다'고 규정한 반면, ②항에서는 '심리에 필요가 있다고 인정한 때에는 그 사건을 조사하여야 한다'고 규정하고 있다. 따라서 소년부에 송치된 소년에 대한 조사는 선택적으로 이루어질 수 있으나, 통고 소년에 대해서는 심리의 필요성이 인정되기만 하면 전건 조사주의를 취하고 있음을 알 수 있다. 이와 같이 통고 소년의 심리에 있어서만 전건 조사주의를 취하고 있는 것은 이들이 보호자 등에 의해 직접 소년부로 통고됨으로써 경찰 또는 검찰단계에서는 수사과정을 전혀 거치지 않았기 때문이다. 따라서 법원은 심리를 하기 위해 스스로 조사하여 소년에 대한 판단자료를 수집해

관련된 자료를 중심으로 소년과 보호자가 진술한 조서에 비행의 동기, 가족관계, 생활상태가 기술되어 있으므로 조사관은 이것을 우선 검토하게 된다. 재비행일 경우에는 이전 기록을 찾아 검토해 본다. 이렇게 하여 얻은 정보를 정리하여 소년법의 이념과 가정법원의 기능에 비추어 조사대상의 범위, 조사기간의 선택, 조사방법을 결정한 후 대상 소년과 보호자 등을 소환해서 조사를 하는 것이다. 조사를 실시한 후에는 이를 조사보고서에 기록하여 판사에게 서면으로 보고하는 외에 직접 소년의 처우에 관해 의견을 진술할 수 있다(소년법 제30조 제2항).[233]

5) 조사방법

조사방법에는 면접조사, 조회조사, 환경조사, 각종 검사, 기록조사 등이 있다. 이 중 과거에는 면접조사와 조회조사[234]가 주를 이루었으나 근래에는 환경조사와 각종 검사를 실시해 실제적이고 과학적인 조사를 위해 노력하고 있다.

조사관은 필요한 경우에 공무소나 공사단체에 조회하여 필요한 사항의 조사, 보고 또는 필요한 사건기록이나 서류의 송부를 요구할 수 있다. 조사관은 조사를 위해 소년, 보호자, 참고인 기타 필요한 사람의 출석을 요구하거나, 방문하여 면접, 관찰 또는 심리검사 등을 할 수 있다. 이 경우의 출석요구는 출석요구서의 송달 기타 적당한 방법으로 할 수 있다(규칙 제11조 ②, ③).

가. 면접조사

조사관의 면접은 가정법원이라는 강력한 권한을 배경으로 공적인 관

야 하는 것이다.
233) 법원행정처, 법원실무제요-소년·비송, 서울: 법원행정처, 110~121쪽.
234) 이하 위의 책, 116~120쪽.

계에서 비행소년이나 보호자 등과 언어를 매개로 하여 상호 교섭 과정을 통해 필요한 정보와 자료를 수집하는 가장 중요한 방법이다. 조사관은 관찰, 경청, 질문의 과정을 통해 소년 등의 인격이해에 대한 자료를 수집한다.

나. 조회조사

면접에 의한 자료의 수집에는 한계가 있다. 그래서 면접조사와 같이 활용하는 조회조사가 중요한 역할을 하고 있다. 조회조사는 '조사관은 필요한 경우에 공무소나 공사단체에 조회하여 필요한 사항의 조사, 보고 또는 필요한 사건기록이나 서류의 송부를 요구할 수 있다'라고 규정한 소년심판규칙 제12조 제2항에 근거를 두고 있다. 우편에 의한 서면조회는 기간의 제약 때문에 자주 사용하기 어렵고 보통 전화조회나 보호자에게 각종 증명서 등의 자료를 가져오라고 지시하는 것이 대부분이고 학교, 직장 및 병원에 대한 조회가 대부분이다.

다. 기   타

기타 조사방법으로 소년이 처해 있는 환경을 정확하게 파악하기 위해 현장조사를 실시하는 한편 소년이 처한 환경 중에서도 가장 영향력이 큰 환경인 부모를 변화시키기 위해 부모상담과 부모교육을 실시하고 있다. 또한 과학적이고 전문적인 조사를 위해 심리검사 등의 전문조사기법도 활용하고 있다. 이 외에도 일본의 소년조사관이 담당하고 있는 '시험관찰'제도를 도입해 시험적으로 실시해 봄으로써 소년조사관제도의 전문화와 다른 조사담당기구와의 차별화를 위해 노력하고 있다. 이러한 기타의 조사방법들은 최근 조사직으로 채용된 조사관들이 활동하면서 개선된 부분이다.

6) 조사결과

조사관이 조사한 결과는 조사보고서에 기재하여 소년부 판사에게 단순히 그 내용을 보고하는 데 그치는 것이 아니라 조사한 자료를 검토, 정리하여 바르게 이해한 다음 케이스를 진단하고 소년의 자질 및 능력을 평가하여 구체적인 처우를 선택케 하는 데 그 의의가 있다. 따라서 조사관은 보고서를 통해 조사결과를 소년부 판사에게 보고해 판사로 하여금 적절한 판단을 할 수 있도록 필요한 사회적, 법률적 판단의 자료를 제공한다. 이 조사보고서는 조사명령사항에 대하여 조사관이 주체적으로 조사하고 작성한 문서로서 이 보고서의 신뢰 위에서 심판절차가 진행되는 것이다. 따라서 보고서는 신뢰성을 가질 수 있도록 적정함이나 과학성이 담보되어야 한다.[235] 우리나라 소년법원의 조사보고서양식은 정형의 양식으로서 법원의 재문양 양식번호 4-37에 의거한 공문서양식을 사용하고 있다.[236]

2. 소년분류심사원의 분류심사

1) 의 의

소년부는 조사 또는 심리를 함에 있어 소년분류심사원의 분류심사결과와 의견을 참작해야 한다. 분류심사란 청소년의 성격과 행동에 나타난 여러 가지 문제점을 과학적으로 진단하여 교정치료를 위한 구체적인 방법을 밝혀 주는 일련의 활동을 말하는바, 생활사를 중심으로 한

---

235) 박태영, 앞의 논문, 211~212쪽.
236) 부록 2: 조사양식 중 '법원 조사보고서' 참조.

사회·환경적 조사, 각종 심리검사, 행동관찰, 신체·정신상황, 보호자 상담 및 각종 기록조회 등 다각적 수단을 동원하여 요보호성 여부를 판별하는 작업이다. 여기에서 요보호성이란 소년의 성격과 행동에 나타난 여러 가지 문제점을 방치할 경우 범죄로 심화될 위험요인을 말하는 것으로서 요보호성 여부의 판별이 분류심사의 관건이 되는 것이다[237].

이러한 비행소년의 분류심사는 여러 가지로 정의되고 있는데 먼저 법규에 나타난 정의는 다음과 같다. 소년분류심사지침에 의하면 비행소년의 분류심사란 '의학, 심리학, 교육학, 정신의학 등을 기초로 하여 대상 소년의 자질을 규명하고, 소년에 대한 처우지침을 수립함을 말한다'라고 되어 있고, 소년원법시행령에 의하면 '위탁소년의 보호필요성의 유무와 그 경중을 가려내고 그에 적합한 개별처우방침을 결정'하는 것으로 되어 있다.

이러한 소년분류심사제도는 1995년 1월 5일 소년원법이 개정되기 전까지는 '분류심사'라는 용어가 아니라 '감별'이라는 용어를 사용하였다. 따라서 감별의 정의를 살펴보면, "감별이란 비행소년의 요보호성을 과학적 전문지식에 의하여 진단, 그 교정치료의 구체적 방법을 밝혀 주는 절차상의 업무활동이다. 요보호성이란 반드시 그 윤곽이 명확하지는 않더라도 본질적으로 방치하면 범죄 또는 비행으로 심화될 위험요인을 뜻하는 것으로서 이와 같은 위험성－비행성－을 파악하는 것이 감별업무의 중핵적 내용이다[238]"라고 하기도 하고, 또한 "감별이란 비행소년들에 대하여 그들의 비행행위가 장래에도 나타날 진행비행성의 것인지 아니면 일시적인 가성비행성의 것인지를 과학적 전문지식과 기술에 의하여 진단하고 이들 개개인에 대하여 구체적인 치료적 처우방법을 제시하는 소년보호의 기본이 되는 업무활동[239]"이며, "소년의 소질, 환경

---

237) 이태호, "분류심사의 개방화를 통한 지역사회 봉사방안", 법조 470, 1995, 196~197, 211쪽.
238) 이상해, "소년감별소 운영에 관한 연구", 법무연구 4, 1977, 141쪽.

및 인격과 더불어 이들 상호간의 관계를 밝히고, 소년의 교정에 관하여 최량의 목적을 가지고 행하는 것으로 자질 또는 비행형성의 요인을 해명하고 그에 기초하여 금후의 효과적 처우의 방책을 입안하며 소년의 건전육성에 이바지하는 것[240]”이라고 보기도 한다.

이상의 정의들을 종합해 보면, 분류심사란 심리학, 교육학, 사회학, 의학 등의 전문지식과 방법론에 근거하여 소년의 신체적, 심리적, 환경적 제 측면의 조사분석을 통하여 비행소년의 요보호성을 과학적으로 진단하고 교정치료를 위한 구체적인 지침을 마련하기 위한 활동이라고 볼 수 있다. 여기서 요보호성은 소년의 환경과 성격, 행동에 나타난 여러 가지 문제점을 방치할 경우 범죄 또는 비행으로 심화될 위험성을 말하는 것으로 결국 요보호성의 판정이 분류심사의 관건이 된다고 할 수 있다.[241]

2) 법적 근거

우리나라의 소년분류심사에 있어서 법적 근거가 되는 법령과 주요한 조문들을 열거해 보면 다음과 같다.

먼저 소년법 제12조에서는 ‘소년부는 조사 또는 심리를 함에 있어서 정신과의사 · 심리학자 · 사회사업가 · 교육자 기타 전문가의 진단 및 소년분류심사원의 분류심사결과와 의견을 참작하여야 한다’고 하고 있다.

또한 소년원법 제24조에서는 ‘분류심사는 보호소년 등의 신체, 성격, 소질, 환경, 학력 및 경력과 그 상호 관계를 규명하여 보호소년 등의 교정에 관한 최선의 방침을 수립함을 원칙으로 한다’고 규정하고 있을

---

239) 이시균, 정용래, 노청한, “비행소년감별의 표준화에 관한 연구: 누비행 집단과의 비교조사를 중심으로,” 법무연구 9, 1982, 9쪽.
240) 조상연, 앞의 논문, 217쪽.
241) 김준호 / 이동원, 앞의 책, 15~16쪽.

뿐 아니라, 동법 제25조에서는 '분류심사를 행함에 있어서는 의학, 심리학, 교육학, 사회학, 사회사업학 등의 전문적인 지식과 기술에 근거하여 보호소년 등의 신체적·심리적·환경적 측면을 조사·판정하여야 한다'고 하고 있다. 그 외에도 소년분류심사지침[242)에 의하면 비행소년에 대한 분류심사란 '의학, 심리학, 교육학, 정신의학 등을 기초로 하여 대상 소년의 자질을 규명하고, 소년에 대한 처우지침을 수립함'을 규정하고 있다.

이상과 같이 우리나라 소년분류심사제도의 법적 근거가 되는 법령들은 일본의 법체계와 매우 유사하여 우리 역시 일본과 마찬가지로 크게 두 가지 유형으로 나눌 수 있다. 즉 하나는 소년법과 소년심판규칙 등 소년사건의 사법적 처리부문의 규정이고 다른 하나는 소년원법, 소년분류심사지침 등 처우부문의 규정이다.

3) 담당기구

소년분류심사제도의 담당기구는 소년분류심사원이다. 소년분류심사원이란 법원 소년부로부터 위탁된 소년이나 법원 소년부가 상담조사를 의뢰한 소년, 소년원장 또는 보호관찰소장이 의뢰한 소년에 대해 비행원인과 자질을 규명하여 법원의 조사심리자료를 제공하는 한편 소년원과 보호관찰소, 보호자 등에게 처우지침을 제시해 주는 법무부 소속 국가기관이다. 다시 말해 소년분류심사원은 법원으로부터 위탁된 소년을 수용 보호하며 비행원인 진단, 재비행성예측, 처우지침 등을 수립하여 그 결과를 법원 등에 자료로 제공하는 기관이다. 이러한 분류심사원의 임무를 간단히 정리하면 다음과 같다. 첫째, 법원의 조사, 심리를 위한 자료를 제공한다. 둘째, 소년원에 교정처우지침을 제시한다. 셋째, 보호

---

242) 법무부 훈령 제178호. 1987년 2월 1일 시행.

관찰소에 참고자료를 제공한다. 넷째, 사회와 가정의 문제소년에 대한 지도지침을 제공한다.[243]

가. 수용양태

소년분류심사원에서는 처음 1주일간은 개별실에서 생활하면서 여러 가지 검사를 받는다. 그 후 나이, 비행경력, 공범관계 등을 참작하여 각 생활반으로 나누어 배치된다. 개별실에서는 한 사람씩 생활하고 각 생활반에는 약 25명씩 생활하게 되는데 인원이 많고 적음에 따라 수용 인원수는 달라질 수 있다.[244]

나. 조 직

소년분류심사원의 조직은 원장 이하 서무과, 관호과, 분류심사과, 의무과의 4개 부서와 급식관리위원회, 분류심사위원회, 청소년상담실, 청소년적성검사실이 있으며, 그 외 비상설기구로 분류심사과에 분류심사자문위원회가 있다. 각 부서별 업무를 살펴보면, 서무과는 인사, 서무, 회계, 급식 등을 담당하고, 관호과는 정신교육, 생활지도, 행동관찰, 면회, 호송, 입출원 등의 업무, 분류심사과는 심리검사, 사회조사, 상담, 분류심사판정 등의 업무, 의무과는 방역, 의료, 보건 등의 업무를 담당한다. 분류심사자문위원회는 정신과 전문의 1명, 임상심리학자 2명, 사회심리학자 1명, 사회사업가 1명, 뇌파기사 1명으로 구성되어 있다[245]. 분류심사 전문직원으로는 수석분류심사관(분류심사과장), 분류심사관, 분류심사요원으로 구성되어 있다.[246]

---

243) 서울소년분류심사원, 분류심사원 생활안내, 서울: 서울소년분류심사원, 1997, 1쪽; 서울소년분류심사원, 비행소년의 분류심사 17, 서울: 서울소년분류심사원, 1996, 11쪽.
244) 서울소년분류심사원, 분류심사원 생활안내, 서울: 서울소년분류심사원, 1997, 2쪽.
245) 위의 책, 11쪽.
246) 김준호 / 이동원, 앞의 책, 34쪽.

다. 시 설

우리나라의 소년분류심사원은 전국에 3개소가 설치되어 있다. 서울소
년분류심사원, 부산소년분류심사원, 광주소년분류심사원이 그것이다[247].
이들 소년분류심사원이 설립되기 이전에는 분류심사업무를 소년원에서
실시하였고, 현재도 소년분류심사원이 없는 지역에서는 소년원에서 업
무를 대행하고 있다. 또한 소년원이 설치되지 않은 인천, 수원 2개 지
방법원 소재지의 경우 서울소년분류심사원에서 업무를 대행하고 있다.

4) 분류심사의 종류

분류심사의 종류는 다음과 같이 나누어 볼 수 있다[248]. 먼저 분류심
사가 어떻게 의뢰되었는지에 따른 구분으로 소년원법 제2조와 제26조
에 4종류로 구분하여 규정하고 있다.

① 법원 소년부 위탁소년 수용분류심사: 이것은 법원 소년부 판사가 소
  년분류심사원에 위탁한 소년을 대상으로 하는 분류심사를 말한다.

② 법원 소년부 의뢰소년 상담조사: 2004년에 소년원법 개정을 통해
  소년분류심사원의 새로운 임무로 도입된 제도이다. 법원 소년부
  가 상담조사를 의뢰한 소년을 대상으로 수용이 아닌 주간 출석방
  식을 통해 상담과 조사를 행하는 분류심사를 말한다.

③ 소년원장 또는 보호관찰소장 의뢰소년분류심사: 소년원장이나 보
  호관찰소장이 의뢰한 소년을 대상으로 하는 분류심사를 말한다.

④ 외래분류심사: 법원 소년부 판사, 소년원장, 보호관찰소장 외의

---

247) 대구와 대전을 포함해 5개의 소년분류심사원이 있었으나 최근에 시설수용인원이 줄
  어들면서 3개소로 축소되었다.
248) 이하 김준호 / 이동원, 앞의 책, 18~19쪽; 법무부, 소년보호행정편람, 서울: 법무부,
  1994, 367, 372쪽; 정해룡, 소년분류심사제도의 운영실태와 발전방향, 소년보호연구
  제5호, 2003, 50~54쪽.

각종 소년관계기관 및 가정, 학교 등에서 의뢰하는 정상소년 또는 일반소년에 대하여 실시하는 분류심사를 말한다.

다음은 분류심사의 실시방법에 따른 구분이다.
① 일반분류심사: 분류심사대상 소년 모두에게 1차적으로 행해지는 분류심사로 그중 문제 또는 비행원인이 비교적 간단한 소년을 면접조사와 신체의학적 진단, 표준화검사, 자기기록, 행동관찰 등을 주로 하여 실시하는 방법이다.
② 특수분류심사: 일반분류심사결과문제 또는 비행원인이 중대하고 복잡한 소년을 대상으로 하여 개별검사와 정신의학적 진단, 자료조회, 현지조사, 뇌파검사 등을 추가하는 것이다.

위에서 기술한 분류심사의 종류 중에서 법원 소년부 의뢰소년 “상담조사제도”는 2003년 7월에 도입된 제도인데, 2004년 소년원법 개정을 통해 소년분류심사원의 새로운 임무로서 법제화되었다. 한편 소년분류심사원이 대도시에만 설치되어 있기 때문에 원거리에 거주하는 대상 소년의 경우 출석에 제약이 많다. 이러한 어려움을 해소하기 위해 2004년 7월부터는 소년분류심사원이 설치되어 있지 않은 지역이나 거리가 먼 지역의 경우에는 해당 지역법원이나 검찰청에 임시 사무공간을 마련해 “출장상담조사”를 실시하고 있다.

5) 분류심사절차와 방법

법원의 소년부 판사에 의해 위탁 결정된 소년이 소년분류심사원에 입소하게 되면 우선 간단한 신원 확인 및 소지품 확인 그리고 분류심사원 생활에 대한 소개를 하고, 분류심사절차에 들어가게 된다. 소년분류심사원에서는 다음의 절차들을 통해서 신체발육이나 질병 등 신체적 측면과 지능이나 성격 등 심리적 측면, 소년이 지내 온 가정이나 학교 등 환경적 측면, 분류심사원에서의 행동관찰 측면 등 4가지 영역에 관해 파악한다.[249]

우선 분류심사과에서는 소년의 담당 분류심사관을 결정하고, 1차 면접을 통하여 조사자료를 작성하게 되는데 이 단계에서 작성되는 자료는 신상관련, 가족, 학교 등 환경관련자료 등이며, 보호자에게 통보하여 학생생활기록부와 주민등록등본을 제출토록 하고, 지방검찰청에 해당 소년의 과거 비행력을 조회하게 된다. 한편 관호과에서는 소년이 위탁기간 동안 생활할 방을 배정하게 되는데 초기에는 개인실에 머물다가 집단실로 이동하게 되고 그동안 분류심사 조사자료의 하나인 '행동관찰통보서'를 작성하게 된다. 한편 의무과에서는 소년의 신체를 검진하여 '신체특징조사서' '건강조사서' 등을 작성하게 되고 필요에 따라 특수 분류심사를 받는 소년에 대한 검사도 추가로 하게 된다.[250]

분류심사과에서는 1차 면접 이후에 모든 소년을 대상으로 적성, 흥미, 지능검사, 다면적 인성검사(M.M.P.I.), 문장완성검사 등을 실시하고 특수 분류심사대상 소년은 신경정신 의학적 평가표 및 소견서 등을 작성하기 위한 몇 가지 검사를 더 받게 된다. 이로써 분류심사에 필요한 자료수집 및 검사절차는 종료되고 모든 자료는 담당분류심사관에게 제출된다. 담당분류심사관은 대상 소년과의 2차 면접을 통하여 조사된 자료를 확인하고 정리한다. 조사자료가 정리되면 간이판정회의를 하게 되는데, 이 회의는 분류심사판정위원회 전에 수석분류심사관, 담당분류심사관, 분류심사요원 등이 해당 소년의 분류심사결과에 대해 충분한 논의를 하기 위한 것이다. 이 과정이 끝나면 원장을 위원장으로 하는 분류심사판정위원회가 열려 소년의 처우방침에 대한 심의와 최종적으로 소년에게 적절

---

249) 법무부, 비행소년의 분류심사, 서울: 서울소년분류심사원, 1996, 17쪽.
250) 김준호／이동원, 앞의 책, 21쪽.

한 보호처분의 종류가 무엇인가를 결정하는 분류심사판정을 하게 된다. 분류심사판정회의가 끝나면 분류심사관은 해당 소년에 대한 분류심사결과통지서를 작성하여 법원에 송부함으로써 분류심사절차는 종료된다. 이러한 절차에 소요되는 기간은 통상 2~3주 정도이다.251)

이상이 소년이 입원하여 퇴원할 때까지의 분류심사과정인데, 다음에서는 이러한 분류심사의 절차에서 활용되는 분류심사방법에 관해 간단히 소개하고자 한다252).

가. 진찰법 및 신체검사

진찰법은 일반병원에서 환자를 진찰하는 것과 같이 분류심사대상자의 신체에 질병 등 이상 유무 및 정도를 해당 전문의가 진단하는 것이고, 신체검사법은 신체 각 기관의 이상 및 우열을 검사전담자가 과학적 기구로 측정하는 방법이다.

나. 심리검사법

어떤 능력, 지식, 성격특성의 유무 및 정도를 알기 위해 일정한 장면에서 일정한 작업을 행하게 함으로써 그에 대한 적성 또는 행동을 일정한 기준과 비교하여 이를 측정, 평가 및 기록하는 심리검사는 타당성, 신뢰성, 객관성을 가진 표준화된 검사방법이다.

다. 면접 및 현지조사법

분류심사대상자의 환경적 측면을 분석하기 위한 면접은 조사자와 피조사자가 면대면의 관계에서 필요한 사항을 질문하고 응답하는 방법이고 현지조사법은 대상자의 생애, 성장환경을 직접 관찰하기 위하여 출

---

251) 위의 책, 21~22쪽.
252) 법무부, 비행소년의 분류심사, 앞의 책, 17~18쪽.

장 조사하는 방법이다.

라. 정신의학진단법

분류심사대상자와의 면접, 심리검사결과 및 행동관찰을 통하여 중대한 문제점이 보이면 정신과 전문의사가 정신질환의 유무 및 정도를 측정, 진단하는 방법이다.

마. 행동관찰법

수용생활 및 검사, 면접 시 등 소년이 처해진 환경의 조건에 따라 반응하는 특이사항 및 경향을 관찰하는 방법이다. 이것은 분류심사대상자를 이해하는 비언어적 방법의 대표적인 것으로서 수용생활 중에는 행동관찰담당자, 검사 시에는 검사자, 면접 시에는 면접자가 관찰결과를 분류심사에 참고한다.

6) 조사내용

소년분류심사원에서 실시하는 분류심사의 방법은 각 분류심사원마다 조금씩 차이가 있으나 대체로 심리검사, 신체검사 및 진찰법, 정신의학진단법, 행동관찰법, 면접 및 현지조사법 등이 활용된다. 이 중에서 특히 분류심사의 타당성과 신뢰성, 객관성을 확보해 주는 표준화된 방법으로 심리검사를 들 수 있다. 일본의 경우에는 문장완성검사나 인성검사, 태도검사 등 주요검사에 대해서는 법무성에서 표준화된 양식을 제정하여 사용하도록 하고 있다.[253]

우리나라에서는 과거에 각종 관련연구소에서 만든 양식을 이용해 왔으나 근래에는 소년분류심사원에서 조사도구를 자체 개발해 사용하기

---

253) 김준호·이동원, 앞의 책, 35~36쪽.

도 한다. 심리검사 외에도 분류심사과정에서는 각종 조사양식들이 사용되고 있는데, 신상조사서, 가정·학교·사회 등 각종 환경조사서, 행동관찰표, 신체 및 건강조사서 등이 그것이다.

이상의 모든 조사를 마치면 그 결과를 분류심사결과통지서에 정리하여 법원에 보고한다. 이 통지서의 기재내용을 살펴보면, 성명, 주민등록번호 등의 신상관계, 가족관계, 의학적 측면, 비행력, 가정, 학교, 사회 등의 환경적 측면, 지능, 성격, 적성 등 심리적 측면, 생활관찰, 면담 등을 통한 행동관찰 등이 있고, 이상의 조사결과를 종합하여 문제점을 분석하고 지도방향을 제시하며, 재비행예측과 처분의견을 제안한다.

7) 분류심사의 결과

분류심사관은 분류조사사항과 분류심사위원회의 의견을 종합하고, 처우방침을 검토한 뒤에 분류심사결과통지서를 작성하여 심판의 자료로서 법원에 제출한다(소년법 제27조). 분류심사의 결과는 다른 기록과 함께 소년부에 기재되고 보호처분의 결정이 된 경우 그 처분의 집행을 위한 자료로 하기 위해 소년원, 보호관찰소 등에 송부된다. 소년부는 보호처분이 집행되는 동안 소년의 신병과 같이 이동한다. 우리나라 소년분류심사원의 분류심사 판정결과에 대해서는 법원의 신뢰도가 높은 편인데, 이는 소년부 판사의 심판결정의 합치율[254]이 점점 증가하고 있는 데서 확인할 수 있다.

---

254) 합치율에 관한 실증적 자료는 다음 절에서 제시하고 있다.

〈표 4-1-1〉 소년분류심사원 분류심사기법

구 분		검사도구명	측정 및 진단 내용 및	비 고
집단 검사	지능	특수지능적성검사	지능 및 적성	지필식
		종합능력검사	지능 및 적성	〃
	적성	특수지능적성검사	지능 및 적성	〃
		종합능력검사	지능 및 적성	〃
		Holland 진로탐색검사	적성	〃
	성격	특수인성검사－R	비행성 관련 성격	〃
		MMPI-A	이상성격, 정신증 및 정신병 등	〃
		다요인인성검사	일반성격검사	〃
		MBTI	유형별 성격검사	〃
		PAI	정신병리사정 및 변별	〃
	기타	학습방법진단검사	학습관련 자아개념, 방법 등	〃
		자아개념검사	자아개념	〃
		욕구진단검사	욕구	〃
개별 검사	지능	K-WISCⅢ	지능(16세 이하)	기구식
		K-WAIS	지능(16세 이하)	〃
		K-ABC(아동용지능검사)	아동용 지능검사	〃
	적성	기구식 직업적성검사	문맹자의 직업적성	기구식
	성격	Rorschach	정신질환	도판식
		TAT(주제통각검사)	동기 및 욕구(성인)	〃
		CAT(아동용 지각통각검사)	동기 및 욕구(아동)	〃
		BGT(형태지각검사)	정신박약 및 기질장애	〃
		HTP(묘화검사)	정신장애, 욕구, 적응	지필식
		크레펠린검사	정신능력, 장애	〃
		SCT(문장완성검사)	동기 및 욕구	〃
	신경 생리	K-MAS	기억력, 두뇌손상	도판식
		BNA(신경심리검사)	뇌 손상 유무와 정도 (기질적 장애와 기능적 장애 구분)	기구식
		EEG(뇌파검사)	뇌의 기능적 이상	기구식

자료출처: 법무부, 2006.

3. 임시조치

1) 의 의

임시조치란 보호소년에 대한 조사, 심리를 위한 신병확보를 위하여 소년의 감호에 관해 소년부 판사의 결정으로써 내리는 조치이다. 임시조치에는 보호자나 소년을 보호할 수 있는 적당한 자 또는 시설에 위탁하는 것, 병원 기타 요양소에 위탁하는 것, 소년분류심사원에 위탁하는 것 등 세 가지가 있다. 그러나 이 중에서 소년분류심사원 위탁을 제외한 조치는 실제 신병확보의 실효성이 적기 때문에 소년의 신병확보를 위해서는 주로 소년분류심사원 위탁이 이용되고 있다. 이러한 임시조치결정의 요건에 관하여는 소년법 제18조 제1항에 '소년부 판사가 사건의 조사 및 심리에 필요하다고 인정한 때'라고 매우 추상적으로 규정하고 있기 때문에 인권침해의 위험성이 적지 않다.

2) 절 차

임시조치는 검사 또는 법원에 의해 소년부에 송치된 보호소년 또는 소년부 판사의 동행영장에 의해 소환된 보호소년에 대해 이들이 도착한 때로부터 24시간 이내에 해야 한다(소년법 제18조 제2항). 소년부 판사는 소년분류심사원 위탁결정을 한 때에는 소년분류심사원 소속공무원으로 하여금 그 결정을 집행하게 할 수 있다(소년법 제18조 제5항). 임시조치는 언제든지 결정으로써 취소 또는 변경할 수 있다(소년법 제18조 제6항).[255]

---

255) 이러한 임시조치의 변경은 실무에서 위탁변경이라는 이름으로 행해지는데, 위탁변경이 이루어지는 경우는 소년분류심사원에 위탁된 소년을 보호자에게로 위탁 변경

3) 수용기간

소년분류심사원에 위탁하는 임시조치는 기간의 제한이 있다. 원칙적으로 1개월까지이지만 특히 계속의 필요가 있는 때는 판사가 1회에 한해 갱신할 수 있는 것으로 합하여 최고 2개월로 하고 있다(소년법 제18조 제3항). 실무에서 이러한 임시조치의 기간 중 분류심사를 위해 소요되는 시간은 통상 2~3주 정도이다.

임시조치를 위한 이 기간은 외국과 비교할 때 프랑스만 우리와 같고, 미국과 독일은 일시적으로 수용하고 있어[256] 우리의 수용기간이 비교적 장기임을 알 수 있다. 소년분류심사원 수용은 소년의 자유를 구속하는 것이므로 분류심사를 위한 최소한의 대기기간만을 수용하는 것이 바람직하다.

4) 수용소년의 처우

소년분류심사원의 생활은 일과표대로 진행하며 그 주요한 내용은 분류심사를 받는 시간을 제외하고는 갈등해소를 위한 상담, 간단한 체육, 오락지도, 각 종파별 자원봉사자인 외부 종교지도위원에 의한 종교지도, 정신교육, 자신의 과오를 반성하고 새사람이 되기 위한 결의 발표회, 보호자가 확실하지 않은 소년들의 장래를 위한 어머니회원의 진로지도, 교육적인 내용의 TV시청 등을 하도록 하고 있다. 이러한 처우는 '개별지도'라는 명칭으로 불리고 있는데, 서울소년분류심사원의 경우 특히 종교단체 등으로부터 책을 기증받아 독서지도를 실시하고 있다. 이는 일본의 탐색처우와 유사한 것으로서 수용기간의 효율적인 활용을

하는 것이 대부분이다.

256) 신희구, 앞의 논문, 111쪽.

위한 처우 프로그램으로서 활성화할 필요가 있다.

그 외에 수용소년에 대하여는 일일 일 회에 한해 면회를 실시하는데, 면회가 가능한 사람은 부모, 조부모, 형제자매와 배우자, 후견인 및 은사 성직자 등이다. 그러나 당일 법원에 조사나 심리가 있는 경우에는 면회가 금지되고, 분류심사원에서 검사나 심사를 받는 경우에는 시간의 제한을 둔다. 소년분류심사원에 수용 중인 소년은 도주하더라도 도주죄에 해당하지는 않는다.257)

4. 판결전조사(pre-sentence inquiry)

1) 의 의

법원은 소년형사절차에서 소년에게 보호관찰을 명하기 위하여 필요한 경우 그 법원 또는 피고인의 소재지를 관할하는 보호관찰소의 장에게 피고인에 관한 범행의 동기, 직업, 생활환경, 교우관계, 가족상황, 피해회복 여부 등 필요한 사항의 조사를 요구할 수 있다(보호관찰 등에 관한 법률 제19조 제1항). 즉 판결전조사를 요구할 수 있는 것이다.

이 제도의 주목적은 보호관찰 허부를 결정하거나 준수사항을 과하기 위한 참고자료로 활용하고자 하는 것이다. 그러나 이 제도는 보호관찰소 내의 판결전조사업무 담당자를 구체적으로 명시하고 있지 않고 보호관찰관 외의 보호관찰소 직원이나 보호위원 등도 판결전조사업무를 할 수 있는 것으로 되어 있어 전문성 면에서 문제가 있으며, 또한 조사가 법원 외부의 기관에 의해 행해지므로 법관과 조사자 사이의 의사소통이 원활하지 못하고 조사서가 작성되어 법원에 통보되기까지 상당

---

257) 소년분류심사원에 수용되어 있는 것은 법령상 구금이라고 할 수 없기 때문이다.

한 시일이 소요됨으로써 재판의 지연이 생겨난다는 점 등이 문제점으로 지적되고 있다.258)

2) 법적 근거

판결전조사에 관한 법적 근거는 보호관찰 등에 관한 법률과 동법 시행령에서 찾을 수 있다. 먼저 법 제19조 제1항에서는 '법원은 소년에 대하여 형법 제59조의 2 및 제62조의 2의 규정에 의한 보호관찰, 사회봉사 또는 수강을 명하기 위하여 필요하다고 인정하는 때에는 그 법원의 소재지 또는 피고인의 주거지를 관할하는 보호관찰소의 장에게 범행의 동기, 직업, 생활환경, 교우관계, 가족상황, 피해회복 여부 등 피고인에 관하여 필요한 사항의 조사를 요구할 수 있다'고 규정하고 있다. 또한 제2항에서는 '제1항의 요구를 받은 보호관찰소의 장은 지체 없이 이를 조사하여 서면으로 당해 법원에 통보하여야 한다. 이 경우 필요하다고 인정하는 때에는 피고인 기타 관계인을 소환하여 심문하거나 소속 보호관찰관으로 하여금 필요한 사항을 조사하게 할 수 있다'고 규정하고 있다. 그리고 제3항에서는 '법원은 제1항의 요구를 받은 보호관찰소의 장에게 조사진행상황에 대한 보고를 요구할 수 있다'고 규정하고 있다.

한편 시행령 제7조에서는 '법원은 보호관찰소의 장에게 법 제19조 제1항의 규정에 의한 조사를 요구하는 때에는 피고인의 인적사항 및 범죄사실의 요지를 통보하여야 한다. 이 경우 필요하다고 인정하는 때에는 참고자료를 송부할 수 있다'고 규정하고 있다.

---

258) 이상철, 앞의 책, 79쪽.

3) 담당기구

가. 조 직

보호관찰소에는 사무과와 관호과, 조사과가 있는데, 이 중 판결전조사를 실시하는 부서는 조사과이다.

나. 인 력

조사를 담당하는 인력은 보호관찰직 공무원이다. 조사업무를 전담하는 특별인력은 없고, 법무연수원에서 실시하는 공무원 보수교육 중에서 선택전문교육과정의 하나로 '판결전조사전담반' 교육과정이 있다. 교과과정을 살펴보면, 판결전조사제도의 발전방향, 형사소송법, 판결전조사 정책방향, 판결전조사 실태분석, 판결전조사 작성기법, 심리검사 및 진단기법, 범죄의 심리적 요인, 범죄사회학, 판결전조사 사례연구, 분임토의, 현장학습 등에 관해 35시간을 교육받도록 구성되어 있다.

다. 시 설

우리나라의 보호관찰소는 전국에 지방검찰청 소재지별로 1개씩 12개소가 설치되어 있고, 지소가 지청 소재지마다 1개씩 11개소가 설치되어 있다. 각 보호관찰소에 따라 조금씩 차이는 있지만 조사는 주로 조사과 사무실에서 이루어지고 있고, 별도의 조사실이나 상담실을 따로 마련하고 있지는 않다. 특히 판결전조사는 소년형사사건에서 이루어지기 때문에 구속수사를 받고 있는 소년들이 많아서 조사과 직원이 직접 구치소에 나가 조사를 실시하는 경우가 많은데, 구치소의 경우 별도로 조사를 실시할 수 있는 공간이 마련되어 있지 않아 조사에 어려움이 있다고 한다.

4) 조사절차

판결전조사의 절차는 다음과 같다. 먼저 판결전조사업무는 보호관찰소에 법원으로부터 판결전조사 요구서가 접수되면 시작되는데, 이 요구서에는 피고인에 대한 공소장과 공소사실이 첨부된다. 접수된 사건들은 판결전조사확인관(소장 또는 조사담당과장)에 의해 각 조사관에게 배당된다. 조사관은 범죄경력조회, 주민등록등본, 호적등본, 학생생활기록부, 합의서, 참고인진술조서 등 조사서 작성에 필요한 자료를 수집한다. 범죄경력조회는 검찰청에 의뢰하며, 조회서원본을 판결전조사서에 첨부한다. 다음으로는 피고인과 보호자에 대한 면담을 실시하는데, 구속대상자는 수용기관을 방문하여 면담하고 불구속대상자와 보호자는 보호관찰소에서 면담을 실시한다. 판결전조사요구서에는 피고인의 연락처가 없으므로 법원에서 연락처를 확인해야 한다. 피고인과 보호자에 대한 면담이 끝나면 피고인의 가정이나 이웃, 직장, 학교, 병원 등을 방문하여 그곳의 관계자들과 면담을 실시한다. 면접결과 얻어진 피고인의 정보는 현지 확인조사를 통해 그 진실 여부를 검증한다. 면담이 어려운 경우에는 예외적으로 전화통화나 반송용질문서 등을 보내 환경조사를 실시하는 한편 피고인의 진술내용을 확인한다. 이상 모든 절차를 마치면 판결전조사서를 작성하여 법원에 송부한다.[259]

5) 조사내용

판결전조사서[260]에 기재되는 조사내용은 다음과 같다. 먼저 피고인에 관한 인적사항을 조사하는데 여기에는 성명, 주민등록번호, 주소, 본적,

---

259) 법무부 보호국, 보호관찰 업무편람, 서울: 법무부 보호국, 2001, 685~691쪽.
260) 부록 2: 조사양식 중 '판결전조사서' 참조.

직업, 전화번호 등이 포함된다. 다음으로 당해 범죄관련사항으로서 범행동기와 피해회복 여부를 조사한다. 다음으로 범죄경력에 관해서 조사하는데 여기에는 최종처분일자, 죄명, 처분명, 처분결과 등이 포함된다. 다음으로 생활환경을 조사하는데 여기에는 가족사항과 생활정도가 포함되고, 다음으로 성장과정, 정신 및 신체상태, 학교생활, 교우관계, 직업, 보호자의 관심 및 보호능력 등을 조사한다. 그밖에 진술태도나 향후 생활계획, 피고인 측의 주장, 심리검사를 실시하였을 경우 그 해석결과 등을 기타 난에 적는다. 마지막으로 조사자의 의견을 붙이는데 여기에는 조사자가 판단한 범죄원인과 재범위험성, 보호관찰대상자로서의 적격성 여부, 수강명령을 제안할 경우 피고인의 특성에 맞는 프로그램 제안, 4호나 5호 처분을 권고하는 경우 그 이유 등을 구체적으로 기재한다.261)

Ⅳ. 교정단계의 소년조사제도

1. 환경조사

1) 의 의

수용시설의 장은 소년수형자나 소년원 송치의 보호처분을 받은 자를 수용한 때는 거주예정지를 관할하는 보호관찰소의 소장에게 신상조사서를 지체 없이 송부하여 그 환경조사를 의뢰해야 한다(보호관찰법 제

---

261) 법무부 보호국, 앞의 책, 691~696쪽.

31조 제1항). 이 경우 환경조사를 의뢰받은 보호관찰소의 장은 수용자의 범죄 또는 비행의 동기, 수용 전의 직업, 생활환경, 교유관계, 가족상황, 피해회복 여부, 생계대책 등을 조사하여 이를 당해 수용시설의 장에게 통보해야 한다(보호관찰법 제31조 제2항).

이 환경조사는 판결전조사와는 달리 보호관찰소의 장이 보호관찰관을 지명하여 환경조사를 실시하도록 하고 있으나 이 역시 지명된 보호관찰관이 다시 보호위원으로 하여금 환경조사를 실시할 수 있도록 하고 있어 결국 대부분의 환경조사는 조사건수의 부담으로 인하여 전문적 소양을 갖추지 못한 보호위원에 의해 행해질 수밖에 없는 것이 현실이다. 이 환경조사는 그 대상자가 사회로 복귀한 뒤에 원만하고 건전한 사회생활을 할 수 있는 충분한 환경을 준비하는 데 그 목적이 있으나 당장은 가석방심리나 교정시설의 처우 및 가석방 후 보호관찰 시 중요한 기초자료로 이용된다. 그러나 그 조사사항의 대부분이 심판 또는 판결 전의 각종 조사와 중복되어 인적 물적 낭비가 되고 있다는 문제점이 지적되고 있다.[262]

2) 법적 근거

환경조사에 관한 법적 근거는 보호관찰 등에 관한 법률과 동법 시행령, 시행규칙에서 찾을 수 있다. 먼저 법 제26조 제1항에서는 '수용기관의 장은 소년수형자 및 소년법 제32조 제1항 제6호·제7호의 보호처분을 받은 자(이하 "수용자"라 한다)를 수용한 때에는 지체 없이 거주예정지를 관할하는 보호관찰소의 장에게 신상조사서를 송부하여 환경조사를 의뢰하여야 한다'고 규정하고 있다. 또한 제2항에서는 '제1항의 규정에 의하여 환경조사를 의뢰받은 보호관찰소의 장은 수용자의 범죄

---

262) 이상철, 앞의 책, 80쪽.

또는 비행의 동기, 수용전의 직업, 생활환경, 교우관계, 가족상황, 피해회복 여부, 생계대책 등을 조사하여 수용기관의 장에게 통보하여야 한다. 이 경우 필요하다고 인정하는 때에는 수용자를 면담하거나 관계인을 소환하여 심문하거나 소속 보호관찰관으로 하여금 필요한 사항을 조사하게 할 수 있다'고 규정하고 있다.

한편 시행령 제12조 제1항에서는 '수용기관의 장은 법 제26조 제1항의 규정에 의하여 환경조사를 의뢰한 후 소년수형자 및 소년법 제32조 제1항 제6호·제7호의 보호처분을 받은 자(이하 "수용자"라 한다)의 신상에 변동이 있는 때에는 지체 없이 거주예정지를 관할하는 보호관찰소의 장에게 그 사실을 통지하여야 한다'고 규정하고 있다. 또한 제2항에서는 '법 제26조의 규정에 의한 환경조사는 다음 각 호의 사항에 대하여 실시하여야 한다. 1. 인수인·가족관계 및 주변의 상황 2. 범죄 또는 비행에 관한 사회의 감정 3. 피해변상 여부 및 피해자의 감정 4. 수용 전의 직업·생활환경 및 교우관계 5. 석방 후 취업계획 또는 생계의 전망 6. 범죄 또는 비행의 동기 7. 기타 참고사항'을 규정하고 있다. 또한 시행규칙 제18조에서는 '법 제26조 제2항의 규정에 의한 환경조사의 통보는 별지 제8호 서식에 의한다'고 규정하고 있다.

3) 담당기구

환경조사의 담당기구는 앞에서 기술한 판결전조사의 담당기구와 동일하므로 여기에서는 설명을 생략하고자 한다.

4) 조사절차

판결전조사의 절차는 다음과 같다.[263] 먼저 환경조사업무는 보호관찰소에 각 소년원과 보호감호소로부터 환경조사의뢰공문이 접수되면 시작되는데, 이 공문에는 환경조사대상자 명단과 신상조사서가 첨부된다. 접수된 사건들은 환경조사확인관(소장 또는 조사담당과장)에 의해 조사자가 지정되는데, 보호관찰소장은 수용자의 사정을 참작하여 범죄예방자원봉사위원을 지정해 환경조사를 실시하게 할 수도 있다.

환경조사방법은 먼저 수용자와 가족, 관계인을 대상으로 면접을 실시하고, 면접조사를 통해 얻어진 정보내용을 확인할 필요가 있거나 수용시설에서 송부되어 온 신상조사서에 나타난 사실관계가 불분명한 사항이 있을 때는 관계기관에 사실 확인을 조회하거나 조사자가 직접 현장에 나가 확인한다. 이상 모든 절차를 마치면 환경조사서를 작성하여 수용기관에 통보한다.

5) 조사내용

환경조사서에 기재되는 조사내용은 다음과 같다[264]. 먼저 피수용자의 성명과 주소(주민등록상 주소 또는 귀주예정지), 학력, 성장과정, 가족사항, 교우관계, 출소 후 생활계획, 사회적응 가능성, 환경개선 필요 여부 등을 조사해 환경조사서에 기재한다. 마지막으로 조사자 의견을 기재하는데, 조사자가 판단한 범죄원인을 기재하고 사회적응 가능성, 보호자의 인수의지, 가족 간의 유대관계 등을 종합하여 시설 내에서의 교정처우와 가석방·가퇴원·가출소 심사 시 일정 척도로 활용할 수 있도록 하며, 사회 내에서의 적절한 환경개선 내용을 기재한다.[265]

---

263) 이하 법무부 보호국, 보호관찰 업무편람, 서울: 법무부 보호국, 2001, 699~701쪽.
264) 이하 위의 책, 701~703쪽.
265) 부록 2: 조사양식 중 '환경조사서' 참조.

2. 소년원의 분류심사

1) 의 의

우리나라의 소년원은 소년의 특성에 맞는 개별화된 처우가 가능하도록 하기 위하여 전국에 설치되어 있는 15개의 소년원을 각각 특성화하여 운영하고 있다. 소년원의 분류처우제도란 이들 15개 소년원 중에서 소년이 가지고 있는 특성에 가장 잘 맞는 소년원에서 처우받을 수 있도록 분류하는 한편 소년에게 적합한 처우기간을 결정해 주는 제도이다.

우리나라의 소년법원은 소년원 송치처분을 함에 있어서 소년원의 종별은 지정하지 아니한 채 소년원 측에 이를 일임하고 있다. 따라서 소년원은 교육대상의 특수성을 감안하여 보호소년 개개인에 대한 분류조사결과 밝혀진 제 사실과 분류심사결과를 종합하여 보호소년의 특성에 적합한 분류수용, 처우기간 및 교육과정을 지정한다.[266]

2) 법적 근거

소년원에 수용된 소년에 대한 개별처우를 위한 조사에 있어 법적인 근거는 소년원법에서 찾을 수 있다. 먼저 법 제4조에서는 '법무부장관은 분류수용과 교정교육상 필요하다고 인정할 때에는 소년원을 교과교육소년원, 직업훈련소년원, 여자소년원 및 특별소년원 등 기능별로 분류하여 운영하게 할 수 있다'고 규정하고, 동법 시행령 제3조에서 이를 상세히 규정하고 있다.

한편 동법 시행령 제14조 제1항에서는 '소년원장은 보호소년에 대하

---

266) 송광섭 / 점승헌, "소년원 교육의 현황과 개선방안", 형사정책 제11호, 1999. 131쪽.

여 수용일부터 10일 이내에 개인신상에 관한 모든 사항을 신체적·심리적·환경적 측면에서 조사하여야 한다'고 규정하고 있다. 또한 제2항에서는 '제1항의 규정에 의한 조사를 함에 있어서는 의학·심리학·교육학·사회학·사회사업학 등의 전문지식과 기술을 바탕으로 하여야 하며, 소년분류심사원의 분류심사서와 법원 소년부로부터 송부된 참고자료를 참작하여야 한다'고 하고 있다. 그리고 제15조 제1항에서는 '소년원장은 제14조의 규정에 의한 분류조사를 마친 보호소년에 대하여 지체 없이 처우심사위원회의 심사를 거쳐 개별교정처우계획을 수립하여야 한다'고 규정하고 있고, 제2항에서는 '제1항의 규정에 의하여 개별교정처우계획을 수립함에 있어서는 보호소년 및 보호자 등의 의견을 참작하여야 하며, 개별교정처우계획을 수립한 때에는 교정교육에 지장이 없는 범위 안에서 그 내용을 본인 및 보호자 등에게 알려 보호소년이 스스로 자기교정에 노력할 수 있게 하여야 한다'고 하고 있다. 또한 제16조에서는 '원장은 분류심사 또는 제15조의 규정에 의한 처우심사위원회의 심사결과에 따라 성격·연령·비행·공범관계·교육과정 등을 참작하여 보호소년 등을 분류 수용하여야 한다'고 하고 있다.

이 외에 구체적인 분류기준과 처우에 관해서는 법무부 훈령인 보호소년수용지침에 따르고 있다.

3) 담당기구

가. 조 직

소년원에서 조사업무를 담당하는 곳은 분류보호과이다. 분류보호과에서는 보호소년의 환경조사와 심리검사 기타 분류조사를 실시하여 보호소년을 분류하고 처우심사를 하며, 이송·퇴원·가퇴원 신청업무를 담당한다.[267]

나. 인 력

조사를 담당하는 인력은 소년보호직 공무원이다. 1990년~1992년 사이에는 교육학이나 심리학을 전공한 심리검사요원 200여 명을 7급으로 특채한 적이 있었지만 이들이 승진하여 다른 보직을 맡게 되면서 조사전담 요원으로서의 의미가 퇴색되었다고 한다. 그래서 현재는 소년원과 소년분류심사원에 배치되는 다른 공무원과 별도로 소년에 대한 조사나 분류를 전담하는 직원은 없고 순환보직제로 운영되고 있다. 다만 법무연수원에서 실시하는 공무원 보수교육 중에서 소년보호직에 대한 교육내용에 심리치료나 심리검사에 관한 과목이 포함되어 있다.

다. 시 설

소년원은 2006년 현재 전국에 14개소가 설치되어 있다. 작년까지 15개였으나 충주소년원이 폐쇄되었고 2007년 7월 1일부터는 대폭 감축하여 9개소로 운영할 예정이다. 이들 소년원은 소년에 대한 개별화된 처우를 위해 각각 다른 특성을 가지고 운영되고 있다. 각 소년원에서 소년에 대한 분류처우를 위해 조사를 실시할 수 있는 독립공간으로는 보호자상담실(10㎡), 집단검사실(10~40㎡), 상담실(10㎡) 등이 마련되어 있다.

4) 분류절차

소년원의 분류절차는 소년의 특성을 정확히 파악해 내기 위한 것이라기보다는 소년분류심사원에서 실시한 조사내용을 바탕으로 교육과정과 처우과정을 결정하기 위한 것이라고 할 수 있다. 소년원에 수용되는 소년들은 거의 대부분 소년분류심사원에서 수용분류심사를 받기 때문

---

267) 법무부, 소년보호행정편람, 서울: 법무부, 1994, 152쪽.

에 이들에 대해 별도의 조사나 심리검사는 필요하지 않다. 따라서 소년원의 분류업무는 법원에서 보내 준 자료를 접수하는 것으로부터 시작된다. 이들 자료에는 처분결정서와 검찰의 공소장에 기재되어 있는 비행사실, 분류심사결과통지서가 포함되어 있다. 소년원의 분류보호과에서는 이들 자료를 검토한 후 자료만으로는 판단의 어려움이 있을 때에 한해 수용소년에 대한 상담을 실시한다. 자료검토와 상담이 모두 끝나면 소년에게 적합한 소년원과 소년의 사회복귀를 위해 소요되는 기간을 결정하고, 그 소년원이 현재 수용되어 있는 소년원이 아닐 경우에는 이송조치를 한다.

5) 분류기준

소년원수용을 위해 소년을 분류하는 기준은 법무부훈령인 '보호소년수용지침'에 상세히 규정되어 있다. 분류보호과에서는 소년분류심사원의 조사결과와 상담을 통해 파악된 소년의 특성에 따라 다음 도표에 제시되어 있는 기준대로 소년원과 처우기간을 결정한다. 이상 결정된 내용을 소년원생 처우과정 분류결과 보고서에 작성하여 법무부 보호국에 보고한다.[268]

---

268) 부록 2: 조사양식 중 '소년원생 처우과정 분류결과 보고서' 참조.

〈표 4-1-2〉소년원 교육과정 분류기준

구 분 / 학교별	교육과정	이송·수용	대상자	인수학교
수 도 권	고봉정보통신중학교·고봉정보통신고등학교	특성화 중·고등학교 일반과정	이송	• 특성화중학교 단기과정 대상자	신촌정보통신학교
				• 직업능력개발교육 일반과정 대상자	고룡정보산업학교
				• 체능 특성화교육과정(씨름, 복싱, 유도, 태권도, 볼링, 생활체육) 해당분야 유단자 및 각종 대회 입상경력이 있는 단기과정 및 일반과정 대상자 • 체능 특성화교육과정(씨름, 복싱, 유도, 태권도, 볼링, 생활체육)에 소질이 있는 자로서 체능 특성화교육을 희망하는 일반과정 대상자	대산체육중학교·대산체육고등학교
				• 약물남용 및 중독자, 정신장애자, 발달장애자, 정상적인 교육활동이 어려운 신체장애 및 장기적 가료를 요하는 만성질환자 등 집중치료 및 특수교육을 필요로 하는 단기과정 및 일반과정 대상자	대전의료소년원
				• 예능 특성화교육과정(연극영화, 실용음악, 창작미술, 영상사진) 해당분야 각종대회 입상경력이 있는 단기과정 및 일반과정 대상자 • 예능 특성화교육과정(연극영화, 실용음악, 창작미술, 영상사진)에 소질이 있는 자로서 예능 특성화교육을 희망하는 일반과정 대상자	안산예술종합학교
			자체 수용	• 특성화 중·고등학교 일반과정 대상자	
			이송	• 특성화 중·고등학교 일반과정 대상자	고봉정보신중학교·고봉정보통신고등학교
				• 직업능력개발교육 일반과정 대상자	원촌정보산업학교
	신촌정보통신학교	특성화 중학교 단기과정	이송	• 체능 특성화교육과정(씨름, 복싱, 유도, 태권도, 볼링, 생활체육) 해당분야 유단자 및 각종 대회 입상경력이 있는 단기과정 및 일반과정 대상자 • 체능 특성화교육과정(씨름, 복싱, 유도, 태권도, 볼링, 생활체육)에 소질이 있는 자로서 체능 특성화교육을 희망하는 일반과정 대상자	대산체육중학교·대산체육고등학교

구분 / 학교별	교육과정	분류기준		
		이송·수용	대상자	인수학교
수도권 / 신촌정보통신학교	특성화중학교 단기과정	이송	●약물남용 및 중독자, 정신장애자, 발달장애자, 정상적인 교육활동이 어려운 신체장애 및 장기적 가료를 요하는 만성질환자 등 집중치료 및 특수교육을 필요로 하는 단기과정 및 일반과정 대상자	대전의료소년원
			●예능 특성화교육과정(연극영화, 실용음악, 창작미술, 영상사진) 해당분야 각종 대회 입상경력이 있는 단기과정 및 일반과정 대상자 ●예능 특성화교육과정(연극영화, 실용음악, 창작미술, 영상사진)에 소질이 있는 자로서 예능 특성화교육을 희망하는 일반과정 대상자	안산예술종합학교
		자체 수용	●특성화중학교 단기과정 대상자	
수도권 / 정심여자정보산업학교	특성화중학교 및 직업능력개발교육 단기 및 일반과정	이송	●약물남용 및 중독자, 정신장애자, 발달장애자, 정상적인 교육활동이 어려운 신체장애 및 장기적 가료를 요하는 만성질환자 등 집중치료 및 특수교육을 필요로 하는 단기·일반과정 대상자	대전의료소년원
			●예능 특성화교육과정(연극영화, 실용음악, 창작미술, 영상사진) 해당분야 각종 대회 입상경력이 있는 단기과정 및 일반과정 대상자 ●예능 특성화교육과정(연극영화, 실용음악, 창작미술, 영상사진)에 소질이 있는 자로서 예능 특성화교육을 희망하는 일반과정 대상자	안산예술종합학교
		자체 수용	●전국 소년원의 여자 단기·일반과정 대상자 중 의료소년원수용 대상자를 제외한 전원	
수도권 / 안산예술종합학교	특성화교육 단기 및 일반과정	자체 수용	●예능 특성화교육과정(연극영화, 실용음악, 창작미술, 영상사진) 해당분야 각종 대회 입상경력이 있는 단기과정 및 일반과정 대상자 ●예능 특성화교육과정(연극영화, 실용음악, 창작미술, 영상사진)에 소질이 있는 자로서 예능 특성화교육을 희망하는 일반과정 대상자	
수도권 / 미평중학교·미평고등학교	인문계 중·고등학교 단기 및 일반과정	이송	●체능 특성화교육과정(씨름, 복싱, 유도, 태권도, 볼링, 생활체육) 해당분야 유단자 및 각종 대회 입상경력이 있는 단기과정 및 일반과정 대상자 ●체능 특성화교육과정(씨름, 복싱, 유도, 태권도, 볼링, 생활체육)에 소질이 있는 자로서 체능 특성화교육을 희망하는 일반과정 대상자	대산체육중학교·대산체육고등학교

구 분 / 학교별		교육과정	분류기준		
			이송·수용	대상자	인수학교
중부권	미평중학교·미평고등학교	인문계 중·고등학교 단기 및 일반과정	이송	● 예능 특성화교육과정(연극영화, 실용음악, 창작미술, 영상사진) 해당분야 각종 대회 입상경력이 있는 단기과정 및 일반과정 대상자 ● 예능 특성화교육과정(연극영화, 실용음악, 창작미술, 영상사진)에 소질이 있는 자로서 예능 특성화교육을 희망하는 일반과정 대상자	안산예술종합학교
				● 약물남용 및 중독자, 정신장애자, 발달장애자, 정상적인 교육활동이 어려운 신체장애 및 장기적 가료를 요하는 만성질환자 등 집중치료 및 특수교육을 필요로 하는 단기·일반과정 대상자	대전의료소년원
				● 직업능력개발교육 일반과정 대상자	고룡정보산업학교
			자체 수용	● 인문계 중·고등학교 일반과정 대상자	
	원촌정보산업학교	직업능력개발교육 일반과정	이송	● 특성화중학교 단기과정 대상자	송천정보통신학교
				● 체능 특성화교육과정(씨름, 복싱, 유도, 태권도, 볼링, 생활체육) 해당분야 유단자 및 각종 대회 입상경력이 있는 단기과정 및 일반과정 대상자 ● 체능 특성화교육과정(씨름, 복싱, 유도, 태권도, 볼링, 생활체육)에 소질이 있는 자로서 체능 특성화교육을 희망하는 일반과정 대상자	대산체육중학교·대산체육고등학교
				● 예능 특성화교육과정(연극영화, 실용음악, 창작미술, 영상사진) 해당분야 각종 대회 입상경력이 있는 단기과정 및 일반과정 대상자 ● 예능 특성화교육과정(연극영화, 실용음악, 창작미술, 영상사진)에 소질이 있는 자로서 예능 특성화교육을 희망하는 일반과정 대상자	안산예술종합학교
				● 약물남용 및 중독자, 정신장애자, 발달장애자, 정상적인 교육활동이 어려운 신체장애 및 장기적 가료를 요하는 만성질환자 등 집중치료 및 특수교육을 필요로 하는 단기·일반과정 대상자	대전의료소년원
			자체 수용	● 직업능력개발교육 일반과정 대상자	

학교별 \ 구분	교육과정	분류기준		
		이송·수용	대상자	인수학교
중부권 대산체육중학교·대산체육고등학교	특성화중·고등학교 단기 및 일반과정	자체 수용	• 체능 특성화교육과정(씨름, 복싱, 유도, 태권도, 볼링, 생활체육) 해당분야 유단자 및 각종 대회 입상경력이 있는 단기과정 및 일반과정 대상자 • 체능 특성화교육과정(씨름, 복싱, 유도, 태권도, 볼링, 생활체육)에 소질이 있는 자로서 체능 특성화교육을 희망하는 일반과정 대상자	
호남권 고룡정보산업학교	직업능력개발교육 일반과정	이송	• 특성화중학교 단기과정 대상자	송천정보통신학교
			• 체능 특성화교육과정(씨름, 복싱, 유도, 태권도, 볼링, 생활체육) 해당분야 유단자 및 각종 대회 입상경력이 있는 단기과정 및 일반과정 대상자 • 체능 특성화교육과정(씨름, 복싱, 유도, 태권도, 볼링, 생활체육)에 소질이 있는 자로서 체능 특성화교육을 희망하는 일반과정 대상자	대산체육중학교·대산체육고등학교
			• 예능 특성화교육과정(연극영화, 실용음악, 창작미술, 영상사진) 해당분야 각종 대회 입상경력이 있는 단기과정 및 일반과정 대상자 • 예능 특성화교육과정(연극영화, 실용음악, 창작미술, 영상사진)에 소질이 있는 자로서 예능 특성화교육을 희망하는 일반과정 대상자	안산예술종합학교
			• 약물남용 및 중독자, 정신장애자, 발달장애자, 정상적인 교육활동이 어려운 신체장애 및 장기적 가료를 요하는 만성질환자 등 집중치료 및 특수교육을 필요로 하는 단기·일반과정 대상자	대전의료소년원
		자체 수용	• 직업능력개발교육 일반과정 대상자	
송천정보통신학교	특성화중학교 단기 및 일반과정	이송	• 직업능력개발교육 일반과정 대상자	고룡정보산업학교
			• 체능 특성화교육과정(씨름, 복싱, 유도, 태권도, 볼링, 생활체육) 해당분야 유단자 및 각종 대회 입상경력이 있는 단기과정 및 일반과정 대상자 • 체능 특성화교육과정(씨름, 복싱, 유도, 태권도, 볼링, 생활체육)에 소질이 있는 자로서 체능 특성화교육을 희망하는 일반과정 대상자	대산체육중학교·대산체육고등학교

구분 / 학교별	교육과정	이송·수용	대상자	인수학교
호남권	송천정보통신학교	특성화중학교 단기 및 일반과정	이송	● 예능 특성화교육과정(연극영화, 실용음악, 창작미술, 영상사진) 해당분야 각종 대회 입상경력이 있는 단기과정 및 일반과정 대상자 ● 예능 특성화교육과정(연극영화, 실용음악, 창작미술, 영상사진)에 소질이 있는 자로서 예능 특성화교육을 희망하는 일반과정 대상자	안산예술종합학교
				● 약물남용 및 중독자, 정신장애자, 발달장애자, 정상적인 교육활동이 어려운 신체장애 및 장기적 가료를 요하는 만성질환자 등 집중치료 및 특수교육을 필요로 하는 단기·일반과정 대상자	대전의료소년원
			자체 수용	● 특성화중학교 단기 및 일반과정 대상자	
	한길정보산업학교	특성화중학교 및 직업능력개발훈련단기 및 일반과정	이송	● 체능 특성화교육과정(씨름, 복싱, 유도, 태권도, 볼링, 생활체육) 해당분야 유단자 및 각종 대회 입상경력이 있는 단기과정 및 일반과정 대상자 ● 체능 특성화교육과정(씨름, 복싱, 유도, 태권도, 볼링, 생활체육)에 소질이 있는 자로서 체능 특성화교육을 희망하는 일반과정 대상자	대산체육중학교·대산체육고등학교
				● 예능 특성화교육과정(연극영화, 실용음악, 창작미술, 영상사진) 해당분야 각종 대회 입상경력이 있는 단기과정 및 일반과정 대상자 ● 예능 특성화교육과정(연극영화, 실용음악, 창작미술, 영상사진)에 소질이 있는 자로서 예능 특성화교육을 희망하는 일반과정 대상자	안산예술종합학교
				● 약물남용 및 중독자, 정신장애자, 발달장애자, 정상적인 교육활동이 어려운 신체장애 및 장기적 가료를 요하는 만성질환자 등 집중치료 및 특수교육을 필요로 하는 단기·일반과정 대상자	대전의료소년원
			자체 수용	● 제주 지역의 단기·일반과정 대상자	
영남권	읍내정보통신중학교·읍내정보통신고등학교	특성화중·고교단기과정	이송	● 직업능력개발교육 일반과정 대상자	오륜정보산업학교
				● 관광정보계열 특성화교육을 희망하는 일반과정 대상자	용덕중학교·용덕관광정보고등학교

<table>
<tr><td colspan="2" rowspan="2">구　분</td><td rowspan="2">교육
과정</td><td colspan="3">분류기준</td></tr>
<tr><td>이송·수용</td><td>대상자</td><td>인수학교</td></tr>
<tr><td rowspan="9">영
남
권</td><td rowspan="6">읍내정
보통신
중학교
·읍내
정보통
신고등
학교</td><td rowspan="5">특성화
중·고
교단기
과정</td><td rowspan="4">이송</td><td>●체능 특성화교육과정(씨름, 복싱, 유도, 태권도, 볼링, 생활체육) 해당분야 유단자 및 각종 대회 입상경력이 있는 단기과정 및 일반과정 대상자
●체능 특성화교육과정(씨름, 복싱, 유도, 태권도, 볼링, 생활체육)에 소질이 있는 자로서 체능 특성화교육을 희망하는 일반과정 대상자</td><td>대산체육
중학교·
대산체육
고등학교</td></tr>
<tr><td>●예능 특성화교육과정(연극영화, 실용음악, 창작미술, 영상사진) 해당분야 각종 대회 입상경력이 있는 단기과정 및 일반과정 대상자
●예능 특성화교육과정(연극영화, 실용음악, 창작미술, 영상사진)에 소질이 있는 자로서 예능 특성화교육을 희망하는 일반과정 대상자</td><td>안산예술
종합학교</td></tr>
<tr><td>●약물남용 및 중독자, 정신장애자, 발달장애자, 정상적인 교육활동이 어려운 신체장애 및 장기적 가료를 요하는 만성질환자 등 집중치료 및 특수교육을 필요로 하는 단기·일반과정 대상자</td><td>대전의료
소년원</td></tr>
<tr><td>자체 수용</td><td>●특성화 중·고등학교 단기과정 대상자</td><td></td></tr>
<tr><td rowspan="3">오륜
정보
산업
학교</td><td rowspan="3">직업
능력
개발
훈련
일반
과정</td><td rowspan="3">이송</td><td>●특성화 중·고등학교 단기과정 대상자</td><td>읍내정보
통신중학
교·읍내
정보통신
고등학교</td></tr>
<tr><td>●관광정보계열 특성화교육을 희망하는 일반과정 대상자</td><td>용덕중학
교·용덕
관광정보
고등학교</td></tr>
<tr><td>●체능 특성화교육과정(씨름, 복싱, 유도, 태권도, 볼링, 생활체육) 해당분야 유단자 및 각종 대회 입상경력이 있는 단기과정 및 일반과정 대상자
●체능 특성화교육과정(씨름, 복싱, 유도, 태권도, 볼링, 생활체육)에 소질이 있는 자로서 체능 특성화교육을 희망하는 일반과정 대상자</td><td>대산체육
중학교·
대산체육
고등학교</td></tr>
</table>

구분 / 학교별	교육과정	분류기준		
		이송·수용	대상자	인수학교
오륜정보산업학교	직업능력개발훈련 일반과정	이송	• 예능 특성화교육과정(연극영화, 실용음악, 창작미술, 영상사진) 해당분야 각종 대회 입상경력이 있는 단기과정 및 일반과정 대상자 • 예능 특성화교육과정(연극영화, 실용음악, 창작미술, 영상사진)에 소질이 있는 자로서 예능 특성화교육을 희망하는 일반과정 대상자	안산예술종합학교
			• 약물남용 및 중독자, 정신장애자, 발달장애자, 정상적인 교육활동이 어려운 신체장애 및 장기적 가료를 요하는 만성질환자 등 집중치료 및 특수교육을 필요로 하는 단기·일반과정 대상자	대전의료소년원
		자체 수용	• 직업능력개발교육 일반과정 대상자	
영남권 용덕중학교·용덕관광정보고등학교	특성화 중·고교 일반과정	이송	• 직업능력개발교육 일반과정 대상자	오륜정보산업학교
			• 특성화 중·고등학교 단기과정 대상자	읍내정보통신중학교·읍내정보통신고등학교
			• 체능 특성화교육과정(씨름, 복싱, 유도, 태권도, 볼링, 생활체육) 해당분야 유단자 및 각종 대회 입상경력이 있는 단기과정 및 일반과정 대상자 • 체능 특성화교육과정(씨름, 복싱, 유도, 태권도, 볼링, 생활체육)에 소질이 있는 자로서 체능 특성화교육을 희망하는 일반과정 대상자	대산체육중학교·대산체육고등학교
			• 예능 특성화교육과정(연극영화, 실용음악, 창작미술, 영상사진) 해당분야 각종 대회 입상경력이 있는 단기과정 및 일반과정 대상자 • 예능 특성화교육과정(연극영화, 실용음악, 창작미술, 영상사진)에 소질이 있는 자로서 예능 특성화교육을 희망하는 일반과정 대상자	안산예술종합학교
		자체 수용	• 관광정보계열 특성화교육을 희망하는 일반과정 대상자	

공통사항

1. 문맹자는 직업능력개발훈련과정으로 분류이송

2. 15세 미만자는 특성화교육과정으로 분류이송

3. 전국 소년원의 특성화 중·고등학교 일반과정 대상자로 분류된 자 및 어학·컴퓨터 분야 특기자는 고봉정보통신중학교·고봉정보통신고등학교로 이송

4. 전국 단기과정 대상자 중·고등학교 진학 희망자 및 고등학교과정 어학·컴퓨터 분야 특기자는 읍내정보통신중학교·읍내정보통신고등학교로 이송

5. 전국 일반과정 대상자 중 일반 중·고등학교 연계 및 진학 대상자는 미평중학교·미평고등학교로 이송

6. 전국 소년원의 여자 단기·일반과정 대상자는 정심여자정보산업학교로 이송

7. 한길정보산업학교는 특별한 사유가 없는 한 분류이송대상자를 자체 수용

8. 조직폭력의 공범은 분류된 처우과정이 있는 타 학교로 분산이송

9. 기타 수용인원조절 또는 교정교육상 필요한 경우 법무부장관의 허가를 받아 해당 처우과정별 학교로 분류이송

10. 전국 소년원 단기과정 대상자 중 인문계 고등학교 연계를 희망하는 자는 학적 연계 관련자료를 첨부, 법무부장관의 허가를 받아 미평중학교·미평고등학교로 분류이송

11. 전국 소년원의 특성화 고등학교 일반과정 대상자로 분류된 자 중 관광정보계열 특성화교육을 희망하는 자는 용덕관광정보고등학교로 이송

자료출처: 법무부, 2006.

〈표 4-1-3〉 소년원 처우과정 분류기준

구분	처우단계 분류			처우단계 조정
	일반A과정	일반B과정	일반C과정	
비행내용	1. 과실범 2. 단순절도(절도 비행력 3회 미만인자) 3. 사기·횡령·배임·장물·손괴 4. 미수범(재산범) 5. 보호관찰등에관한 법률 위반자 6. 위조사범 7. 도로교통법·교통사고처리특례법 위반자 8. 컴퓨터관련 범죄 중 단순경미자	1. 상습절도(절도 비행력 3회 이상인자) 2. '일반A과정'과 '일반C과정'에 속하지 아니하는 비행 3. '일반A과정' 중 실형·집행유예·보호처분(4호·6호·7호 처분) 경력자 (단, 일반A과정 중 보호관찰등에관한 법률 위반자는 제외)	1. 살인·살인미수·치사 2. 강도(특수강도, 강도상해, 준강도, 강도미수, 강도예비 등) 3. 조직폭력 및 폭력조직 가담자 4. 강간·강간미수·강제추행 등 성폭력 사범 5. 특수절도, 야간주거침입절도 6. 공갈, 협박, 방화 7. 특정범죄가중처벌등에관한법률위반 8. 마약제조·판매 9. 인신매매·약취유인 10. 존속폭행 등 11. 폭발물사범 12. 독극물사범 13. 실형·집행유예·보호처분(4호·6호·7호 처분) 경력 2회 이상자	− 특수인성검사 결과에 의한 비행성향 척도의 합산점수에 따라 비행내용을 기준으로 분류한 처우과정을 '일반A과정' 및 '일반B과정'은 하향, '일반C과정'은 상향으로 한 단계씩 조정할 수 있다 − 비행성향 척도 ① 반사회성 ② 공격성 ③ 주의력 결핍 − 특수인성검사 미실시자의 경우는 MMPI의 Pd, Pa, Ma 척도점수 합산, ( )의 조정기준 적용 − '06.6.1. 이후 MMPI 점수 반영 금지
비행성향 척도에 의한 조정 기준	210점 이상 →일반B과정	210점 이상 →일반C과정	180점 미만 →일반B과정	

주: 특수인성검사가 특수인성검사−R로 재표준화됨에 따라 특수인성검사−R의 척도공격성, 주의력결핍, 반응신뢰도(이상 남자), 불안, 공격성, 반응신뢰도(이상 여자) T점수를 합산한 점수에 적용하였고, 판권문제를 가지고 있던 MMPI를 MMPI−2/A로 교체하면서 T점수에 대한 통계자료가 부족하여 적용금지

자료출처: 법무부, 2006.

3. 교도소·구치소의 분류심사

1) 의 의

교도소·구치소의 분류심사제도란 과학적인 방법에 의해 수형자 개개인의 특성을 파악하여 그들의 사회복귀에 필요한 개별조건에 맞게 처우하기 위한 제도이다. 이러한 수형자분류심사제도는 행형법과 행형법의 관련조항을 기초로 한 수형자분류처우규칙과 수형자분류처우요강에 근거하여 시행되고 있다. 소년형사사건은 성인범과 동일한 절차로 진행되기 때문에 소년수형자에 대한 분류처우제도 또한 성인수형자와 동일하게 적용되며, 다만 분류심사를 통해 소년수형자로 분류되어 별도로 처우받을 뿐이다. 따라서 이하에서는 일반적인 분류처우제도에 관해 살펴보고자 한다.

2) 법적 근거

형사처벌을 받은 소년에 대한 개별처우를 위한 조사에 있어 법적인 근거는 행형법과 이 법에 의한 수형자분류처우규칙에서 찾을 수 있다.

먼저 행형법 제44조 제1항에서는 '소장은 수형자를 개별적으로 심사, 분류하여 그에 상응한 처우를 하여야 한다'고 규정하고 있다. 이러한 규정에 의해 수형자분류처우규칙에서는 수형자의 분류처우를 위해 상세한 규정을 두고 있는데, 먼저 제1조에서는 '이 규칙은 행형법 제44조의 규정에 의하여 수형자를 과학적으로 분류 심사하여 합리적인 개별처우계획을 수립하고 수형자의 반성과 노력의 정도에 따라 처우를 점차 완화함으로써 수형자로 하여금 스스로 개선하고 보다 빨리 사회생활에 적응하도록 하기 위하여 수형자의 분류와 처우에 관한 사항을 규정함을 목적으로 한다’고 하여 이 법의 목적을 분명히 하고 있다. 또한 제2조 제1항에서는 ‘이 규칙은 징역수형자 및 금고수형자에 대하여 적용한다’고 하여 분류를 위한 조사대상자를 분명히 하고 있다.

한편 수형자분류처우를 위한 세부사항은 수형자분류처우업무지침에 규정되어 있다. 이 지침에 따르면 분류조사란 수형자를 상담하여 출생, 양육, 교육, 병역관계, 직업력, 생활력, 개인특성 및 보호관계 등 분류심사에 필요한 사항을 조사하는 것이라고 개념정의 하고 있다.

3) 담당기구

가. 조 직

소년수형자를 수용하고 있는 교도소는 천안소년교도소와 김천소년교도소, 청주여자교도소 등 전국에 3개소가 있다. 남자소년수형자의 경우 천안과 김천에 나누어 수용되고, 여자소년수형자를 위한 시설은 따로 마련되어 있지 않아 여자교도소에 함께 수용되고 있다. 하지만 이들 교도소의 수용인원이 넘칠 경우에는 일반교도소에도 일부 수용되는 경우가 있다. 특히 소년수형자의 분류처우를 위한 조사는 형이 확정된 이후에 이송된 시설에서 받는 것이 아니라 미결수로 수용되었던 구치소나 교도소에서 받기 때문에 소년수형자라고 하여도 분류처우를 위한 조직은 전국의 구치소와 교도소라고 할 수 있다. 구치소와 교도소에서 분류업무를 담당하는 부서는 분류실이다.

나. 인 력

분류업무를 담당하는 인력은 교정행정직 내의 분류심사직 공무원이다. 분류심사직 공무원은 분류업무만 전담하고 있고, 법무연수원에서 실시하는 보수교육과정에 조사나 심리검사에 관한 과목이 포함되어 있다.

다. 시 설

전국에 교도소가 30개소이고 지소가 1개소, 구치소가 8개소, 구치지소가 3개소이다. 이 중 소년교도소가 2개소, 여자교도소가 1개소이다. 각 시설별로 차이는 있지만 교도소 내에는 분류를 위한 조사를 실시할 수 있는 별도의 조사공간이 마련되어 있으나 구치소의 경우는 그렇지 못한 실정이라고 한다.

4) 조사절차

분류심사는 신입심사와 재심사의 2종으로 구분하고 신입심사는 형집행지휘서가 접수된 날로부터 1월 이내에 실시하여야 하며, 재심사는 정기재심사와 부정기재심사로 구분하고 그 사유가 발생한 후 최초로 개최되는 분류처우예비회의 또는 분류처우회의 전일까지 완료하도록 하고 있다.

일반적인 수형자분류의 절차를 살펴보면, 모든 수형자에 대한 분류는 교도소 입소와 동시에 시작된다. 즉 수형자가 교도소에 입소하면 신입교육과 함께 과학적 조사를 실시하여 그 판정결과에 따라 각자를 적절한 분류급에 편입시키고 이 분류급에 대응한 각각 별개의 시설에 수용하여 본인에게 가장 바람직한 처우를 받도록 하며, 처우의 진전에 따라 재조사를 실시하여 처우방침을 재검토하고, 필요에 따라서는 변경할 수 있도록 하고 있다. 분류심사는 수형자처우의 기본지침을 확보하기 위하여 심리학, 사회학, 교육학, 정신의학 등을 기초로 하여 수형자 개인에 대한 범죄경력, 생육과정, 교육정도, 지능지수, 입소 전 직업, 소질, 적성, 가정사항, 교우관계, 특기, 건강 및 정신상태의 이상 유무 등에 대하여 조사, 평가하여 개선의 곤란도와 사고발생의 가능성 등 보안상의 위험도 측정, 개선교육에 필요한 계획수립, 부과할 작업종목과 훈련방법 결정, 보건·위생 관리방법 및 석방 후 보호대책에 필요한 자료를 수집하는 것이다[269].

그러나 소년수형자의 경우 보통 미결수인 소년이 확정판결을 받게 되면 그 소년을 수용하고 있던 구치소나 교도소에서는 소년에 대해 분류심사를 실시한다. 소년은 분류심사를 마치면 그 결과를 기재한 분류심사표에 판결전조사서, 형집행지휘서, 법원판결문, 수용지휘서, 구속영장, 범죄경력조회서, 탄원서나 항소이유서 등을 첨부하여 배정된 교도소로 이송된다. 배정된 소년교도소나 여자교도소에서는 교도소 내에서는 개별화된 처우를 위해 필요한 경우나 미결수로 있던 시설에서 분류심사를 받지 못한 경우에 한해 보충적으로 분류심사를 실시한다.

분류심사의 방법에 관해 좀더 구체적으로 살펴보면, 분류심사의 대상은 형확정 당시 입원, 징벌, 심사거부 등으로 인하여 심사사유 발생 그 당시 분류심사를 실시할 수 없는 특별한 사정이 있는 분류심사대상자(수형자분류처우규칙 제6조)를 제외한 전 수형자이다. 분류심사의 시기는 신입분류와 재분류의 2종으로 구분하여 신입분류는 형집행지휘서가 접수된 1월 이내에, 재심사는 심사사유가 발생한 날로부터 10일 이내에 각각 실시하여야 한다[270]. 분류심사의 확정을 위한 기구로서 분류처우회의를 설치하고 분류심사와 누진처우에 관한 사항을 상의하고 있으며 심사의 신중을 기하기 위하여 분류처우예비회를 두어 일차심사를 거쳐 본회의에 상정하여 최종적으로 모든 처우를 결정하도록 하고 있다[271].

5) 분류기준

분류심사가 끝나면 그 결과에 의해 개개 수형자의 수용분류급과 개

---

269) 이훈규·이정규, 소년수형자 교정처우에 관한 연구, 서울: 한국형사정책연구원, 1996, 53~56쪽.
270) 권창락, "현행 수형자분류와 처우에 관한 연구", 교정연구 6, 1996, 406~407쪽.
271) 조기룡, "분류처우제도의 이론과 실제", 법무연구 21, 1994, 234쪽.

선분류급, 처우분류급, 관리분류급이 결정된다. 수용분류는 각 수형자를 어떤 종류의 시설에 수용할 것인가의 판정인데, 성이나 국적, 형명, 형기, 연령에 따른 분류와 범죄경향의 진전도에 의한 분류, 정신이나 신체상의 질병이나 장애에 따른 분류가 있다. 처우분류는 구체적인 처우단위를 형성하는 집단편입을 위해서 행하는 것으로 직업훈련이나 학과교육, 치료 등의 필요성 여부나 개방처우의 필요성 여부 등 그 기준이 상당히 구체적이다. 관리분류는 계호의 정도와 처우 곤란자의 성격유형에 의한 분류이다[272].

이상과 같은 분류기준에 따라 특히 소년교도소에는 학과교육, 직업교육 및 생활지도를 중심으로 한 J급 및 Y급[273]을 수용하고 있는데, 그 수용분류급 처우기준은 다음과 같다[274].

먼저 J급 처우기준은
-각인의 심신발달단계를 십분 고려한다.
-사회상식을 습득시키고 규범을 준수하는 습관을 함양한다.
-교과 및 직업에 관한 자격취득에 노력한다.
-체육활동을 활발히 한다.
-보호인수인과의 관계유지에 노력한다.

Y급 처우기준은
-악풍감염의 방지에 노력한다.
-특기 및 적성의 발견에 노력한다.
-인격의 가소성에 기대하여 적극적인 생활지도를 한다.
-체육활동을 활발히 한다.

---

272) 위의 논문, 229쪽.
273) J급은 소년수형자이고, Y급은 26세 미만의 성인이다.
274) 이훈규·이정규, 앞의 책, 56쪽.

그 외의 개선, 처우, 관리분류급은 수형자분류처우요강에 의거 성인 수형자와 같은 기준에 의해 적용되고 있다. 개선급은 범죄성향의 진전과 개선정도에 따라 수용하여야 할 시설 및 책임점수의 산정기준이 되는 분류급을 말한다. 또한 관리급이란 계호의 정도를 구별하는 기준이 되는 분류급을 말하고, 처우급이란 처우의 중요지침을 구별하는 분류급이다.

개선급의 경우 현재는 분류심사결과를 가지고 평가한 분류지표에 의해 결정하고 있는데, 앞으로는 과학적인 분류를 위해서 우리나라 수형자의 특성에 맞는 심리검사지를 개발하여 분류지표결과와 심리검사결과를 합산하여 개선급을 결정할 계획이라고 한다. 이를 위해 1999년 말부터 심리검사지를 개발 중이며 개발이 되면 수형자분류처우규칙을 개정할 계획이라고 한다.

수형자분류처우심사표에 기재되는 조사항목을 살펴보면, 먼저 출생과 양육에 관해 조사하고 다음으로 교육, 병역관계를 조사한다. 직업력에 관해서는 최초직업과 전직사정을 자세히 조사하고 있고, 생활력에 관해서는 이성관계와 결혼, 이혼, 재혼, 자녀, 출생지, 주소이전, 부모에 대한 감정, 부모사망, 교육관계 등을 자세히 조사한다. 개인특성에 관해서는 취미·기호, 종교, 가출경력, 유해물경력, 질병, 음주·흡연, 자격취득, 단체가입 여부, 신체특징 등을 조사하도록 하고 있다. 보호관계는 가족 또는 친족관계와 석방 후 주거지와 생활계획을 포함한다. 분류검사결과는 인성검사, 지능검사, 적성검사를 실시하여 판정결과를 적고 있다. 또한 본범내용과 범죄경력을 조사한다. 이상 조사결과와 상담내용을 종합하여 종합판정을 내린다.[275]

---

275) 부록 2: 조사양식 중 '수형자분류처우심사표' 참조.

제2절 소년조사제도의 운영실태

I. 수사단계

1. 경찰의 조사

경찰은 훈방 조치하는 소년을 제외한 모든 소년에 대해 조사를 실시하여 검찰에 자료를 송부해야 한다. 따라서 경찰의 소년조사통계는 경찰에서 취급한 범죄소년과 비행소년 전체에 대한 집계와 일치한다고 하겠다. 표에 나타나 있는 바와 같이 작년도에 경찰에서 조사를 받은 소년은 총 55,535명이다. 경찰에서는 이들 모두에 대해 조사를 실시하여 피의자신문조서와 소년범환경조사서, 비행성예측자료표를 작성하여 검찰에 이송하였다.

<표 4-2-1> 경찰 조사대상 소년과 죄명 현황(2005년)

구 분	인 원 (명)
합 계	55,535
살 인	32
강 도	1,032
강 간	323
방 화	146
절 도	27,367
폭 력	26,635

자료출처: 경찰청, 경찰백서, 2005.

2. 검찰의 조사

검찰에서도 역시 경찰에서 이송된 모든 소년에 대해 조사를 실시하게 된다. 조사결과에 따라 표에 나타난 바와 같이 형사법원에 기소하거나 소년법원으로 이송하거나 불기소 처리를 하게 된다. 작년도에 검찰에서 조사를 받은 소년은 총 85,887명이고, 이 중 15,197명이 형사사건으로 기소되고, 16,814명이 보호사건으로 처리되었다.

〈표 4-2-2〉 검찰 조사대상 소년과 처리 현황(2005년)

구 분		인 원(명)
합 계		85,887
기 소	소 계	15,197
	구공판	4,252
	구약식	10,945
불기소	소 계	53,876
	무혐의	3,233
	기소유예	41,059
	기소중지	2,310
	기 타	7,274
소년부송치		16,814

자료출처: 대검찰청, 2006.

Ⅱ. 재판단계

1. 법원 조사관의 조사

소년사건에서 소년들이 처우의 개별화를 위한 본격적인 조사를 받게 되는 것은 재판단계에 이르러서이다. 가정법원 소년부와 지방법원 소년부에는 소년조사관을 두어 소년에 대해 전문적인 조사를 실시하도록 하고 있다. 표와 같이 2000년 12월에 집계된 자료에 의하면 현재 서울가정법원에 2명의 소년전담 조사관이 배치되어 있는 것을 비롯해 전국에 총 22명의 소년조사관이 소년부에 배치되어 있다.

<표 4-2-3> 법원 소년조사관 현황

(2005. 12. 현재)

법원별	소년조사관 인원(명)	비 고
합 계	22	
서울가정법원	2	
의정부지방법원	1	가사조사관이 겸직
인천지방법원	2	가사조사관이 겸직
수원지방법원	2	겸 직
춘천지방법원	1	가사조사관이 겸직
강릉 지원	1	가사조사관이 겸직
원주 지원	1	가사조사관이 겸직
속초 지원	1	가사조사관이 겸직
영월 지원	1	가사조사관이 겸직
대전지방법원	1	가사조사관이 겸직
청주지방법원	1	
대구가정지원	3	가사조사관이 겸직
법원별	소년조사관 인원(명)	비 고
부산가정지원	1	
창원지방법원	1	가사조사관이 겸직
광주가정지원	1	가사조사관이 겸직
전주지방법원	1	소년조사관이 겸직
제주지방법원	1	가사조사관이 겸직

주: 비고에서는 겸직현황을 보여 주고 있다. '빈칸'은 소년사건만 전담하는 소년조사관이 있는 경우이고, '가사조사관이 겸직'은 가사조사관으로 임용된 조사관이 소년조사를 겸하는 경우이며, '소년조사관이 겸직'은 소년조사관으로 임용된 조사관이 가사나 가정보호 조사를 겸하는 경우이고, '겸직'은 이런 구분 없이 모든 조사관이 소년과 가사, 가정보호조사를 겸하는 경우이다.
자료출처: 법원행정처, 사법연감, 2006.

〈표 4-2-4〉 법원 소년보호사건 조사대상 소년과 처리 현황(2005년)

구 분		인 원(명)
합 계		24,303
보호처분	계	21,135
	보호자 또는 적당한 자의 감호에 위탁(1호 처분)	4,166
	1호, 2호 병합	6,897
	1호, 3호 병합	7,470
	단기보호관찰(2호 처분)	9
	보호관찰(3호 처분)	9
	아동복지시설기타 소년보호시설에 위탁	577
	병원·요양소에 위탁	5
	단기소년원 송치	1,053
	소년원 송치	949
심리불개시		1,758
불처분		1,228
타법원에 이송		47
검찰에 송치		129
기 타		6

자료출처: 법원행정처, 사법연감, 2006.

그러나 이들은 서울, 부산, 청주를 제외하고는 모두 겸직이다. 나머지는 가정이나 가사와 소년을 겸직하고 있어 소년조사 전문기관으로서의 역할을 제대로 수행할 수 있을지 다소 의문이 제기된다. 그러나 발전적인 것은 2001년 7월부터 심리학, 사회복지학 등 청소년상담 관련전공 석사학위 소지자 10여 명을 계약직으로 선발해 조사업무를 담당하게 하였고, 2004년에는 이들 14명을 조사직 6급으로 채용하였으며 서울가정법원에 8명(소년조사 전담 2명)을 배치했다[276]. 사법연감(2005년 12월

---

276) 이춘화, "한국 소년조사관제도의 현황과 개선방안." 한국소년법학회 2004년 하계학술대회 자료집, 2004, 8쪽

집계자료)에 의하면 법원의 조사관 총 인원은 92명이고, 이 중 가사담당이 77명, 가정보호담당이 49명인데, 소년담당은 17명에 불과하다. 그나마도 대부분 가사조사관이 겸직하고 있는 것으로 나타나 있다[277].

<표 4-2-5> 법원 소년형사사건 조사대상 소년과 처리 현황(2005년)

구 분	인 원(명)
합 계	4,296
사 형	0
무기형	0
정기형	18
부정기형	659
집행유예	1,223
벌 금	420
선고유예	48
무 죄	14
소년부송치	1,565
기 타	349

자료출처: 법원행정처, 사법연감, 2006.

한편 조사가 이루어진 대상 소년에 대해서는 공식통계조차 집계되지 않고 있다. 그래서 여기에서는 법원에서 조사를 실시할 수 있는 대상 소년의 총 인원이 얼마인지를 알아봄으로써 소년조사관과 소년분류심사원에 대한 조사명령과 판결전조사를 활성화할 수 있는 가능성을 탐색해보고자 한다. 표에 나타나 있는 바와 같이 먼저 소년보호사건의 경우 작년도에 조사가 가능한 총 대상인원은 24,303명이다. 뒤에서 살펴보겠지만 이 중 소년분류심사원에서 분류심사를 받는 소년은 수용분류 4,282명, 상담조사 1,890명이다. 그러므로 전체 소년보호사건 처리과정에서 전문

---

277) 법원행정처, 사법연감, 서울: 법원행정처, 2006, 156~157쪽.

적인 조사를 받은 소년은 약 ¼ 정도에 불과함을 알 수 있다. 한편 소년형사사건의 경우 작년도에 조사가 가능한 총 대상인원은 4,296명이다. 그러나 보호관찰소에 판결전조사를 의뢰한 건수는 전년도 이월된 사건까지 합하여 4,964건이다. 형사사건의 경우 조사제도를 더 적극적으로 활용했음을 보여 주고 있다.

2. 소년분류심사원의 분류심사[278]

우리나라에는 전국에 모두 3개의 소년분류심사원이 설치되어 있다. 1977년 서울소년분류심사원이 최초로 설립된 이래 대구, 대전, 부산, 광주의 순으로 소년분류심사원이 설립되었다. 이후 최근에 소년보호사건이 줄어들면서 구조조정을 위해 대전과 대구의 차례로 폐쇄되었고 2007년 7월 1일부터는 서울을 제외한 나머지 심사원 모두를 폐쇄할 예정이다. 현재 운영되고 있는 소년분류심사원의 설립연도와 위치는 표와 같다.

이와 같이 소년분류심사원이 전국 각지에 설립되지 않고 일부 지역에만 설치되어 있는 것은 비행소년에 대한 처우의 개별화에 대한 전제조건으로서의 전문적인 분류시설이라는 점에서 개선의 필요성이 있을 뿐 아니라 시설의 수적인 면에서도 우리와 제도적으로 유사한 일본의 경우 전국에 53개의 소년감별소가 설치되어 있는 것과 비교할 때 매우 부족한 것이 현실이다. 적어도 12개 지방법원 소재지마다 1개소씩은 개설이 되어야 할 것이다.

---

278) 여기에서 제시하는 통계자료는 다음을 참고하여 재구성하였다. 소년분류심사원 시설통계의 경우 「법무부, 소년보호행정편람, 서울: 법무부, 1994」, 나머지 통계는 법무부에서 제공한 자료를 활용하였다.

〈표 4-2-6〉 전국소년분류심사원 시설현황

기　관	설립연월일	위　치	비　고
서울소년분류심사원	1977. 4. 30	안양시 동안구 호계동	소년분류심사원이 없는 지역에서는 소년원에서 업무대행
부산소년분류심사원	1984. 2. 29	부산직할시 강서구 대저동	
광주소년분류심사원	1991. 11. 1	광주직할시 서구 화정동	

주: 대전소년분류심사원(82'.10.28. 설립)은 04'.1. 대전의료소년원으로 기능을 전환하였고, 대구소년분류심사원(78'.7.8. 설립)은 05'.8. 폐지 후 대구소년원으로 위탁업무 이관
자료출처: 법무부, 2006.

또한 개별처우를 위해서는 소규모의 시설에서 적은 수의 인원을 대상으로 분류심사가 이루어져야 하는데 지금의 소년분류심사원은 1개 시설의 규모가 너무 크다는 문제점도 있다.

〈표 4-2-7〉 소년분류심사원 시설기준

(단위: ㎡)

구　분	기준 면적	구　분	기준 면적
분류심사관실	각실: 17	분류심사대기실	7
분류심사자료실	직원 수 x0.17	상담실	1실당: 10
분류심사위원회실	30	집단검사실	40
개별검사실	20	뇌파검사실	17
기구검사실	100명까지: 20 100명증가: 10가산	위탁소년도서실	서고: 장서수/200 열람실: 서고x20%
외래감별실	99	생활관집단실	1인당:4
생활관단독실	1인당: 6.6		

자료출처: 법무부, 2006.

소년분류심사원의 시설기준은 표와 같다. 표의 내용 외에도 소장실, 회의실, 직원식당, 목욕실 등 소년분류심사원의 모든 시설에 대한 기준이 마련되어 있으나 여기에서는 분류심사 및 소년에 대한 처우와 직접 관련되는 시설만을 제시하였다. 소년분류심사원의 수용면적 및 정원의 기준은 다음 표와 같다.

<표 4-2-8> 소년분류심사원 수용면적과 정원

기 관	면적(평)		정원(명)	
	토 지	건 물	직 원	학 생
서울소년분류심사원	17,107	1,890	79(59)	210
부산소년분류심사원	14,258	2,409	44(38)	100
광주소년분류심사원	5,848	1,539	41(35)	70

주1: 직원정원 중 ( )는 기능직을 제외한 일반직의 수
주2: 학생정원은 06'.7.31. 조정, 운영 중인 기관별 정원임
자료출처: 법무부, 2006.

전국 소년원과 소년분류심사원에서 분류심사를 담당하고 있는 직원 현황은 다음 표와 같다. 소년원이 경우는 재판 중인 위탁소년에 대한 분류심사뿐 아니라 교정단계의 보호소년에 대한 분류심사를 겸해서 실시하게 된다. 재판단계에 있는 소년보호사건의 소년에 대한 분류심사를 전담하는 분류심사 담당직원은 2005년 8월 현재 전국에 총 135명으로 2001년에 57명이었던 것과 비교해 증가했다.

〈표 4-2-9〉 소년분류심사원 및 소년원분류심사 직원 현황

(2005. 8. 15)

기관명＼직원 현황	전체 직원(명)	분류보호(심사)과 직원(명)	전문인력(명)	
			분류심사	상 담
합 계	454	135	37	11
대구소년원	51	17	2	2
전주소년원	49	13	0	0
청주소년원	47	12	3	0
춘천소년원	44	12	4	1
창원소년원	50	14	3	1
제주소년원	35	9	0	0
대전의료	46	15	4	1
소년분류심사원 / 서 울	59	20	9	1
소년분류심사원 / 부 산	38	12	3	1
소년분류심사원 / 광 주	35	11	4	0
기타(본부 등)	-	-	5	4

※ 직원정원은 '소년원기관별공무원정원배정표'에 의함.
※ 소년원 일반직 전체 정원은 744명
자료출처: 법무부, 2006.

2005도에 전국의 소년분류심사원에 위탁된 소년 중에서 분류심사대상자는 총 4,398명이었고, 이 중 4,281명에 대해 분류심사를 실시하였다. 이 중에서 일반분류심사는 3,045명이었다. 전국의 분류심사원 중에서 분류심사 인원이 가장 많은 곳은 서울소년분류심사원으로 이곳에서 분류심사를 받은 소년은 1,198명이다. 이는 전국에서 분류심사를 받은 총 인원의 ⅓이 넘는 수치이다.

2005도에 보호소년상담조사제도에 의해 수용하지 않고 분류심사를 받아야 했던 대상 소년은 2,308명이었고 이 중 조사가 실시된 소년은 1,890명이었다.

〈표 4-2-10〉 소년분류심사원 수용분류심사 현황

(단위: 명)

구분	이월 인원		신수용		위탁변경 등		분류심사 대상		미분류심사		분류심사완료					
											계		일 반		특 수	
연도	2004	2005	2004	2005	2004	2005	2004	2005	2004	2005	2004	2005	2004	2005	2004	2005
합계	248	162	6,045	5,080	1,009	844	5,252	4,398	143	117	5,109	4,281	3,678	3,045	1,431	1,236
전주	15	21	198	141	46	53	167	109	21	1	146	108	138	89	8	19
청주	69	18	179	174	17	33	195	159	18	18	177	141	103	97	74	44
춘천	9	4	173	98	36	8	150	94	1	2	149	92	102	58	47	34
창원	－	17	354	233	87	42	267	208	17	1	250	207	230	169	20	38
제주	10	3	59	57	2	14	67	46	－	－	67	46	38	21	29	25
대전	25	31	514	366	14	9	525	388	18	8	507	380	329	213	178	167
서울	70	33	2,107	1,832	293	292	1,884	1,573	33	22	1,851	1,551	1,491	1,198	360	353
부산	16	13	1,235	1,121	207	124	1,044	1,021	24	13	1,020	1,008	772	755	248	253
대구	15	3	509	461	107	81	417	383	3	23	414	360	169	221	245	139
광주	19	8	717	597	200	188	536	417	8	29	528	388	306	224	222	164

자료출처: 법무부, 2006.

〈표 4-2-11〉 소년분류심사원 보호소년상담조사 현황

(단위: 명)

구분	이 월		의 뢰		대 상		미출석	불참통지	미실시	대기진행	실시인원	
연도	2004	2005	2004	2005	2004	2005	2004	2005	2004	2005	2004	2005
합계	50	106	2,139	2,202	2,189	2,308	201	284	106	134	1,882	1,890
서울	38	30	524	627	562	657	65	78	30	36	545	543
부산	11	0	95	77	106	77	2	3	0	0	104	74
광주	－	5	158	263	158	268	8	15	5	19	145	234
대구	－	0	118	59	118	59	0	0	0	0	118	59
전주	1	5	70	320	71	325	3	48	5	30	63	247
청주	－	0	218	110	218	110	4	3	0	0	214	107
춘천	－	59	715	436	715	495	114	107	59	35	542	353
창원	－	7	45	186	45	193	2	24	7	14	36	155
제주	－	0	20	6	20	6	3	3	0	0	17	3
대전	－	0	98	118	98	118	0	3	0	0	98	115

주1: 소년부로 송치된 사건 중에서 소년분류심사원에 위탁되지 않은 소년범에 대하여 과거에 비행성진단과 환경조사 등 소년보호를 위한 기초자료 없이 심리가 진행되어 왔으나 각종 조사를 통하여 법원에 자료를 제공하고 보호관찰소 등에 효율적인 지도방향제시 목적으로 2003. 7 이후 「보호소년상담조사」제도를 실시함.

주2: 2004년의 미출석, 미실시 항목은 2005년에 각각 불참통지, 대기진행으로 변경되었음.

자료출처: 법무부, 2006.

　　소년분류심사원에서는 분류심사를 실시하여 그 결과를 법원에 통보하는데 판사는 이를 참고하여 보호처분을 결정한다. 따라서 소년분류심사원에서 제시한 의견과 판사의 보호처분결정이 어느 정도 일치하는가를 알아보면 소년분류심사원에서 실시하는 분류심사의 활용도를 알 수 있을 것이다. 이를 합치율[279] 이라고 하는데, 소년분류심사원의 판정결과와 실제 판사의 보호처분결정과의 합치율은 표와 같다. 1981년도에는 합치율이 절반 정도의 수준이었으나 80년대 중반부터 현저히 증가하여[280] 현재는 대체로 80% 가까이를 유지하고 있다. 이와 같이 합치율이 높아진 것은 법원에서 소년분류심사원의 전문성을 인정하고 있다는 것을 보여 주는 것이다. 그러나 이후로는 합치율이 판사에 따라 편차가 커서 공식통계를 제시하기 어려운 실정이라고 한다. 판사의 성향이 비행사실을 중시할 경우에는 분류심사결과에 대한 활용도가 낮고, 반대로 요보호성을 중시할 경우에는 활용도가 높기 때문에 합치율이 최고 90%에 이르기도 하지만 낮은 경우에는 60%대에 이를 때도 있다고 한다.

〈표 4-2-12〉 소년분류심사원의 분류심사결과와 법원결정의 합치율(2000년)

(단위: 명)

심사판정＼처분명	법 원 결 정						
	계	1호	1·2호 1·3호	4호 5호	6호 7호	기 타	합치율 (%)
합 계	8,613	157	5,345	680	2,388	43	78.9
1호	88	22	60	2	3	1	25.0
1.2호, 1.3호(보호관찰)	5,286	109	4,572	189	390	26	86.5
4호, 5호	465	17	104	271	62	5	58.3
6호, 7호(소년원 송치)	2,768	9	603	215	1,930	11	69.7
기 타	6		6				0.0

자료출처: 법무부, 2001.

---

279) 합치율이라는 것은 분류심사원의 판정과 법원의 처분판결이 같은 정도를 나타내는 것이다. 그러나 공식적으로 취합하고 있지 않으며, 각 기관에서 자체적으로 분석, 피드백 자료로만 활용되고 있다. 따라서 이것이 적절한 분류심사의 지표가 될 수는 없고 다만 판사의 분류심사결과 활용도의 지표는 될 수 있을 것이다.

280) 법무부, 소년보호행정편람, 서울: 법무부, 1994, 375쪽.

3. 보호관찰소의 판결전조사

보호관찰소에서 작년에 소년형사사건에서의 소년에 대해 판결전조사를 실시하도록 형사법원으로부터 의뢰받은 건수는 전국적으로 총 4,964건이다.

전국의 보호관찰소 중에서 판결전조사를 가장 많이 실시한 곳은 전주보호관찰소로 417건을 실시하였다. 이는 전국 판결전조사 중에서 8.4%를 차지하는 것이다. 다음은 대구보호관찰소가 334건으로 6.7%를 차지하고 있고, 다음은 수원보호관찰소가 308건으로 6.2%, 의정부보호관찰소가 283건으로 5.7%를 차지하였다.

<표 4-2-13> 판결전조사 접수 현황

구 분	1994	1995	1996	1997	1998	1999	2000	2001	2002	2003	2004	2005
합 계	139	371	2,103	3,344	2,275	3,173	3,654	3,903	3,667	4,040	4,660	4,964
서 울	1	18	212	824	786	798	688	775	605	408	510	252
의정부		2	41	9	14	85	92	83	54	65	121	283
인 천	2	4	171	217	17	159	310	226	81	237	224	169
수 원	1	2	119	91	49	215	279	534	306	392	360	308
춘 천		1	88	21	5	12	12	18	117	59	25	27
대 전			112	94	92	201	360	350	241	201	210	172
구 분	1994	1995	1996	1997	1998	1999	2000	2001	2002	2003	2004	2005
청 주		5	16	108	113	257	173	53	38	93	134	149
대 구	3	20	170	251	195	169	150	130	89	128	160	334
부 산		2	23	420	50	83	131	94	242	221	374	272
울 산		3	41	12	2	1	20	18	77	97	104	88
창 원	10	1	88	118	72	44	159	157	201	177	273	238
광 주		14	100	7	67	121	264	312	334	119	87	185
전 주			46	10	166	227	338	214	233	251	200	417
제 주	16	22	73	54	13	23	83	138	52	36	17	61
서울남부		7	34	151	9	15	57	99	68	76	84	116
서울서부							2	18	70	71	76	99
서울동부												114
서울북부												68
고 양											36	100

구 분	1994	1995	1996	1997	1998	1999	2000	2001	2002	2003	2004	2005
부 천								4	54	70	226	179
성 남							16	82	27	180	411	223
안 산										37	55	86
평 택												
강 릉	98	189	151	233	66	42	16	27	30	27	43	64
원 주											21	46
홍 성			25	68	3	73	75	49	54	39	38	27
천 안											15	46
충 주										65	75	50
대구서부												
안 동	6	50	106	145	33	3	17	65	16	60	52	41
포 항		31	285	235	55	164	82	82	76	140	73	118
김 천				5	1	19	26	106	140	112	156
부산서부							18	69	138	119	190	117
진 주			31	92	4	33	48	71	72	69	153	157
목 포	2		40	93	122	149	131	119	122	165	95	54
순 천			131	91	337	298	114	73	83	73	47	39
군 산								17	81	225	59	109

주: 칸이 비어 있는 경우는 개청 이전임.
자료출처: 법무부, 2006.

Ⅲ. 교정단계

1. 보호관찰소의 환경조사

보호관찰소에서 2005년도에 소년수용시설로부터 소년에 대한 환경조사를 의뢰받은 건수는 전국적으로 총 2,015건이다. 전반적으로 해마다 줄어들고 있는 추세이다.

〈표 4-2-14〉 환경조사 접수 현황

구 분	1994	1995	1996	1997	1998	1999	2000	2001	2002	2003	2004	2005
합 계	5,245	5,233	5,900	6,490	7,667	6,260	5,529	5,221	4,828	4,610	3,201	2,015
서 울	840	807	1,016	1,104	1,026	829	714	643	570	470	272	78
의정부	206	192	197	281	386	279	188	193	174	126	72	57
인 천	317	408	456	798	631	405	373	326	358	358	230	146
수 원	666	604	621	743	783	614	518	513	401	300	208	131
춘 천	86	96	87	111	128	131	88	96	109	76	29	19
대 전	384	436	332	259	437	390	338	235	236	244	149	61
청 주	213	188	184	225	249	268	188	145	128	103	62	34
대 구	237	355	472	272	547	546	289	347	288	313	197	143
부 산	659	510	58	525	665	559	421	352	289	321	229	113
울 산	126	118	102	145	145	119	171	135	118	128	91	56
창 원	116	132	223	218	223	228	245	227	160	179	122	104
광 주	197	204	223	256	228	198	215	244	207	177	140	118
전 주	285	237	228	285	510	243	277	241	228	156	95	102
제 주	85	12	98	40	181	117	137	137	100	111	58	51
서울남부	186	198	248	323	276	227	187	177	182	160	119	51
서울서부							45	95	87	110	59	42
서울동부												16
서울북부												36
고 양											22	15
부 천								6	82	41	60	34
성 남							70	124	86	76	65	36
안 산										57	74	39
강 릉	104	91	117	144	132	128	105	104	113	81	80	26
원 주											29	36
홍 성			52	99	141	117	111	84	66	81	66	35
천 안											33	30
충 주										33	30	19
안 동	70	104	154	82	121	129	81	81	52	59	55	23
포 항	52	103	153	153	330	220	119	140	167	130	78	36
김 천				25	121	86	78	84	70	50	36	14
부산서부								159	131	126	184	95	53
진 주	145	159	158	151	198	213	206	152	129	136	92	64
목 포	132	86	110	115	112	102	110	87	93	138	87	50
순 천	139	93	111	136	97	112	96	115	131	122	78	48
군 산								7	78	90	89	99

주: 칸이 비어 있는 경우는 개청 이전임.
자료출처: 법무부, 2006.

2. 소년원의 분류심사

<표 4-2-15> 소년원분류보호 직원 현황(2005년 8월)

(단위: 명)

기 관 \ 구 분	직원정원(일반직)		전문인력		
	전체 직원	분류보호 (심사)과	계	분류심사	상 담
합 계	454	135	48	37	11
대행 소년원 소 계	322	92	21	16	5
대구소년원	51	17	4	2	2
전주소년원	49	13	0	0	0
청주소년원	47	12	3	3	0
춘천소년원	44	12	5	4	1
창원소년원	50	14	4	3	1
제주소년원	35	9	0	0	0
대전의료	46	15	5	4	1
소년분류심사원 소 계	132	43	18	16	2
서울심사원	59	20	10	9	1
부산심사원	38	12	4	3	1
광주심사원	35	11	4	4	
기타(본부, 유학 등)			9	5	4

주: 소년원 일반직 전체 정원은 744명
자료출처: 법무부, 2006.

소년원에서 수용소년에 대한 분류처우를 위해 분류심사를 실시하는 곳은 분류보호과이다. 2005년 8월 전국 소년원분류보호과의 직원은 표와 같이 소년원 직원 454명 중 135이다.

<표 4-2-16> 소년원분류처우 현황

구　분	신수용인원	분류처우 인원				미분류
		단　기	일반A	일반B	일반C	
2004년	1,804	933	126	215	529	1
2005년	1,543	875	90	171	406	1

주: 단기, 중기A, 일반장기B, 특별장기C로 분류되던 분류처우단계가 2004년도
　　부터 단기, 일반A, 일반B, 일반C의 단계로 변경됨.
자료출처: 법무부, 2006.

소년원분류보호과에서 실시하는 분류심사 현황은 표와 같다. 소년원
분류보호과에서는 신입소년들을 대상으로 분류심사를 실시하여 표와
같이 분류처우를 실시한다. 2005년에 새로 수용된 소년은 총 1,543명이
고, 분류심사대상 소년 총수는 4,398명이다. 이들이 분류심사를 통해
결정된 처우결과는 기간별로는 단기 875명, 일반A 90명, 일반B 171명,
일반C 406명이다.

3. 교도소·구치소의 분류심사

교도소에서 수형자를 분류 처우하기 위해 분류심사를 실시하는 곳은
교도소의 분류심사과이다. 2005년 현재 전국 교도소 분류심사과 직원
은 정원이 227명이고 현원은 195명이다. 2005년 5월 한 달간의 교도소
분류심사 현황은 다음 표와 같다. 전체 수형자 3,452명 중 자소에 형이
확정된 소년은 총 14명이다. 타소로 이송된 경우는 소년에 대한 통계
가 별도로 집계되지 않고 있다.

〈표 4-2-17〉 수형자분류심사 현황(2005년 5월)

(단위: 명)

업무별	구 분	계	자소형 확정					타소 이입
			계	성 년	소 년	감호병과	기 타	
합 계	완 료	3452	1787	1738	14	1	34	1665
	미 필	3	3	1	0	0	2	0
	유 예	678	661	639	4	4	14	17
서울청	완 료	1204	893	877	3	0	13	311
	미 필	0	0	0	0	0	0	0
	유 예	359	354	343	2	4	5	5
대구청	완 료	1172	510	488	4	0	18	662
	미 필	0	0	0	0	0	0	0
	유 예	212	210	206	2	0	2	2
대전청	완 료	538	190	185	2	1	2	348
	미 필	3	3	1	0	0	2	0
	유 예	57	54	47	0	0	7	3
광주청	완 료	538	194	188	5	0	1	344
	미 필	0	0	0	0	0	0	0
	유 예	50	43	43	0	0	0	7

자료출처: 법무부, 2006.

다음으로 분류심사의 세부내용을 차례로 살펴보면, 2005년 5월 한 달 동안 분류심사를 위한 전문적인 검사는 전체 수형자 3,470명 중 24명의 소년에 대해 실시했다. 이 중 인성검사가 14명, 지능검사가 5명, 적성검사가 5명이다. 이 역시 자소에 형이 확정된 경우만 소년에 대해 따로 집계가 이루어지고 있다. 한편 2005년 5월 현재 수형자분류급별 수용분류 현황을 살펴보면, J급이 448명이고, Y급이 2,619명이다.

〈표 4-2-18〉 수형자분류검사 현황(2005년 5월)

(단위: 명)

업무별	구 분	계	자소형 확정					타소이입
			계	성 년	소 년	감호병과	기 타	
합 계	인성검사	3470	1806	1757	14	1	34	1664
	지능검사	706	333	326	5	0	2	373
	적성검사	707	334	326	5	0	3	373
서울청	인성검사	1204	893	877	3	0	13	311
	지능검사	207	147	146	1	0	0	60
	적성검사	208	148	146	1	0	1	60
대구청	인성검사	1191	529	507	4	0	18	662
	지능검사	306	108	104	2	0	2	198
	적성검사	306	108	104	2	0	2	198
대전청	인성검사	538	190	185	2	1	2	348
	지능검사	86	39	39	0	0	0	47
	적성검사	86	39	39	0	0	0	47
광주청	인성검사	537	194	188	5	0	1	343
	지능검사	107	39	37	2	0	0	68
	적성검사	107	39	37	2	0	0	68

자료출처: 법무부, 2006.

〈표 4-2-19〉 수형자분류급별 수용분류 현황(2005년 5월)

(단위: 명)

구 분	계	W	F	I	J	Y	L	M			P2			Co1	
								M1	M2	M3	P1	P2	P3	Co1	Co2
합 계	32532	1177	311	82	448	2619	4700	142	135	113	1393	412	61	0	0
서울청	9498	348	6	11	9	742	523	43	33	25	490	154	27	0	0
대구청	10517	298	2	12	30	1047	1637	64	80	66	512	97	18	0	0
대전청	5887	441	302	48	373	417	1137	12	11	6	147	63	8	0	0
광주청	6630	90	1	11	36	413	1403	23	11	16	244	98	8	0	0

자료출처: 법무부, 2006.

제 5 장

소년조사제도의 문제점과 개선방안

제1절 시설수용 소년 설문조사

Ⅰ. 조사방법

이 연구에서는 소년사건에서 실시되고 있는 각종 조사제도의 처리과정에 대해 조사를 받은 당사자인 소년들이 어떤 생각을 가지고 있는지 알아봄으로써 그들이 지적하는 문제점과 그에 따른 개선방안에 관한 의견을 수렴하고자 소년수용시설에 있는 소년들을 대상으로 설문조사를 실시하였다. 다음에서는 측정도구의 제작과 설문조사가 이루어진 절차, 자료분석, 조사대상자의 특성 등에 관해 기술하고자 한다.

1. 주요변인의 측정

이 연구에서 사용된 설문지는 조사대상에 따라 소년원에 수용되어 있는 보호소년용과 교도소에 수용되어 있는 소년수형자용으로 나뉜다. 하지만 두 설문지의 질문내용은 크게 차이가 없고, 다만 그들이 받고 있는 처우내용의 차이로 인해 문항이 약간 다르게 표현되었을 뿐이다. 이들 설문지는 크게 세 부분으로 구성되어 있다. 첫째는 조사제도에 대한 평가문항이다. 둘째는 처우의 개별화에 대한 평가문항이다. 셋째는 조사제도 및 처우의 개별화를 위한 개선방안에 관한 문항이다. 넷째는 이상 종속변인에 영향을 미치는 요인을 알아보기 위한 독립변인이다.

첫째, 조사제도에 대한 평가문항은 사법처리과정의 각 단계별로 소년이 받았던 조사의 문제점을 알아보는 문항들로 구성되어 있다. 이들 문항은 크게 기관별로 나누어 구성되어 있는데, 즉 경찰, 검찰, 소년분류심사원, 보호관찰소, 수용시설[281]별로 동일하게 조사환경, 조사태도, 인권침해, 조사의 정확성, 조사의 타당성을 측정하는 5개 문항을 제시하였다. 이들 각 문항에 대한 평가를 "전혀 아니다", "아닌 편이다", "그저 그렇다", "그런 편이다", "매우 그렇다"의 5점 척도로 물어보았다. 한편 이들 조사제도에 대한 평가가 처우의 개별화에 대한 평가에 미치는 영향을 측정하기 위하여 조사제도에 대한 평가문항에 대해 요인분석을 실시하였는데, 고유값 1.0 이상인 요인 2개[282]가 추출되었다. 이 요인을 각각 하나의 변인으로 사용하기 위해 1요인은 '조사의 정확성', 2요인은 '조사의 타당성'이라고 구분하고, 이 척도가 신뢰할 만한 것인지 알아보기 위해 신뢰도를 검증하였다. 그 결과 Cronbach's Alpha(a) 값이 .76, .75로서 충분히 높은 신뢰도를 가지고 있는 것으로 나타났다.

둘째, 처우의 개별화에 대한 평가문항은 소년들이 현재 개별화된 처우를 받고 있다고 생각하는지 알아보는 문항들로 구성되어 있다. 즉 수용시설, 교정인력, 교육·작업내용, 교육·작업 외 생활내용을 측정하는 4개 문항을 제시하였다. 이들 각 문항에 대한 평가를 "전혀 아니다", "아닌 편이다", "그저 그렇다", "그런 편이다", "매우 그렇다"의 5점 척도로 물어보았다. 한편 이들 처우의 개별화에 대한 평가에 영향을 미치

---

281) 법원에서도 소년조사관에 의한 조사를 실시하고 있으나 실제 실시되는 대상이 너무 적기 때문에 설문문항에서 제외하였다.

282) 1요인에 속해 있는 문항은 경찰(.87), 검찰(.89), 수용시설(.70)의 조사의 정확성에 관한 문항들이고, 2요인에 속해 있는 문항은 경찰(.84), 검찰(.89), 수용시설(.72)의 조사의 타당성에 관한 문항들이다.

는 요인들을 측정하기 위하여 처우의 개별화에 대한 평가문항에 대해 요인분석을 실시하였는데, 고유값 1.0 이상인 요인[283] 1개가 추출되었다. 이 요인을 하나의 변인으로 사용하기 위해 '처우의 개별화에 대한 평가'라고 명명하고, 이 척도가 신뢰할 만한 것인지 알아보기 위해 신뢰도를 검증하였다. 그 결과 Cronbach's Alpha(a)값이 .81로서 충분히 높은 신뢰도를 가지고 있는 것으로 나타났다.

셋째, 조사제도 및 처우의 개별화를 위한 개선방안에 관한 문항은 먼저 소년의 특성을 정확하게 파악하기 위해서는 현재의 조사제도가 어떻게 개선되어야 할지에 대한 6가지 항목을 제시하고 3가지를 선택하도록 하였고, 수용시설의 처우내용이 소년의 특성에 맞기 위해서는 어떻게 개선해야 할지에 대하여는 8가지 항목을 제시하고 3가지를 선택하도록 했다.

넷째, 독립변인은 소년들의 조사과정에 대한 평가와 개별화된 처우에 대한 평가에 영향을 미치는 요인이 무엇인지 알아보기 위한 것으로서 자아존중감, 처분만족도, 처분 및 수용기간, 사회인구학적 변인 등에 관한 문항으로 구성되어 있다. 이 중 자아존중감 측정을 위해서는 Rosenberg와 Guttman의 자아존중감 척도 10문항을 사용하였다. 이 척도는 신뢰성과 타당성이 국내외의 여러 연구에 의해 이미 검증되어 있는 도구이다.

2. 조사과정과 자료분석방법

이 연구를 위해 전국 12개 소년원에서 각각 22명씩 총 264명의 보호소년을 표집하였고, 청주여자교도소에서 10명의 여자소년수형자 전원

---

283) 이 요인에 속해 있는 문항은 수용시설(.66), 교정인력(.64), 교육·작업내용(.66), 교육·작업 외 생활내용(.60)의 개별화에 대한 평가에 관한 문항들이다.

과 천안·김천소년교도소에서 남자소년수형자 각각 130명씩 총 270명의 소년수형자를 표집하여 전체 표집대상자는 534명이다. 설문조사기간은 2001년 8월 20일부터 30일까지 10일간이었고, 우편조사와 방문조사를 병행하였다. 배포된 설문지 전량이 회수되었는데, 이 중 신뢰성이 낮다고 판정된 자료 9부를 제외한 525부를 최종분석에 사용하였다. 이들 자료에 대해 SPSS / WIN(ver. 7.5)을 사용하여 전산 처리하였다.

구체적인 분석에 들어가기 전에 질문항목들이 타당하게 구성된 문항들인지 검증하기 위해 요인분석(factor analysis)과 신뢰도검증을 실시하였다. 또한 조사대상자의 일반적 특성을 알아보기 위해 빈도분석(frequency analysis)을 실시하였고, 각 문항에 대한 보호소년과 소년수형자 간의 의견차이를 검증하기 위하여 t검증(t-test)을 실시하였다. 또한 관련요인들 간의 관계를 알아보기 위하여 상관관계(correlation)와 다중회귀분석(multiple regression)을 실시하였다.

3. 조사대상자의 특성

이 조사에서 표집한 소년들은 다음과 같은 특성을 가지고 있다. 먼저 소년원에 수용되어 있는 보호소년이 49.7%, 교도소에 수용되어 있는 소년수형자가 50.3%로 각각 절반 정도씩이다.

〈표 5-1-1〉 조사대상 소년의 일반적 특징

(단위: %, (명))

변 인		보호소년	소년수형자	전 체
전 체		49.7(261)	50.3(264)	100.0(525)
성 별	남 자	91.6(239)	96.2(254)	93.9(493)
	여 자	8.4(22)	3.8(10)	6.1(32)
나 이	14세-15세	7.3(19)	-	-
	16세-17세	28.5(74)	0.8(2)	-
	18세-19세	64.2(167)	14.4(38)	-
	20세 이상	-	84.8(223)	-
학 력	초등학교 졸업	2.3(6)	2.0(5)	2.2(11)
	중학교 중퇴-졸업	57.9(151)	47.0(117)	52.5(268)
	고등학교 중퇴-졸업	39.8(104)	51.0(127)	45.3(231)
가족구조	일반가정	38.8(101)	50.2(132)	44.6(233)
	결손가정	61.2(159)	49.8(131)	55.4(290)
월평균소득	70만원 미만	13.1(34)	17.1(44)	15.1(78)
	70만원-100만원	26.6(69)	17.1(44)	21.9(113)
	100만원-150만원	28.6(74)	21.8(56)	25.2(130)
	150만원-200만원	15.1(39)	19.1(49)	17.1(88)
	200만원 이상	16.6(43)	24.9(64)	20.7(107)
보호소년 처분	6호	32.8(85)	-	-
	7호	67.2(174)	-	-
소년수형자 형기	1년 미만	-	4.9(13)	-
	1년 이상-3년 미만	-	33.8(89)	-
	3년 이상	-	61.3(161)	-
수용기간(개월)		6.5	17.32	11.87
자아존중감(50점 만점)		34.53	36.20	35.36
처분만족도(5점 만점)		3.19	3.17	3.18

　성별로는 남자가 93.9%, 여자가 6.1%인데, 이는 시설에 수용되어 있
는 소년의 모집단 성비와 거의 일치하는 비율이다. 나이는 보호소년의
경우 14-15세가 7.3%, 16-17세가 28.5%, 18-19세가 64.2%이고, 소년수

형자의 경우 16-17세가 0.8%, 18-19세가 14.4%이고, 20세 이상이 84.8%이다. 학력은 초등학교 졸업이 2.2%, 중학교 졸업 이하가 52.5%, 고등학교 졸업 이하가 45.3%이다. 가족구조는 보통의 가정(44.6%)보다 부모 중 한 분이라도 결손되어 있는 가정(55.4%)이 더 많은 것으로 나타났다. 가족의 월평균소득은 70만원 미만이 15.1%, 70-100만원 사이가 21.9%, 100-150만원 사이가 25.2%, 150-200만원 사이가 17.1%, 200만원 이상이 20.7%로 대체로 어려운 형편임을 알 수 있다.

보호소년 중 6호 처분은 32.8%이고, 7호 처분은 67.2%이다. 소년수형자 중에서 형기가 1년 미만은 4.9%이고, 1년 이상 3년 미만은 33.8%, 3년 이상이 61.3%이다. 현재까지의 수용기간은 보호소년의 경우 6.5개월이고, 소년수형자는 17.32개월이다. 이들 조사대상자의 자아존중감은 총점 50점에 대해 평균 35.36으로 높은 편인 것으로 나타났다. 또한 자신이 받고 있는 처분에 대한 만족도도 총점 5점에 대해 평균 3.18로 그리 낮지 않은 편이다.

II. 조사결과 분석

1. 경찰의 조사에 대한 평가

경찰의 조사에 대한 평가 중에서 먼저 조사환경에 대한 평가는 "조사 받을 때 옆에 다른 사람들이 있어 질문에 솔직하게 답하기 어려웠다"는 항목으로 측정했는데, 이에 대한 평균이 5점 만점에 2.64로 나타나 이에 대해서는 그다지 어려움을 느끼지 않았던 것을 알 수 있다. 또한 상대적으로 소년수형자보다 보호소년이 더 긍정적으로 평가하고 있다.

〈표 5-1-2〉 경찰의 조사환경에 대한 평가

집 단	평 균	표준편차	사례 수	통계치
전 체	2.64	1.35	523	
보호소년	2.45	1.28	260	$t = -3.250$
소년수형자	2.83	1.39	263	$p = .001$

경찰의 조사태도에 대한 평가는 "조사받을 때 인격적으로 무시당하는 느낌이 들었다"는 항목으로 측정했는데, 이에 대한 평균이 5점 만점에 3.92로 나타나 이에 대해서는 매우 부정적인 생각을 갖고 있는 것을 알 수 있다. 또한 상대적으로 소년수형자가 보호소년보다 더 부정적으로 평가하고 있다. 연구자가 직접 방문하여 조사를 실시했던 한 시설에서는 여러 명의 소년들로부터 경찰에서 조사받을 때 심하게 무시당하고 구타를 당했다며 이에 관한 질문이 왜 한 개뿐이냐는 항의를 받기도 했다.

〈표 5-1-3〉 경찰의 조사태도에 대한 평가

집 단	평 균	표준편차	사례 수	통계치
전 체	3.92	1.26	523	
보호소년	3.77	1.26	260	$t = -2.628$
소년수형자	4.06	1.24	263	$p = .009$

〈표 5-1-4〉 경찰 조사의 인권침해에 대한 평가

집 단	평 균	표준편차	사례 수	통계치
전 체	3.44	1.25	521	
보호소년	3.39	1.22	259	$t = -.762$
소년수형자	3.48	1.28	262	$p = .446$

경찰 조사의 인권침해에 대한 평가는 "경찰에서의 질문내용은 나의 내면세계를 지나치게 파헤치는 것이었다"는 항목으로 측정했는데, 이에 대한 평균이 5점 만점에 3.44로 나타나 이에 대해서도 부정적인 생각을 갖고 있는 것을 알 수 있다. 그러나 집단 간에는 차이가 없었다.

경찰 조사의 정확성에 대한 평가는 "경찰에서는 나의 특성(성격, 신체, 취미, 특기, 가정환경, 친구관계 등)을 정확하게 조사한 것 같다"는 항목으로 측정했는데, 이에 대한 평균이 5점 만점에 3.09로 나타나 이에 대해서는 긍정적이지도 부정적이지도 않은 것을 알 수 있다. 그러나 집단 간에는 차이가 있어 보호소년의 경우는 긍정적으로 평가하고 있는 반면, 소년수형자의 경우는 부정적으로 평가하고 있다.

<표 5-1-5> 경찰 조사의 정확성에 대한 평가

집 단	평 균	표준편차	사례 수	통계치
전 체	3.09	1.26	521	
보호소년	3.28	1.12	259	t=3.414
소년수형자	2.90	1.36	262	p=.001

<표 5-1-6> 경찰 조사의 타당성에 대한 평가

집 단	평 균	표준편차	사례 수	통계치
전 체	1.98	1.08	522	
보호소년	2.22	1.04	259	t=5.375
소년수형자	1.73	1.06	263	p=.000

경찰 조사의 타당성에 대한 평가는 "경찰에서의 조사는 나에게 가장 적합한 교육과 지도를 해 주기 위한 것이었던 것 같다"는 항목으로 측정했는데, 이에 대한 평균이 5점 만점에 1.98로 나타나 경찰 조사에 관한 5개 평가항목 중에서 가장 부정적인 생각을 갖고 있는 것을 알 수

있다. 또한 상대적으로 소년수형자가 보호소년보다 더 부정적으로 평가하고 있다. 물론 경찰에서 소년에 대해 실시하는 조사는 처우의 개별화를 위한 것이라기보다는 비행사실을 정확하게 밝혀내기 위한 수사에 초점을 맞추고 있는 것이기 때문에 조사대상 소년들이 이와 같이 평가하는 것은 당연한 것일 수도 있다. 하지만 현재 경찰에서는 성인범에 대한 수사와는 달리 소년에 대해서는 환경조사와 비행성예측을 위한 조사를 실시하고 있는데 이를 보면 소년에 대한 조사가 단순히 수사목적만을 가지고 있는 것이 아님을 알 수 있다. 따라서 기왕에 그런 조사를 실시할 바에는 그 조사들이 소년에게 도움이 되는 것으로 느낄 수 있도록 실시가 되어야 선도효과를 높일 수 있을 것이다.

2. 검찰의 조사에 대한 평가

검찰의 조사에 대한 평가 중에서 먼저 조사환경에 대한 평가는 "조사받을 때 옆에 다른 사람들이 있어 질문에 솔직하게 답하기 어려웠다"는 항목으로 측정했는데, 이에 대한 평균이 5점 만점에 2.50으로 나타나 이에 대해서는 별로 어려움을 느끼지 않았던 것을 알 수 있다. 또한 상대적으로 소년수형자보다 보호소년이 더 긍정적으로 평가하고 있다.

<표 5-1-7> 검찰의 조사환경에 대한 평가

집 단	평 균	표준편차	사례 수	통계치
전 체	2.50	1.31	482	
보호소년	2.28	1.15	225	t = −3.462
소년수형자	2.69	1.40	257	p = .001

〈표 5-1-8〉 검찰의 조사태도에 대한 평가

집 단	평 균	표준편차	사례 수	통계치
전 체	3.51	1.30	481	
보호소년	3.17	1.29	225	t = −5.539
소년수형자	3.81	1.24	256	p = .000

검찰의 조사태도에 대한 평가는 "조사받을 때 인격적으로 무시당하는 느낌이 들었다"는 항목으로 측정했는데, 이에 대한 평균이 5점 만점에 3.51로 나타나 경찰의 조사태도에 대한 평가보다는 좀 낮지만 검찰의 조사태도에 대해서도 역시 부정적인 생각을 갖고 있는 것을 알 수 있다. 또한 상대적으로 소년수형자가 보호소년보다 더 부정적으로 평가하고 있다.

검찰 조사의 인권침해에 대한 평가는 "검찰에서의 질문내용은 나의 내면세계를 지나치게 파헤치는 것이었다"는 항복으로 측정했는데, 이에 대한 평균이 5점 만점에 3.22로 나타나 이에 대해서도 부정적인 생각을 갖고 있는 것을 알 수 있다. 또한 상대적으로 소년수형자가 보호소년보다 더 부정적으로 평가하고 있다.

〈표 5-1-9〉 검찰 조사의 인권침해에 대한 평가

집 단	평 균	표준편차	사례 수	통계치
전 체	3.22	1.24	479	
보호소년	3.04	1.23	223	t = −2.870
소년수형자	3.37	1.22	256	p = .004

검찰 조사의 정확성에 대한 평가는 "검찰에서는 나의 특성(성격, 신체, 취미, 특기, 가정환경, 친구관계 등)을 정확하게 조사한 것 같다"는 항목으로 측정했는데, 이에 대한 평균이 5점 만점에 2.93으로 나타나 이에 대해서는 긍정적이지도 부정적이지도 않은 것을 알 수 있다. 그러

나 집단 간에는 차이가 있어 보호소년의 경우는 긍정적으로 평가하고 있는 반면, 소년수형자의 경우는 부정적으로 평가하고 있다.

<표 5-1-10> 검찰 조사의 정확성에 대한 평가

집 단	평 균	표준편차	사례 수	통계치
전 체	2.93	1.24	482	
보호소년	3.12	1.15	225	t=3.048
소년수형자	2.77	1.29	257	p=.002

검찰 조사의 타당성에 대한 평가는 "검찰에서의 조사는 나에게 가장 적합한 교육과 지도를 해 주기 위한 것이었던 것 같다"는 항목으로 측정했는데, 이에 대한 평균이 5점 만점에 2.10으로 나타나 검찰 조사에 관한 5개 평가항목 중에서 가장 부정적인 생각을 갖고 있는 것을 알 수 있다. 또한 상대적으로 소년수형자가 보호소년보다 더 부정적으로 평가하고 있다. 물론 검찰에서 소년에 대해 실시하는 조사는 경찰에서의 조사와 마찬가지로 처우의 개별화를 위한 것이라기보다는 비행사실을 정확하게 밝혀내기 위한 수사에 초점을 맞추고 있는 것이기 때문에 조사대상 소년들이 이와 같이 평가하는 것은 당연한 것일 수도 있다. 하지만 우리나라는 소년사건의 선의권이 검사에게 있기 때문에 성인범에 대한 수사와는 달리 소년에 대해서는 단순히 범죄사실을 밝히는 데 수사목적이 국한되어서는 안 될 것이다.

<표 5-1-11> 검찰 조사의 타당성에 대한 평가

집 단	평 균	표준편차	사례 수	통계치
전 체	2.10	1.15	481	
보호소년	2.35	1.12	224	t=4.510
소년수형자	1.88	1.13	257	p=.000

3. 소년분류심사원의 조사에 대한 평가

소년분류심사원의 조사에 대한 평가는 이곳에서 조사받은 경험이 있는 소년원의 보호소년만 응답하였다. 또한 앞의 경찰이나 검찰의 조사에 대한 평가와 마찬가지로 먼저 조사환경에 대한 평가는 "조사받을 때 옆에 다른 사람들이 있어 질문에 솔직하게 답하기 어려웠다"는 항목으로 측정했는데, 이에 대한 평균이 5점 만점에 2.00으로 나타나 이에 대해서는 거의 어려움을 느끼지 않았던 것을 알 수 있다.

〈표 5-1-12〉 소년분류심사원의 조사환경에 대한 평가

집 단	평 균	표준편차	사례 수
보호소년	2.00	1.13	230

소년분류심사원 분류심사 직원의 조사태도에 대한 평가는 "조사받을 때 인격적으로 무시당하는 느낌이 들었다"는 항목으로 측정했는데, 이에 대한 평균이 5점 만점에 2.91로 나타나 이에 대해서는 약간 부정적인 편이기는 하지만 거의 부정적이지도 긍정적이지도 않은 것을 알 수 있다.

〈표 5-1-13〉 소년분류심사원의 조사태도에 대한 평가

집 단	평 균	표준편차	사례 수
보호소년	2.91	1.23	230

소년분류심사원에서의 조사의 인권침해에 대한 평가는 "소년분류심사원에서의 질문내용은 나의 내면세계를 지나치게 파헤치는 것이었다"는 항목으로 측정했는데, 이에 대한 평균이 5점 만점에 2.88로 나타나

이에 대해서도 별로 그렇지 않다는 생각을 갖고 있는 것을 알 수 있다.

〈표 5-1-14〉 소년분류심사원 조사의 인권침해에 대한 평가

집 단	평 균	표준편차	사례 수
보호소년	2.88	1.14	229

소년분류심사원에서 실시한 조사의 정확성에 대한 평가는 "소년분류심사원에서는 나의 특성(성격, 신체, 취미, 특기, 가정환경, 친구관계 등)을 정확하게 조사한 것 같다"는 항목으로 측정했는데, 이에 대한 평균이 5점 만점에 3.50으로 나타나 이에 대해서는 긍정적인 편인 것을 알 수 있다.

〈표 5-1-15〉 소년분류심사원 조사의 정확성에 대한 평가

집 단	평 균	표준편차	사례 수
보호소년	3.50	1.08	229

소년분류심사원에서 실시한 조사의 타당성에 대한 평가는 "소년분류심사원에서의 조사는 나에게 가장 적합한 교육과 지도를 해 주기 위한 것이었던 것 같다"는 항목으로 측정했는데, 이에 대한 평균이 5점 만점에 2.97로 나타나 소년분류심사원에서 실시한 조사가 처우의 개별화를 위한 조사임을 인정하고 있다.

〈표 5-1-16〉 소년분류심사원 조사의 타당성에 대한 평가

집 단	평 균	표준편차	사례 수
보호소년	2.97	1.07	229

4. 보호관찰소의 판결전조사에 대한 평가

보호관찰소의 조사에 대한 평가는 이곳에서 조사받은 경험이 있는 교도소의 소년수형자만 응답하였다. 먼저 조사환경에 대한 평가는 "조사받을 때 옆에 다른 사람들이 있어 질문에 솔직하게 답하기 어려웠다"는 항목으로 측정했는데, 이에 대한 평균이 5점 만점에 1.68로 나타나 이에 대해서는 거의 어려움을 느끼지 않았던 것을 알 수 있다. 이들 응답자 대부분은 구속된 상태에서 판결전조사를 받았기 때문에 이들의 조사환경에 대한 평가는 구속 수감되었던 수용시설에 대한 평가가 된다. 그런데 판결전조사를 실시하고 있는 보호관찰소의 조사담당 직원에 대한 델파이조사나 면접조사결과는 구치소나 교도소의 조사환경이 너무 열악하여 어려움이 있다는 반응을 보였다. 이와 같이 조사요원과 조사대상 소년 간에 견해차이를 보이는 것은 이들 소년의 다음 항목들에 대한 응답결과와 관련지어 해석해 볼 수 있는데, 판결전조사를 받은 소년들은 이하의 모든 항목에 대해 다른 기관의 조사에 비해 현저히 긍정적인 응답을 하고 있다. 따라서 소년들을 솔직하게 응답하도록 하는 환경은 물리적인 것이라기보다는 조사요원에 대한 전체적인 평가와 관련되는 것이 아닐까 생각된다.

〈표 5-1-17〉 보호관찰소의 조사환경에 대한 평가

집 단	평 균	표준편차	사례 수
보호소년	1.68	1.04	22

보호관찰소 조사담당 직원의 조사태도에 대한 평가는 "조사받을 때 인격적으로 무시당하는 느낌이 들었다"는 항목으로 측정했는데, 이에 대한 평균이 5점 만점에 1.86으로 나타나 이에 대해서도 무시당했다는

생각을 거의 갖고 있지 않은 것을 알 수 있다.

〈표 5-1-18〉 보호관찰소의 조사태도에 대한 평가

집 단	평 균	표준편차	사례 수
보호소년	1.86	.89	22

보호관찰소 조사의 인권침해에 대한 평가는 "보호관찰소에서의 질문 내용은 나의 내면세계를 지나치게 파헤치는 것이었다"는 항목으로 측정했는데, 이에 대한 평균이 5점 만점에 2.41로 나타나 이에 대해서도 그렇지 않다고 생각하고 있음을 알 수 있다.

〈표 5-1-19〉 보호관찰소 조사의 인권침해에 대한 평가

집 단	평 균	표준편차	사례 수
보호소년	2.41	1.01	22

보호관찰소 조사의 정확성에 대한 평가는 "보호관찰소에서는 나의 특성(성격, 신체, 취미, 특기, 가정환경, 친구관계 등)을 정확하게 조사한 것 같다"는 항목으로 측정했는데, 이에 대한 평균이 5점 만점에 3.41로 나타나 이에 대해서 매우 긍정적인 것을 알 수 있다.

〈표 5-1-20〉 보호관찰소 조사의 정확성에 대한 평가

집 단	평 균	표준편차	사례 수
보호소년	3.41	1.05	22

보호관찰소 조사의 타당성에 대한 평가는 "보호관찰소에서의 조사는 나에게 가장 적합한 교육과 지도를 해 주기 위한 것이었던 것 같다"는 항목으로 측정했는데, 이에 대한 평균이 5점 만점에 3.36으로 나타나

정확성에 대한 평가보다는 점수가 조금 낮았지만 이 또한 매우 긍정적으로 평가하고 있어 보호관찰소에서 실시한 조사가 처우의 개별화를 위한 조사로 인식하고 있음을 알 수 있다.

<표 5-1-21> 보호관찰소 조사의 타당성에 대한 평가

집 단	평 균	표준편차	사례 수
보호소년	3.36	1.40	22

5. 소년수용시설의 조사에 대한 평가

소년원과 구치소·교도소의 조사에 대한 평가 중에서 먼저 조사환경에 대한 평가는 역시 "조사받을 때 옆에 다른 사람들이 있어 질문에 솔직하게 답하기 어려웠다"는 항목으로 측정했는데, 이에 대한 평균이 5점 만점에 2.14로 나타나 이에 대해서는 그다지 어려움을 느끼지 않았던 것을 알 수 있다. 또한 상대적으로 소년수형자보다 보호소년이 더 긍정적으로 평가하고 있다.

<표 5-1-22> 소년수용시설의 조사환경에 대한 평가

집 단	평 균	표준편차	사례 수	통계치
전 체	2.14	1.15	350	
보호소년	1.90	.99	155	t = −3.519
소년수형자	2.33	1.24	195	p =.000

<표 5-1-23> 소년수용시설의 조사태도에 대한 평가

집 단	평 균	표준편차	사례 수	통계치
전 체	2.67	1.34	349	
보호소년	2.47	1.25	154	t = −2.566
소년수형자	2.84	1.39	195	p =.012

소년수용시설의 분류심사 담당직원의 조사태도에 대한 평가는 "조사 받을 때 인격적으로 무시당하는 느낌이 들었다"는 항목으로 측정했는데, 이에 대한 평균이 5점 만점에 2.67로 나타나 이에 대해서도 그다지 부정적인 생각을 갖고 있지 않은 것을 알 수 있다. 그러나 상대적으로 소년수형자보다 보호소년이 더 긍정적으로 평가하고 있다.

소년수용시설 조사의 인권침해에 대한 평가는 "소년원 / 구치소나 교도소에서의 질문내용은 나의 내면세계를 지나치게 파헤치는 것이었다"는 항목으로 측정했는데, 이에 대한 평균이 5점 만점에 2.62로 나타나 이에 대해서도 별로 그렇게 생각하지 않고 있음을 알 수 있다. 그러나 상대적으로 소년수형자보다 보호소년이 더 긍정적으로 평가하고 있다.

<표 5-1-24> 소년수용시설 조사의 인권침해에 대한 평가

집 단	평 균	표준편차	사례 수	통계치
전 체	2.62	1.17	349	
보호소년	2.44	1.12	154	t = −2.531
소년수형자	2.76	1.20	195	p =.012

소년수용시설 조사의 정확성에 대한 평가는 "소년원 / 구치소나 교도소에서는 나의 특성(성격, 신체, 취미, 특기, 가정환경, 친구관계 등)을 정확하게 조사한 것 같다"는 항목으로 측정했는데, 이에 대한 평균이 5점 만점에 2.98로 나타나 이에 대해서는 긍정적이지도 부정적이지도

않은 것을 알 수 있다. 그러나 집단 간에는 차이가 있어 보호소년의 경우는 긍정적으로 평가하고 있는 반면, 소년수형자의 경우는 부정적으로 평가하고 있다.

<표 5-1-25> 소년수용시설 조사의 정확성에 대한 평가

집 단	평 균	표준편차	사례 수	통계치
전 체	2.98	1.19	348	
보호소년	3.24	1.11	153	t=3.760
소년수형자	2.77	1.20	195	p=.000

소년수용시설 조사의 타당성에 대한 평가는 "소년원 / 구치소나 교도소에서의 조사는 나에게 가장 적합한 교육과 지도를 해 주기 위한 것이었던 것 같다"는 항목으로 측정했는데, 이에 대한 평균이 5점 만점에 2.90으로 나타나 약간 부정적인 편이긴 하지만 이 역시 긍정적이지도 부정적이지도 않은 것을 알 수 있다. 그러나 집단 간에는 차이가 있어 보호소년의 경우는 긍정적으로 평가하고 있는 반면, 소년수형자의 경우는 부정적으로 평가하고 있다.

<표 5-1-26> 소년수용시설 조사의 타당성에 대한 평가

집 단	평 균	표준편차	사례 수	통계치
전 체	2.90	1.23	349	
보호소년	3.32	1.11	154	t=5.884
소년수형자	2.57	1.22	195	p=.000

6. 소년조사기관에 대한 종합평가

〈표 5-1-27〉 소년조사기관의 조사 전반에 대한 평가 종합순위

조사기관	평 균	표준편차	사례 수	평가순위
경 찰	13.08	3.85	519	6
검 찰	13.81	3.83	478	3
소년분류심사원	16.70	3.30	227	2
보호관찰소	18.82	3.34	22	1
소 년 원	13.38	3.45	152	4
교도소·구치소	13.27	3.91	195	5

이상에서 소년조사기관 각각에 대해 조사환경, 조사태도, 인권침해, 조사의 정확성과 타당성 등 다섯 가지 항목에 대한 평가를 모두 알아보았는데, 여기에서는 이들 항목을 모두 합하여 각 기관의 조사에 대한 소년들의 평가를 종합적으로 살펴보아 다음의 표와 같이 평가점수의 순위를 매겨 보았다. 그 결과를 보면, 보호관찰소가 25점 만점에 18.82로 가장 평가가 좋았고 다음은 소년분류심사원이 16.70으로 2순위를 차지해 역시 전문조사기관의 조사에 대한 평가가 좋게 나타났다. 나머지 기관들은 모두 평균이 13점대로 평가에 큰 차이는 없었지만 그중에서는 검찰의 조사에 대한 평가가 가장 좋게 나타났고, 경찰의 조사에 대한 평가가 가장 나쁘게 나타났다.

7. 소년수용시설의 처우의 개별화에 대한 평가

여기에서는 소년원이나 교도소에 수용되어 있는 소년들이 자신이 수용되어 있는 곳에서의 처우가 자신들의 성격이나 신체, 소질, 적성 등

의 특성과 잘 맞는다고 생각하는지를 알아보았다. 먼저 수용시설의 개별화에 대한 평가는 "나는 이곳의 시설이 나의 특성과 잘 맞는다고 생각한다"는 항목으로 측정했는데, 이에 대한 평균이 5점 만점에 2.47로 나타나 약간 부정적인 편인 것을 알 수 있다. 그러나 집단 간에는 차이가 있어 보호소년의 경우는 소년수형자에 비해 덜 부정적으로 평가하고 있다.

〈표 5-1-28〉 수용시설의 개별화에 대한 평가

집 단	평 균	표준편차	사례 수	통계치
전 체	2.47	1.09	523	
보호소년	2.74	1.03	261	t=5.784
소년수형자	2.21	1.07	262	p=.000

다음으로 교정인력의 개별화에 대한 평가는 "나는 이곳 선생님의 지도방식이 나의 특성과 잘 맞는다고 생각한다"는 항목으로 측정했는데, 이에 대한 평균이 5점 만점에 2.75로 나타나 이 또한 약간 부정적인 편인 것을 알 수 있다. 그러나 그 정도에 있어서는 집단 간에는 차이가 있어 보호소년의 경우는 소년수형자에 비해 덜 부정적으로 평가하고 있다.

〈표 5-1-29〉 교정인력의 개별화에 대한 평가

집 단	평 균	표준편차	사례 수	통계치
전 체	2.75	1.04	522	
보호소년	2.99	.97	260	t=5.573
소년수형자	2.50	1.05	262	p=.000

한편 교육(보호소년)·작업(소년수형자)내용의 개별화에 대한 평가는

"나는 이곳에서 실시하고 있는 교육 / 작업내용이 나의 특성과 잘 맞는 다고 생각한다"는 항목으로 측정했는데, 이에 대한 평균이 5점 만점에 2.94로 나타나 약간 부정적인 편이기는 하지만 거의 긍정적이지도 부정적이지도 아닌 것을 알 수 있다. 그러나 집단 간에는 차이가 있어 보호소년의 경우는 교육내용이 자신의 특성에 맞는다고 보고 있는 반면, 소년수형자의 경우는 작업내용이 자신의 특성에 맞지 않는다고 보고 있다.

〈표 5-1-30〉 교육 · 작업내용의 개별화에 대한 평가

집 단	평 균	표준편차	사례 수	통계치
전 체	2.94	1.07	518	
보호소년	3.18	.97	258	t = 5.293
소년수형자	2.70	1.12	260	p = .000

또한 교육(보호소년) · 작업(소년수형자) 외 생활내용의 개별화에 대한 평가는 "나는 이곳의 생활(교육 / 작업을 제외한)이 나의 특성과 잘 맞는다고 생각한다"는 항목으로 측정했는데, 이에 대한 평균이 5점 만점에 2.54로 나타나 약간 부정적인 것을 알 수 있다. 그러나 집단 간에 정도차이가 있어 보호소년보다 소년수형자가 더 부정적이다.

〈표 5-1-31〉 교육 · 작업외 생활내용의 개별화에 대한 평가

집 단	평 균	표준편차	사례 수	통계치
전 체	2.54	1.04	517	
보호소년	2.75	.95	259	t = 4.677
소년수형자	2.33	1.09	258	p = .000

마지막으로 처우의 개별화의 궁극적인 목적인 재사회화 효과에 관해

알아보기 위해 "나는 이곳의 생활이 나의 비행(보호소년) / 범죄(소년수형자)성향을 줄이는 데 도움이 된다고 생각한다"는 항목으로 측정했는데, 이에 대한 평균이 5점 만점에 3.48로 나타나 이에 관해 긍정적인 생각을 가지고 있음을 알 수 있다. 그러나 집단 간에 정도차이가 있어 보호소년이 소년수형자가 더 긍정적이다.

〈표 5-1-32〉 비행·범죄성향 감소효과에 대한 평가

집 단	평 균	표준편차	사례 수	통계치
전 체	3.48	1.25	522	
보호소년	3.72	1.12	260	t=4.508
소년수형자	3.24	1.32	262	p=.000

8. 관련요인 분석

범죄자가 범죄성향을 개선하여 원만한 사회복귀가 이루어지려면 범죄자 개개인의 특성에 맞는 개별화된 처우가 이루어져야 하고, 그러한 처우가 이루어지기 위해서는 범죄자들을 특성별로 분류하는 것이 전제가 되어야 하며, 이러한 분류가 이루어지기 위해서는 범죄자를 정확하게 조사할 필요가 있는 것이다.

따라서 이 연구에서는 조사대상 소년들이 자신이 현재 받고 있는 처우가 개별화된 처우라고 평가하고, 처우를 통해 비행·범죄성향이 감소된다고 평가하는 데 있어 사법처리과정의 각 단계별 조사에 대한 평가가 영향을 미치는지 알아보고자 한다. 그러나 자신의 처우에 대한 평가에는 조사과정만 영향을 미치는 것이 아니라 인구사회학적 변인이나 자아존중감 등 개인적인 요인들도 영향을 미칠 수 있기 때문에 이러한

여러 가지 요인들의 상대적 영향력을 알아보기 위해서는 이들 여러 변
인들을 통제한 상태에서 특정변인의 영향정도를 밝혀야 한다.

<표 5-1-33> 관련요인의 상관관계

구분	나이	자아 존중감	가족 구조	소득 수준	조사의 정확성	조사의 타당성	죄질	수용 기간	처분 만족도	처우의 개별화	비행성향 감소효과
나이	1.00										
자아 존중감	.20**	1.00									
가족 구조	-.09*	-.20	1.00								
소득 수준	.03	.17	-.24**	1.00							
조사의 정확성	-.06	.01	.01	-.02	1.00						
조사의 타당성	-.04	-.05	-.03	-.02	.30**	1.00					
죄질	.25**	.14**	-.11	.08	-.22**	-.28**	1.00				
수용 기간	.24**	.20**	-.13	.09	-.12*	-.15**	.39**	1.00			
처분 만족도	.05	.15**	-.01	.07	.14*	.21**	-.01	.05	1.00		
처우의 개별화	-.03	-.03	.01	-.04	.12*	.34**	-.28	-.05	.20**	1.00	
비행성향 감소효과	.01	.05	-.01	.01	.18**	.28**	-.19	.01	.23**	.34**	1.00

* p<.05, ** p<.01

이를 위해 네 가지 모델이 설정되었다. 첫 번째 모델은 나이, 자아존
중감, 가족구조, 소득수준 등 개인적인 특성이 처우의 개별화에 대한
평가와 비행·범죄성향 감소에 대한 평가에 주는 영향력을 측정하는
모델이다. 두 번째 모델은 조사의 정확성과 타당성이 처우의 개별화에
대한 평가와 비행·범죄성향 감소에 대한 평가에 주는 영향력을 측정
하는 모델이다. 세 번째 모델은 죄질(보호소년인지 소년수형자인지 여
부), 수용기간, 처분만족도 등 비행·범죄와 처분·형벌 내용이 처우의

개별화에 대한 평가에 주는 영향력을 측정하고, 한편 여기에 처우의 개별화에 대한 평가요인을 추가하여 이러한 요인들이 비행·범죄성향 감소에 대한 평가에 주는 영향력을 측정하는 모델이다. 네 번째 모델은 이들을 모두 합쳐 종합적인 모델을 구성하였다. 먼저 회귀분석에 포함된 변수들 사이의 관계를 알아보기 위해 상관관계를 알아보았다.

단순 상관관계 수치를 보면 이들 변인간의 관련성이 그리 강하지 않은 것을 알 수 있다. 그러나 조사의 정확성과 타당성에 대한 평가, 처우의 개별화에 대한 평가, 비행·범죄성향 감소에 대한 평가 사이에는 관련성이 있는 것으로 나타났고, 특히 조사의 타당성과 처우의 개별화, 처우의 개별화와 비행·범죄성향 감소는 각각 r=.34로 관련성이 높은 것으로 나타났다.

다음으로 처우의 개별화에 대한 평가에 영향을 미치는 요인들에 대한 회귀분석결과를 보면, 먼저 개인적인 특성이 처우의 개별화에 대한 평가에 주는 영향력을 측정하는 모델 1에서는 나이, 자아존중감, 가족구조, 소득수준 어떤 것도 영향력이 없음이 판명되었다. 조사의 정확성과 타당성이 처우의 개별화에 대한 평가에 주는 영향력을 측정하는 모델 2에서는 조사의 타당성만이 영향이 있는 것으로 나타나 소년들이 자신이 받은 조사가 타당성이 있다고 평가할수록 현재의 처우가 자신의 특성에 맞는다고 생각하게 되는 것을 알 수 있다. 비행·범죄와 처분·형벌 내용이 처우의 개별화에 대한 평가에 주는 영향력을 측정하는 모델 3에서는 죄질과 처분만족도만 영향이 있는 것으로 나타났는데, 죄질의 경우는 부적 관련성이 있어 죄질이 경미할수록 처우의 개별화에 대한 평가가 긍정적인 것을 알 수 있다. 한편 처분만족도가 높을수록 처우의 개별화에 대한 평가가 긍정적인 것을 알 수 있다.

〈표 5-1-34〉 처우의 개별화에 대한 평가 관련요인의 회귀분석

구 분	Model 1	Model 2	Model 3	Model 4
나 이	-.02			-.03
자아존중감	-.02			.02
가족구조	-.01			-.01
소득수준	-.05			.01
조사의 정확성		.03		-.02
조사의 타당성		.33***		.25***
죄 질			-.29***	-.22***
수용기간			.05	.05
처분만족도			.20***	.15**
R-square	.01	.12	.12	.18

* p<.05, ** p<.01, *** p<.001

마지막으로 모델 4는 다른 요인들을 통제한 후에도 이들 요인의 영향력이 감소하거나 사라지지 않는지를 측정하기 위한 것이다. 따라서 이 분석에서 포함된 모든 변인을 모두 고려하여 모델을 구성한 결과, 그 영향력이 다소 감소하긴 했지만 여전히 조사의 타당성과 죄질, 처분만족도만이 처우의 개별화에 대한 평가에 영향을 미치는 것으로 드러났다. 그중에서도 특히 조사의 타당성이 가장 영향력이 높은 것으로 나타나 소년들이 사법처리과정에서 받는 조사가 자신에게 가장 적합한 교육과 지도를 해 주기 위한 것이라고 인식하게 될 때 수용시설에서 받고 있는 처우에 대한 평가도 자신의 특성에 맞는다고 생각하게 된다는 것이 입증되었다.

다음으로 비행·범죄성향 감소효과에 대한 평가에 영향을 미치는 요인들에 대한 회귀분석결과를 보면, 먼저 개인적인 특성이 비행·범죄성향 감소효과에 대한 평가에 주는 영향력을 측정하는 모델 1에서는 나이, 자아존중감, 가족구조, 소득수준 어떤 것도 영향력이 없음이 판명되

었다. 조사의 정확성과 타당성이 비행·범죄성향 감소효과에 대한 평가에 주는 영향력을 측정하는 모델 2에서는 조사의 정확성도 약간의 영향이 있지만 타당성이 더 영향이 있는 것으로 나타나 소년들이 자신이 받은 조사가 타당성이 있다고 평가할수록 현재의 처우가 자신의 비행·범죄성향을 감소시키는 데 도움이 된다고 생각하게 되는 것을 알 수 있다. 비행·범죄와 처분·형벌 내용이 비행·범죄성향 감소효과에 대한 평가에 주는 영향력을 측정하는 모델 3에서는 죄질과 처분만족도, 처우의 개별화가 영향이 있는 것으로 나타났는데, 이 중 처우의 개별화가 관련성이 가장 높았다. 죄질의 경우는 부적 관련성이 있어 죄질이 낮을수록 비행·범죄성향 감소효과에 대한 평가가 긍정적인 것을 알 수 있다. 한편 처분만족도가 높을수록 비행·범죄성향 감소효과에 대한 평가가 긍정적이고, 특히 처우가 개별화되어 있다고 생각할수록 비행·범죄성향 감소효과도 더 있다고 생각하는 것으로 나타났다.

　마지막으로 모델 4는 다른 요인들을 통제한 후에도 이들 요인의 영향력이 감소하거나 사라지지 않는지를 측정하기 위한 것이다. 따라서 이 분석에서 포함된 모든 변인을 모두 고려하여 모델을 구성한 결과, 그 영향력이 다소 감소하면서 조사의 타당성과 죄질, 처분만족도, 처우의 개별화가 비행·범죄성향 감소효과에 대한 평가에 영향을 미치는 것으로 드러났다. 그중에서도 특히 처우의 개별화에 대한 평가가 가장 영향력이 높은 것으로 나타나 소년들이 자신이 수용시설에서 받고 있는 처우가 자신의 특성에 맞는다고 생각할수록 자신의 비행·범죄성향을 감소시키는 데도 도움이 된다고 생각하게 된다는 것이 입증되었다.

〈표 5-1-35〉 비행·범죄성향 감소효과에 대한 평가 관련요인 회귀분석

구 분	Model 1	Model 2	Model 3	Model 4
나 이	-.01			.03
자아존중감	-.05			.05
가족구조	-.01			-.02
소득수준	-.02			-.03
조사의 정확성		.11*		-.08
조사의 타당성		.25***		.15*
죄 질			-.15**	-.15*
수용기간			.07	.11
처분만족도			.17***	.14*
처우의 개별화			.26***	.22***
R-square	.01	.09	.15	.22

* p<.05, ** p<.01, *** p<.001

9. 소년조사제도와 처우의 개별화를 위한 개선방안

〈표 5-1-36〉 소년조사제도의 개선방안(다중응답)

(단위: %, (명))

개선방안	보호소년	소년수형자	전 체
① 조사받는 장소가 찾아가기 편리해야 한다.	24.0(61)	13.4(34)	18.7(95)
② 조사받는 장소가 질문에 솔직하게 말할 수 있는 독립공간이어야 한다.	59.4(151)	66.1(168)	62.8(319)
③ 조사를 담당하는 조사자가 소년의 인격을 존중해야 한다.	83.9(213)	90.9(231)	87.4(444)
④ 직접적인 질문보다는 설문형태의 조사지를 사용하는 것이 더 좋다.	30.7(78)	25.6(65)	28.1(143)
⑤ 옮겨 가는 기관마다 중복되는 질문을 하지 않아야 한다.	48.4(123)	51.2(130)	49.8(253)
⑥ 모든 조사를 처음 한 번에 정확하게 해야 한다.	51.2(130)	49.2(125)	50.2(255)

　현행 각종의 조사가 소년들의 특성을 정확하게 파악하는 조사가 되기 위한 개선방안에 대한 소년들의 의견을 수렴하기 위해 6가지 방안을 제시하고 3가지를 선택하도록 하였다. 그 결과 "조사를 담당하는 조사자가 소년의 인격을 존중해야 한다"는 것이 87.4%로 가장 선택율이 높았다. 다음은 독립공간의 필요성(62.8%), 한 번의 정확한 조사(50.2%), 중복되는 질문지양(49.8%)의 순이다. 이 중 "모든 조사를 처음 한 번에 정확하게 해야 한다"와 "옮겨 가는 기관마다 중복되는 질문을 하지 않아야 한다"는 문항은 그 문제의 근원이 동일하게 조사내용의 중복에 있기 때문에 이에 대한 소년들의 개선요구가 매우 강하다는 것을 알 수 있다.

〈표 5-1-37〉 처우의 개별화를 위한 개선방안(다중응답)

(단위: %, (명))

개선방안	보호소년	소년수형자	전　체
① 나에게 맞는 다양한 시설을 갖춘 소년원·교도소가 있어야 한다.	31.4(81)	32.5(83)	32.0(164)
② 나에게 맞는 지도를 해 줄 수 있는 전문적인 선생님이 계셔야 한다.	33.3(86)	28.6(73)	31.0(159)
③ 나의 수준에 맞는 (학과)교육이 이루어져야 한다.	33.3(86)	25.1(64)	29.2(150)
④ 나의 적성과 소질에 맞는 직업교육·작업이 이루어져야 한다.	39.1(101)	43.5(111)	41.3(212)
⑤ 나의 취미와 특기에 맞는 특별활동이 이루어져야 한다.	48.4(125)	42.0(107)	45.2(232)
⑥ 나의 고민을 상담할 수 있는 전문적인 상담실이 있어야 한다.	36.0(93)	46.7(119)	41.3(212)
⑦ 나에게 맞는 여가시간을 보낼 수 있어야 한다.	38.0(98)	42.4(108)	40.2(206)
⑧ 퇴원·퇴소한 이후의 지원대책이 잘 마련되어야 한다.	40.3(104)	37.6(96)	39.0(200)

　다음으로는 소년수용시설의 처우가 소년들의 특성에 잘 맞는 것이

되기 위한 개선방안에 대한 소년들의 의견을 수렴하기 위해 8가지 방안을 제시하고 3가지를 선택하도록 하였다. 이 문항에 대해서는 항목 간 차이가 별로 없이 30-40%대로 고르게 분포되었지만 그중에서는 그래도 "나의 취미와 특기에 맞는 특별활동이 이루어져야 한다"가 45.2%로 선택율이 가장 높았다. 이렇게 나타난 것은 현재의 처우내용 중에서 이 부분이 가장 부족하기 때문이 아닌가 분석된다. 다음으로는 적성과 소질에 맞는 직업교육/작업과 전문적인 상담실이 각각 41.3%로 뒤를 잇고 있다. 다음은 여가시간(40.2%), 퇴원/퇴소 후의 지원대책(39.0%) 등의 순이다. 그러나 이상과 같이 항목 간에 큰 차이가 없는 것은 소년들이 모든 항목에 대해 다 욕구를 갖고 있기 때문이 아닌가 생각되며 이는 처우의 개별화가 특정분야에 국한되는 것이 아니라 시설과 인력, 프로그램 등 모든 방면에서 종합적으로 이루어져야 한다는 점에서 당연한 결과일 것이다.

제2절 전문가 델파이조사

I. 조사방법

이 연구에서는 소년조사제도의 문제점을 살펴보고 그에 따른 개선방안을 모색해보고자 전문가 델파이조사를 실시하였다.

델파이조사기법은 전문가들의 집단적인 직관적 판단을 존중하고, 그

것을 통해 특정사안에 대한 의사결정과 예측을 시도하려는 연구방법이다. 이에는 크게 특정사안이 야기될 시점이나 그것이 성취될 수 있는 가능성에 대한 조사에 흔히 사용되고 있는 수량적 델파이(numeric Delphi), 특정사안에 대해 전문적인 식견과 경륜을 지니고 있는 전문가들의 정책적 판단을 도출하는 정책델파이(policy Delphi), 그리고 역사적 인물들을 전공한 특정전문가들을 대상으로 특정한 사안의 처리에 대한 역사적 인물들의 접근방식이나 논리, 대응내용 등을 추론하는 역사적 델파이(historic Delphi) 등이 있다.[284] 이 연구에서는 정책델파이 유형을 사용하여 소년조사제도의 개선방안에 대한 전문가집단의 합의를 도출하고자 하였다.

〈표 5-2-1〉 전문가집단의 구성

전문가집단	집단구성 수	1차 조사 회수	2차 조사 회수
경　찰	4명	2명	3명
검　사	4명	2명	2명
판사 · 소년조사관	5명	3명	4명
소년분류심사원분류 직원	4명	4명	4명
보호관찰소조사 직원	4명	4명	4명
소년원분류 직원	4명	3명	3명
교도소 · 구치소분류 직원	5명	5명	5명
전　체	30명	23명	25명

　　조사대상인 전문가집단은 현재 소년에 대한 조사를 담당하고 있거나 과거에 담당한 경험이 있는 공무원 30명을 선정하였다. 이들의 구성은 소년경찰 4명, 검사 4명, 판사 4명, 분류심사관 4명, 보호관찰소 조사담당 직원 4명, 소년원분류보호과 직원 4명, 소년교도소 분류심사과 직원

---

284)　서울시정개발연구원, 전문가 / 기업인 델파이조사보고서, 서울: 서울시정개발연구원, 1994, 34쪽.

4명, 구치소 분류심사과 직원 1명, 법원 소년조사관 1명 등이다.

이 조사는 2001년 7월 20일부터 9월 10일까지 2차에 걸쳐 진행되었다.

제1라운드 조사는 7월 20일부터 8월 15일까지 이루어졌다. 이 조사에서는 소년에 대한 조사를 담당하고 있는 각 기관별로 소년조사제도의 개선방안을 제안하도록 하였다. 델파이조사의 제1라운드 조사에서는 완전 개방형으로 의견을 제안하도록 하는 것이 보편적인 방법이지만 소년조사제도의 경우 사회적으로 크게 이슈가 되는 분야가 아니기 때문에 응답자의 편의를 고려하여 연구자가 임의로 개선방안으로서 몇 가지 항목[285]을 제시하고 이에 대한 보완이나 추가의견을 제안하도록 하였다. 선정된 30명의 전문가 중에서 23명으로부터 회답을 받았다(회수율 76.7%).

제2라운드 조사에서는 제1라운드 조사를 통해 제안된 의견들을 수렴하여 조사지를 선택형으로 재구성하였다. 조사는 8월 20일부터 8월 31일까지 이루어졌는데, 제1라운드 조사 때와 동일한 30명의 전문가들에게 발송하여 25명으로부터 회답을 받았다(회수율 83.3%).

II. 조사결과 분석

1. 경찰의 소년조사제도 개선방안

전문가들은 경찰의 소년조사제도에 있어 개선이 필요한 사항으로 "소년조사업무 전담조직 신설"을 1순위로 들고 있다. 2순위로 개선이 필요한 사항은 "소년조사업무의 중요성에 대한 인식제고"이고, "소년조

---

285) 조사도구의 세부항목은 부록의 '1차 델파이조사지'와 '2차 델파이조사지' 참조.

사를 위한 전용공간 마련”과 “비행성예측자료표의 과학화”가 공동 3순
위를 차지했다. 이러한 응답경향은 1순위 응답경향과 일치할 뿐 아니라
소년경찰의 응답경향과도 일치한다.

<표 5-2-2> 경찰의 소년조사제도 개선방안 우선순위

항 목	1순위응답 전체 빈도	다중응답(5개 선택)		
		경찰 빈도	전체 빈도	전체 순위
① 소년조사를 위한 전용공간 마련	3명	2	17	3
② 소년조사업무 전담조직(예: 소년조사계) 신설	10명	3	22	1
③ 경찰청 산하에 소년조사기구(법무부의 소년분류심사원과 같은) 신설	1명	1	8	7
④ 여성청소년계에 소년조사 전문직원(전담요원) 배치	2명	1	8	7
⑤ 소년범환경조사서의 조사항목 개선	–	1	5	9
⑥ 비행성예측자료표의 과학화(표준안 마련)	1명	2	17	3
⑦ 소년을 존중하는 조사태도 유지 및 내면을 지나치게 파헤치는 인권침해 행위금지	3명	1	12	5
⑧ 소년조사업무의 중요성(처우의 개별화를 위한 전제로써)에 대한 인식제고	3명	3	18	2
⑨ 소년에 대한 조사과정에서 재범방지를 위한 선도계몽활동 실시	1명	1	12	5
계	24명	15	119	

2. 검찰의 소년조사제도 개선방안

전문가들은 검찰의 소년조사제도에 있어 개선이 필요한 사항으로 “소
년조사업무의 중요성에 대한 인식제고”를 1순위로 들고 있다. 2순위로 개

선이 필요한 사항은 "검찰 내에 소년조사 전문직원 배치"이고, 3순위로 개선이 필요한 사항은 "소년조사를 위한 전용공간 마련"을 들고 있다. 이러한 응답경향은 1순위 응답경향과는 조금 차이가 있어 전문가들이 1순위로 개선이 필요하다고 가장 많이 응답한 것은 "전국 지검에 소년부를 설치하여 조사업무 강화"이다. 한편 검사의 경우 "서울지검 소년부 산하에 있는 푸른상담실의 전국적인 확대설치"에 대해서도 응답율이 높았다.

<표 5-2-3> 검찰의 소년조사제도 개선방안 우선순위

항 목	1순위응답 전체 빈도	다중응답(5개 선택)		
		검사 빈도	전체 빈도	전체 순위
① 소년조사를 위한 전용공간 마련	2명	1	16	3
② 서울지검 소년부 산하에 있는 푸른상담실의 전국적인 확대설치	2명	2	12	4
③ 검찰청 산하의 소년조사기구(법무부의 소년분류심사원과 같은) 신설	1명	–	11	6
④ 전국 지검에 소년부를 설치하여 조사업무 강화	5명	1	12	4
⑤ 소년조사를 위한 민간자문기구 신설(의료자문위원회와 같은)	1명	1	9	9
⑥ 검찰 내에 소년조사 전문직원(전담요원) 배치	4명	2	18	2
⑦ 소년을 존중하는 조사태도 유지 및 내면을 지나치게 파헤치는 인권침해 행위금지	4명	1	11	6
⑧ 소년조사업무의 중요성(처우의 개별화를 위한 전제로써)에 대한 인식제고	4명	2	20	1
⑨ 소년에 대한 조사과정에서 재범방지를 위한 선도계몽활동 실시	1명	–	10	8
계	24명	10	119	

3. 법원의 소년조사제도 개선방안

전문가들은 법원의 소년조사제도에 있어 개선이 필요한 사항으로 "소년조사업무의 중요성에 대한 인식제고"를 1순위로 들고 있다. 2순위로 개선이 필요한 사항은 "소년사건 전담법관 확충"과 "과학적인 조사기법 개발"을 공동으로 들고 있다. 4순위로 개선이 필요한 사항은 "소년조사관 인원확충"이고, 5순위는 "소년조사관에 대한 조사명령 활성화"이다.

〈표 5-2-4〉 법원의 소년조사제도 개선방안 우선순위

항 목	1순위응답 전체 빈도	다중응답(5개 선택)		
		판사·소년조사관 빈도	전체 빈도	**전체 순위**
① 소년사건 전담법관 확충	9명	2	15	**2**
② 소년조사관에 대한 조사명령 활성화	1명	3	10	**5**
③ 소년분류심사원에 대한 조사명령 활성화	–	–	8	**6**
④ 소년법상의 조사관 관련조항 중 사문화된 조항의 개정	–	1	4	**12**
⑤ 소년조사관제도의 폐지	1명	–	6	**11**
⑥ 소년조사관 인원충원(소년조사 전문직원으로)	4명	3	13	**4**
⑦ 계약직 소년조사관보제도 활성화	–	–	1	**13**
⑧ 소년조사관에 대한 재교육(과학적인 조사기법을 배울 수 있는 전문기관에서)	–	2	8	**6**
⑨ 소년조사관이 소년조사업무만을 전담하도록 함	–	2	8	**6**
⑩ 과학적인 조사기법 개발	–	1	15	**2**
⑪ 소년을 존중하는 조사태도 유지 및 내면을 지나치게 파헤치는 인권침해 행위금지	2명	–	7	**9**
⑫ 소년조사업무의 중요성(처우의 개별화를 위한 전제로써)에 대한 인식제고	6명	3	17	**1**
⑬ 소년에 대한 조사과정에서 재범방지를 위한 선도계몽활동 실시	1명	2	7	**9**
계	24명	19	119	

　　이러한 응답경향은 1순위 응답경향과는 조금 차이가 있어 전문가들
이 1순위로 개선이 필요하다고 가장 많이 응답한 것은 "소년사건 전담
법관 확충"이다. 하지만 순위에 차이가 있을 뿐 우선순위의 상위권에
큰 차이는 없었다. 한편 판사와 소년조사관의 경우 "소년조사관 인원확
충"과 "소년조사관에 대한 조사명령 활성화"에 높은 응답율을 보여 조
사관조사의 활성화에 좀더 비중을 두고 있음을 알 수 있다.

4. 소년분류심사원의 분류심사제도 개선방안

　　전문가들은 소년분류심사원의 소년조사제도에 있어 개선이 필요한
사항으로 "전문분류심사 직원의 확보"를 1순위로 들고 있다. 2순위로
개선이 필요한 사항은 "과학적인 분류심사기법 개발"과 "수용기간 동
안의 처우 프로그램 활성화"를 공동으로 들고 있다. 4순위로 개선이 필
요한 사항은 "소년분류심사원의 증설 및 소규모화"이고, 5순위는 "분류
심사 직원에 대한 재교육"과 "소년에 대한 조사과정에서 재범방지를
위한 선도계몽활동 실시"이다. 이러한 응답경향은 1순위 응답경향과 대
체로 일치하고 있지만 차이가 있다면 "소년분류심사원 시설에 관한 법
적 기준 마련"에 대한 응답율이 높게 나타난 것이다. 한편 소년분류심
사원 분류심사관의 경우 "소년분류심사원의 증설 및 소규모화"와 "전
문분류심사 직원의 확보"에 가장 높은 응답율을 보였다.

5. 보호관찰소의 판결전 조사·
환경조사제도 개선방안

전문가들은 보호관찰소의 판결전조사와 환경조사제도에 있어 개선이 필요한 사항으로 "전문조사 직원의 확보"를 1순위로 들고 있다. 2순위로 개선이 필요한 사항은 "과학적인 조사기법 개발"을 들고 있고, 3순위로 개선이 필요한 사항은 "소년조사업무의 중요성에 대한 인식제고"를 들고 있다. 4순위는 "조사담당 직원에 대한 재교육"과 "소년에 대한 조사과정에서 재범방지를 위한 선도계몽활동 실시"를 공동으로 들고 있다. 이러한 응답경향은 1순위 응답경향과 대체로 일치하고 있지만 차이가 있다면 "보호관찰소의 증설 및 소규모화"에 대한 응답율이 높게 나타난 것이다.

한편 보호관찰소 조사담당 직원의 경우 전체 응답경향과 많은 차이가 있어 "과학적인 조사기법 개발"에 대해서도 높은 응답율을 보이기는 했지만 "소년조사를 위한 전용공간의 마련"과 "보호관찰소의 증설 및 소규모화", "서울보호관찰소와 같이 전국 보호관찰소에 별도의 조사과 신설"에 대해서도 높은 응답율을 보여 시설과 조직에 대한 개선에 좀더 비중을 두고 있음을 알 수 있다.

〈표 5-2-5〉 소년분류심사원의 분류심사제도 개선방안 우선순위

항 목	1순위응답 전체 빈도	다중응답(5개 선택)		
		소년분류 심사원 분류 직원 빈도	전체 빈도	전체 순위
① 소년분류심사원 시설에 관한 법적 기준 마련	3명	1	6	9
② 소년분류심사원의 증설 및 소규모화	5명	4	12	4
③ 전문분류심사 직원의 확보	6명	4	18	1
④ 분류심사 직원에 대한 재교육(과학적인 조사기법을 배울 수 있는 전문기관에서)	–	2	11	5
⑤ 전문가 자원봉사자의 활용	1명	1	9	7
⑥ 전국 분류심사원의 심리검사도구의 통일화 채택	1명	–	4	12
⑦ 분류심사를 위한 수용기간의 축소	1명	1	2	13
⑧ 외래분류심사의 활성화	–	1	5	11
⑨ 과학적인 분류심사기법 개발	3명	1	14	2
⑩ 수용기간 동안의 처우 프로그램 활성화	–	1	14	2
⑪ 소년을 존중하는 조사태도 유지 및 내면을 지나치게 파헤치는 인권침해 행위금지	1명	2	6	9
⑫ 소년조사업무의 중요성(처우의 개별화를 위한 전제로써)에 대한 인식제고	2명	1	8	8
⑬ 소년에 대한 조사과정에서 재범방지를 위한 선도계몽활동 실시	1명	1	11	5
계	24명	20	120	

〈표 5-2-6〉 보호관찰소의 판결전조사 · 환경조사제도 개선방안 우선순위

항 목	1순위응답 전체 빈도	다중응답(5개 선택)		
		보호관찰소 조사 직원 빈도	전체 빈도	전체 순위
① 소년조사를 위한 전용공간의 마련	2명	3	8	9
② 보호관찰소의 증설 및 소규모화	4명	3	11	6
③ 서울보호관찰소와 같이 전국 보호관찰소에 별도의 조사과 신설	3명	3	11	6
④ 전문조사 직원(조사전문직렬로 특채)의 확보	6명	2	17	1
⑤ 조사담당 직원에 대한 재교육(과학적인 조사기법을 배울 수 있는 전문기관에서)	2명	3	13	4
⑥ 전문가 자원봉사자의 활용	1명	–	11	6
⑦ 과학적인 조사기법 개발	3명	4	15	2
⑧ 구치소 · 교도소에 구속 중인 소년에 대한 판결전조사는 그곳에서 실시하도록 함	–	–	7	10
⑨ 소년을 존중하는 조사태도 유지 및 내면을 지나치게 파헤치는 인권침해 행위금지	1명	1	5	11
⑩ 소년조사업무의 중요성(처우의 개별화를 위한 전제로써)에 대한 인식제고	2명	1	14	3
⑪ 소년에 대한 조사과정에서 재범방지를 위한 선도계몽활동 실시	1명	–	13	4
계	25명	20	125	

6. 소년원의 분류심사제도 개선방안

전문가들은 소년원의 분류처우제도에 있어 개선이 필요한 사항으로 "과학적인 분류기법 개발"을 1순위로 들고 있다. 2순위로 개선이 필요한 사항은 "전문분류 직원의 확보"와 "분류담당 직원에 대한 재교육"

을 공동으로 들고 있다. 이러한 응답경향은 1순위 응답경향과 대체로 일치하고 있지만 차이가 있다면 "소년조사업무의 중요성에 대한 인식제고"에 응답율이 높게 나타난 것이다. 한편 소년원분류보호 담당직원의 경우 전체 응답경향과 다소 차이가 있는데, 즉 "재분류의 활성화"와 "소년조사업무의 중요성에 대한 인식제고"에 대해서도 높은 응답율을 보인 것이다.

<표 5-2-7> 소년원의 분류심사제도 개선방안 우선순위

항 목	1순위응답 전체 빈도	다중응답(5개 선택)		전체 순위
		소년원분류 직원 빈도	전체 빈도	
① 분류를 위한 전용공간의 마련	2명	–	5	9
② 전문분류 직원의 확보	6명	1	18	2
③ 분류담당 직원에 대한 재교육(과학적인 조사기법을 배울 수 있는 전문기관에서)	1명	3	18	2
④ 전문가 자원봉사자의 활용	–	–	8	8
⑤ 과학적인 분류기법 개발	4명	3	23	1
⑥ 재분류의 활성화	3명	3	14	5
⑦ 소년을 존중하는 조사태도 유지 및 내면을 지나치게 파헤치는 인권침해 행위금지	1명	2	9	7
⑧ 소년조사업무의 중요성(처우의 개별화를 위한 전제로써)에 대한 인식제고	5명	3	15	4
⑨ 소년에 대한 조사과정에서 재범방지를 위한 선도계몽활동 실시	2명	–	10	6
계	24명	15	120	

7. 교도소·구치소의 분류심사제도 개선방안

전문가들은 교도소와 구치소의 분류처우제도에 있어 개선이 필요한 사항으로 "전문분류 직원의 확보"를 1순위로 들고 있다. 2순위로 개선이 필요한 사항은 "성인과 별도로 소년에게 적합한 분류심사양식 개발"을 들고 있고, 3순위로 개선이 필요한 사항은 "분류담당 직원에 대한 재교육"을 들고 있다.

〈표 5-2-8〉 교도소·구치소의 분류심사제도 개선방안 우선순위

항 목	1순위응답 전체 빈도	다중응답(5개 선택)		
		교도소·구치소 분류 직원 빈도	전체 빈도	전체 순위
① 분류를 위한 전용공간의 마련	1명	–	5	**11**
② 전문분류 직원의 확보	8명	5	19	**1**
③ 분류담당 직원에 대한 재교육(과학 적인 조사기법을 배울 수 있는 전 문기관에서)	1명	4	15	**3**
④ 전문가 자원봉사자의 활용	–	2	7	**8**
⑤ 전국 소년교도소, 구치소, 교도소의 소년에 대한 심리검사도구의 통일 화된 채택	–	2	6	**9**
⑥ 성인과 별도로 소년에게 적합한 분 류심사양식 개발	4명	4	17	**2**
⑦ 과학적인 분류기법 개발	3명	3	13	**4**
⑧ 재분류의 활성화	1명	–	6	**9**
⑨ 소년을 존중하는 조사태도 유지 및 내면을 지나치게 파헤치는 인권침 해 행위금지	3명	–	9	**7**
⑩ 소년조사업무의 중요성(처우의 개별 화를 위한 전제로써)에 대한 인식제고	2명	4	13	**4**
⑪ 소년에 대한 조사과정에서 재범방지 를 위한 선도계몽활동 실시	1명	1	10	**6**
계	24명	25	120	

　이러한 응답경향은 1순위 응답경향과 대체로 일치하고 있지만 차이가 있다면 "과학적인 분류기법 개발"과 "소년을 존중하는 조사태도 유지 및 내면을 지나치게 파헤치는 인권침해 행위금지"에 응답율이 높게 나타난 것이다. 한편 교도소와 구치소 분류심사 담당직원의 경우 전체 응답경향과 대체로 일치하고 있다.

〈표 5-2-9〉 전체 소년사건 처리상의 조사제도 개선방안 우선순위

항 목	1순위응답 전체 빈도	다중응답(5개 선택)	
		전체 빈도	전체 순위
① 소년에 대한 경찰의 조사자료에 다음 단계 조사자료들이 누적되어 최종단계까지 이관	12명	18	1
② 가능한 부분의 조사양식은 일원화하여 중복되는 조사항목은 다음 기관에서 생략함	2명	16	3
③ 조사를 담당하는 관련기관의 전산망 통합을 통해 정보공유	2명	16	3
④ 검사선의주의를 법원선의주의로 개정	–	3	10
⑤ 검찰에서 소년분류심사원이나 보호관찰소에 조사위탁이 가능하게 함	–	6	9
⑥ 조사를 담당하는 관련기관의 유사업무 통합	2명	15	5
⑦ 법원 조사관과 소년분류심사원의 조사업무를 분장하여 상호 협력	–	7	8
⑧ 조사·분류에 따른 개별화된 처우가 이루어지는지 추후조사 실시	–	9	7
⑨ 조사·분류에 따른 개별화된 처우를 위한 처우시설과 프로그램 마련	2명	18	1
⑩ 소년조사제도의 중요성에 대한 관련 정책결정자의 인식제고 및 예산지원	5명	15	5
계	25명	123	

8. 전체 소년조사제도 개선방안

전문가들은 전체 소년사건 처리에 있어서 소년에 대한 조사와 관련하여 개선이 필요한 사항으로 "소년에 대한 경찰의 조사자료에 다음 단계 조사자료들이 누적되어 최종단계까지 이관"될 것과 "조사·분류에 따른 개별화된 처우를 위한 처우시설과 프로그램 마련"을 공동 1순위로 들고 있다. 3순위로 개선이 필요한 사항은 "가능한 부분의 조사양식은 일원화하여 중복되는 조사항목은 다음 기관에서 생략함"과 "조사를 담당하는 관련기관의 전산망 통합을 통해 정보공유"를 공동으로 들고 있다. 이러한 결과를 볼 때 전체적으로 조사의 중복에 주로 문제의식을 갖고 있음을 알 수 있다. 이러한 응답경향은 1순위 응답경향과 다소 차이가 있어 "소년에 대한 경찰의 조사자료에 다음 단계 조사자료들이 누적되어 최종단계까지 이관"될 것이 동일하게 가장 응답율이 높았지만 그 비율이 압도적으로 높았고, 아울러 "소년조사제도의 중요성에 대한 관련 정책결정자의 인식제고 및 예산지원"에 대해서도 응답율이 적지 않았다.

또한 전문가들은 소년사건에서의 조사제도 중에서 가장 개선이 필요하다고 생각하는 제도로 "경찰의 비행사실조사"와 "법원의 소년조사관조사", "소년분류심사원의 분류심사", "소년원의 분류처우를 위한 심사"를 공동 1순위로 들고 있다. 그러나 이러한 응답은 전체적으로 빈도차이가 매우 적어 큰 의미를 둘 수는 없고, 이보다는 오히려 1순위 응답빈도를 살펴보는 것이 더 유의미할 것으로 보인다. 즉 "경찰의 비행사실조사"가 가장 응답율이 높았고, 그다음은 "경찰의 소년범환경조사서 및 비행성예측자료표", "구치소·교도소·소년교도소의 분류처우를 위한 심사", "법원의 소년조사관조사" 등의 순이다.

<표 5-2-10> 가장 개선이 필요한 소년조사제도 우선순위

항 목	1순위응답 전체 빈도	다중응답(5개 선택)	
		전체 빈도	전체 순위
① 경찰의 비행사실조사	7명	14	1
② 경찰의 소년범환경조사서 및 비행성예측자료표	5명	12	7
③ 검찰의 비행사실조사	–	13	5
④ 법원의 소년조사관조사	3명	14	1
⑤ 소년분류심사원의 분류심사	2명	14	1
⑥ 보호관찰소의 판결전조사	2명	12	7
⑦ 보호관찰소의 환경조사	–	12	7
⑧ 소년원의 분류처우를 위한 심사	1명	14	1
⑨ 구치소, 교도소, 소년교도소의 분류처우를 위한 심사	4명	13	5
계	24명	118	

　마지막으로 전문가들은 소년사건에서 소년에 대해 조사를 실시하는 기관 중에서 소년에 대한 처우의 개별화를 위한 조사기관으로서 "소년분류심사원"이 가장 적합한 것으로 보고 있고, 다음은 "법원 소년조사관", "보호관찰소"의 순으로 의견을 나타냈다.

<표 5-2-11> 소년에 대한 처우의 개별화를 위해 가장 적합한 조사기관

항 목	1순위	2순위	3순위
기 관 명	소년분류심사원	법원 소년조사관	보호관찰소
응답 빈도	9명	6명	4명

제3절 소년조사제도의 개선방안

이 연구의 주된 목적은 소년조사제도의 절차적인 면에 있기 때문에 이의 개선을 위해서는 개별 기관의 문제점을 개선하는 것보다는 전체적으로 제도적 기반을 조성하는 것이 더 중요하다고 생각된다. 따라서 제도적 기반조성과 관련해서는 앞의 델파이조사에서 제시되었던 항목들 모두에 대해 세부 실천방안을 제안하고자 하며, 각 기관별 소년조사제도의 개선방안은 앞의 델파이조사에서 제시되었던 항목 중에서 우선순위가 높았던 것을 중심으로 기술하고자 한다.

Ⅰ. 제도적 기반조성

1. 조사의 중복에 따른 개선방안

이 연구의 설문조사대상 소년들은 소년조사제도에 있어서 개선되어야 할 사항으로 '옮겨 가는 기관마다 중복되는 질문을 하지 않아야 한다'는 것과 '모든 조사를 처음 한 번에 정확하게 해야 한다'는 지적을 한 경우가 많아 조사의 중복에 따른 불편이 많았음을 알 수 있었다. 이는 조사를 받는 소년에게 불편함을 줄 뿐 아니라 행정적으로도 매우 소모적이고 불합리한 것이라고 생각된다.

이에 따른 개선방안은 델파이조사에서도 소년사건 처리에 있어서 조사와 관련하여 우선적으로 개선되어야 할 사항으로서 전문가들의 높은 지지를 얻은 바 있다. 즉, 소년에 대한 경찰의 조사자료에 다음 단계 조사자료들이 누적되어 최종단계까지 이관될 수 있도록 제도화해야 하며, 가능한 부분의 조사양식은 일원화하여 중복되는 조사항목은 다음 기관에서 생략되도록 해야 한다. 이러한 제도적 일원화가 어렵다면 소년에 대한 조사를 담당하는 관련기관의 전산망을 통합하여 정보를 공유하는 방법으로 중복조사 문제의 상당부분을 해결할 수 있을 것이다.

일선 담당공무원들이 손쉽게 조사의 중복을 피할 수 있는 방안은 소년에 대한 조사를 담당하는 관련기관의 조사양식을 통일하는 것이다. 각 기관의 조사양식은 중복되는 항목이나 불필요한 항목 등이 있으므로 중복되는 항목이나 불필요한 항목, 작성 빈도가 낮은 항목은 삭제하고, 새롭게 필요성이 요청되는 항목을 추가하며, 애매모호한 용어는 수정해야 할 것이다. 소년분류심사원과 소년수용시설에서 사용하고 있는 각종 심리검사도구의 경우도 조금씩 차이가 있는데 이 또한 표준화가 요구된다.

2. 관련기관의 협력체제 구축

이 연구에서 살펴본 바와 같이 소년사건의 처리절차에는 상당히 많은 종류의 조사과정이 있다. 소년은 경찰과 검사에게 우선 비행사실에 관해 조사를 받고, 각각 법원의 소년조사관이나 소년분류심사원 분류심사관, 보호관찰소 보호관찰관 등에게 보내져 전문적인 조사를 받게 되며, 시설에 수용되어 다시 분류처우를 위한 심사를 받게 된다. 이 중에서도 특히 법원의 소년조사관과 소년분류심사원, 보호관찰소 등 세 개의 조사기관은 그 성질상 거의 유사한 조사업무를 담당하고 있다.

소년조사제도가 그 역할을 충실하게 다하기 위해서는 먼저 이와 같이 유사한 조사업무를 담당하고 있는 관련조직 간의 긴밀한 협조체제 구축이 전제되어야 한다. 우리와 가장 비슷한 구조를 가지고 있는 일본의 경우 법원의 조사관과 분류심사원 간에 유기적인 협조체제가 구축되어 있어 두 기관의 조사결과가 종합되어 판사에게 제출된다. 그러나 우리의 경우는 법원의 조사관과 분류심사원의 분류심사관 사이에 아무런 상호 작용 없이 운영되고 있다. 소년에 대한 처우의 개별화를 위한 조사제도가 효율적으로 운영되기 위해서는 둘 사이의 업무관계가 보다 체계적으로 편성되어야 할 것이다. 예를 들면 조사내용을 구분해 법원의 조사관은 소년의 환경적 측면을 위주로 조사하고, 소년분류심사원에서는 과학적인 기법을 활용한 심리적 측면을 위주로 조사하는 방안이 있을 수 있고, 한편 조사시기를 나누어 소년분류심사원에서는 심리전조사를 담당하고 조사관은 심리과정 중에 조사필요성이 발생하거나 재조사가 필요하게 된 경우의 조사를 담당하는 방안도 생각해 볼 수 있다.

3. 검사선의주의에 따른 보완

우리나라의 소년법은 검사선의주의를 취하고 있다. 따라서 검사는 비행소년에 대해 보호처분을 할 것인지, 형사처분을 할 것인지, 기소유예처분을 할 것인지 여부를 결정함으로써 소년에 대한 실질적인 권한을 행사한다. 이러한 검사선의주의하에서는 선의권 행사가 범죄사실에 의존하기 때문에 소년의 보호·육성을 위한 구체적, 개별적인 처우라는 소년법제의 기본원리에 반하게 된다. 따라서 이론적으로는 소년사건을 먼저 소년법원에 송치하게 하는 법원선의주의가 타당할 것이다. 그러나 현실적으로 법원선의주의에로의 입법화는 상당한 입법적 결단을 요구하게 될 것이고 또한 법원선의주의를 취하기 위해서는 전문적인 소년법원의 설립이 우선되어야 한다. 따라서 현재의 검사선의주의가 유지되는 상태에서 소년에 대한 인권침해 없이 검사가 소년에 대한 조사결과를 활용할 수 있는 방안도 모색할 필요가 있다.

우리나라의 비행소년에 대한 전문조사기구로는 소년보호절차상의 소년분류심사원과 소년형사절차상의 보호관찰소를 들 수 있다. 일부 지검에서 시험적으로 소년분류심사원에 조사를 의뢰하고 있는 경우가 있으나, 현재 법규정상 이들 기관에 조사를 위탁하는 것은 소년법원이든 형사법원이든 판사만이 가능하다. 검사에게도 이들 소년조사기관에 조사를 위탁하는 것이 가능하도록 함으로써 검사가 소년의 성격과 환경, 요보호성 등에 관해 충분한 자료를 기초로 처분을 결정할 수 있도록 하여 검찰처리를 과학화하고 소년의 인권도 보장할 수 있도록 해야 할 것이다. 이와 아울러 구치소에 수감될 소년의 경우 구속기간의 범위 내에서 소년분류심사원에 수용함으로써 이를 대신하는 방안도 고려해 볼 필요가 있다.

4. 처우의 개별화를 위한 기반조성

조사·분류에 따른 개별화된 처우를 실시하기 위한 처우시설과 프로그램이 마련되어야 한다. 분류처우제도의 성패는 과학적인 조사와 그에 따른 적절한 처우의 실시에 있다고 할 수 있기 때문이다. 소년에 대한 조사나 분류심사결과와 그에 대한 처분이 적절히 연계되기 위해서는 소년을 위한 처우시설의 특성화와 같은 시설상의 문제와 소년에 대한 개별처우를 실시할 인적자원과 다양한 처우 프로그램의 확보가 전제되어야 하겠다. 이에 대해서는 이 연구의 델파이조사에서 전문가들의 개선요구 또한 높았던 항목이다.

다시 말해 비행소년에 대한 개별처우의 전진을 위해서는 처우내용이 다양화되는 시스템이 마련되어야 한다. 처분의 종류가 다양해지면 소년의 특성에 적합한 처분을 선택할 수 있는 여지가 확대되는 것이기 때문에 처우의 개별화는 처분의 다양화와도 밀접하게 관련되어 있는 것이다.

5. 처우실태조사와 추후조사의 실시

조사와 분류심사 종료 후 보호처분을 받은 소년들을 대상으로 조사나 분류심사의 타당성을 제고하고 소년의 개별처우의 적정을 기하기 위한 추후조사를 실시할 필요가 있다. 이를 위해 일선 소년원이나 보호관찰소에서는 정기적으로 소년의 인식과 태도, 처우실태에 관한 조사를 실시함으로써 제반 처우지침의 수립 시에 참고하여 행형의 효율성을 도모하고 소년의 애로사항과 요구사항을 파악, 처리하여 처우의 형평성과 공정성을 기할 수 있도록 하여야 할 것이다.

6. 인권과 평등성의 보장

오늘날 세계의 행형은 수형자의 인권보장 강화라고 하는 동향과 함께 자유형의 교정효과에 대한 회의가 점차 가중되고 있어 국가의 처우권 한계에 대해 많은 논의가 이루어지고 있다. 근대 행형이 수형자를 하나의 인격으로 인식하는 점에서 출발한 이상 비록 본인의 사회복귀를 목적으로 하는 것이라고 해도 국가가 일방적으로 무한한 처우작용을 행사할 수는 없다. 이러한 점은 비행소년에 대한 조사와 분류에 있어서도 마찬가지이다. 이 연구의 설문조사대상 소년들이 소년조사제도에 있어서 개선되어야 할 사항으로 가장 많이 지적한 것도 조사를 담당하는 조사자가 소년의 인격을 존중해야 한다는 것이었다.

비행소년을 위한 복지적 처우라 해도 본인의 의사를 무시한 채 과학적인 조사가 소년인격의 심층부까지 해부하는 것은 허용될 수 없다 할 것이다. 그러므로 소년을 인간적으로 존중하고 그 인격을 보장하여야 한다. 그렇지 아니한 일반적이고 강제적인 조사나 분류심사는 소년의 납득과 협력을 얻을 수가 없을 것이고 처우효과도 거두기 어려울 것이다.

인권보장과 관련하여 또 다른 문제는 적법절차에 관한 것이다. 우리나라 소년심판절차는 조사단계와 심리단계로 구분되어 심리에 들어가기 전에 우선 조사가 이루어지는데, 이와 같이 비행사실의 존부가 확정되기 전에 소년과 보호자의 사생활에 밀접하게 관련되는 보호필요성을 조사하는 것은 인권보장에 문제가 있고 이 조사결과가 그다음에 이루어지는 비행인정에 영향을 미칠 가능성이 있는 점도 문제가 된다. 이러한 문제점은 소년심판절차를 비행사실 인정단계와 보호처분결정단계로 구분하고, 비행사실이 인정된 이후에 조사를 실시하여 보호처분을 결정하도록 하면 해결될 수 있을 것이다[286].

한편 소년에 대한 조사나 분류심사의 목적이 소년에 대한 개별처우에 있다면 소년의 개별적 특징에 따라 그에 상응한 개별처우를 실시하는 것이 형벌을 집행함에 있어 평등성을 해하는 것이 아닌가 하는 의문을 제기할 수 있다. 따라서 형벌의 평등성을 보장하기 위해서는 적정한 분류기준이 확립되어야 하며, 분류조사기술의 과학성을 높은 수준으로 유지함은 물론 충분한 설득력도 가져야만 한다. 다시 말해 과학적인

---

286) 김동림, "소년법의 문제점과 입법에 관한 논의", 형사정책 제12권 제1호, 2000, 125~126
   쪽; 강영호, "소년심판절차상의 적법절차의 보장", 청소년범죄연구 제5집, 1987, 122쪽;
   김기두, "소년법상의 제반 문제점과 개정방향", 청소년범죄연구 제3집, 1985, 14쪽.

조사방법을 통해 객관적 기준을 수립해야 한다는 것이다.

7. 정책결정자와 담당직원의 인식제고

이 연구의 델파이조사에서 전문가들은 소년조사제도의 개선을 위해서는 '소년조사제도의 중요성에 대한 관련 정책결정자의 인식제고와 예산지원'이 선행되어야 한다는 것에 높은 점수를 주었다. 이는 아무리 좋은 제도를 만들어도 정책결정자가 이의 중요성을 인식하지 못하고 이에 대해 적절한 예산을 편성하지 않으면 실천이 될 수 없다는 생각일 것이다.

이와 같이 정책결정자의 인식제고가 우선되어야 하겠지만 아울러 조사업무 담당직원의 인식도 같이 변화될 필요가 있다. 비행소년을 보호하고 개선하고자 하는 소년법의 이념을 적극적으로 구현하기 위해서는 실질적으로 소년의 처우에 임하는 일선 담당자의 태도가 무엇보다도 중요하다 하겠다. 아무리 좋은 제도와 시설을 갖춘다고 하더라도 이를 운용하는 사람이 올바른 태도와 관련 지식을 갖추고 있지 않으면 소기의 성과를 거두기 어려울 것이다. 따라서 각 기관의 조사담당공무원들이 조사나 분류심사 업무, 개별처우에 관한 규정과 지식을 숙지하고 사명감과 긍지를 가지고 맡은바 업무에 임해야 할 것이다. 이를 위해 일선 담당직원들이 소년조사제도의 의의에 관해 올바른 인식을 할 수 있도록 지속적인 교육이 이루어져야 하겠다.

Ⅱ. 소년조사기관별 개선방안

1. 경찰의 소년조사제도 개선방안

1) 소년조사를 위한 전용공간 마련

소년사건의 경우 범죄를 저지르지 않았더라도 요보호성이 있으면 보호처분을 내릴 수 있기 때문에 소년에 대한 수사와 조사는 성인범죄자를 수사하는 환경과 동일한 환경에서 이루어져서는 안 된다. 소년이 겁먹지 않고 솔직하게 자신이 처한 환경과 자신의 특성을 밝힐 수 있는 독립된 공간이 마련되어야 한다. 이러한 요구는 특히 경찰과 같은 수사기관에서는 특별히 개별적인 공간이 없기 때문에 더욱 시급하게 개선이 되어야 할 사항이라고 할 수 있겠다.

2) 소년조사업무 전담조직 신설

경찰조직에서 소년에 대해 조사를 실시하는 곳은 여성청소년계이다. 이곳에는 소년사건의 수사를 담당하는 소년경찰이 배치되는데 소년경찰이라고 하여 소년조사업무에 관해 특별한 자격조건을 갖추고 있는 것이 아니기 때문에 소년에 대한 조사가 사건발생 초기에 좀더 전문적으로 이루어지기 위해서는 경찰조직 내에 예를 들면 '소년조사계'와 같은 소년조사 전담조직이 신설될 필요가 있다.

3) 비행성예측자료표의 과학화

경찰에서 소년에 대해 조사를 실시하여 작성하는 '비행성예측자료표'는 이후 검찰에서 중요한 참고자료가 된다. 그러나 현재의 비행성예측자료표는 부록에 제시되어 있는 바와 같이 조금은 어설프게 구성되어 있다. 좀더 과학적으로 소년의 재비행을 예측할 수 있는 표준안이 마련된다면 경찰뿐 아니라 소년사건을 담당하는 모든 기관에서 공통적으로 사용할 수 있을 것이다.

4) 소년조사업무의 중요성에 대한 인식제고

경찰의 소년조사업무에 관해 아무리 좋은 제도를 만들어도 경찰의 소년조사업무에 관한 정책결정자나 소년에 대해 조사를 실시하는 담당경찰이 이의 중요성을 인식하지 못하고 이에 대해 적절한 예산을 편성하지 않으면 아무 소용이 없을 것이다. 경찰의 경우는 다른 기관에 비해 상대적으로 중요성 인식도가 떨어질 것이기 때문에 이에 대한 개선이 더욱 시급하다.

2. 검찰의 소년조사제도 개선방안

1) 소년조사를 위한 전용공간 마련

검찰의 경우도 앞의 경찰의 경우와 마찬가지로 수사기관이기 때문에 특별히 소년에 대한 조사를 실시할 수 있는 개별적인 공간이 없다. 따라서 검찰에도 소년이 겁먹지 않고 솔직하게 자신이 처한 환경과 자신의 특성을 밝힐 수 있는 독립된 조사공간이 마련되어야 한다.

2) 서울지검 푸른상담실의 전국 확대설치

서울지방검찰청에는 우리나라에서 유일하게 푸른상담실이라고 하는 전문조사기구를 두고 있다. 이는 검사가 소년에 대한 조사에 관해서 전문가의 의견을 참고하는 것으로 소년조사제도 개선을 위한 모범적인 사례라고 생각된다. 이러한 조사기구가 전국 검찰청으로 확대·운영되기를 기대해 본다.

3) 전국 지검에 소년부를 설치하여 조사업무 강화

또한 서울지방검찰청에는 우리나라에서 유일하게 소년부 조직을 설치하고 있다. 위에서 살펴본 푸른상담실 같은 전문조사기구의 설치가 어렵다면 최소한 소년사건을 전담하는 소년부의 설치만이라도 전국 검찰청으로 확대될 필요가 있다. 소년사건을 전담하는 검사가 있어야만 소년조사업무에 대한 중요성 인식도 가능할 것이기 때문이다.

4) 검찰 내에 소년조사 전문직원 배치

이상 소년조사기구나 소년부의 설치와 별도로 추진되어야 할 것은 검찰 내에 소년조사 전문직원을 전담요원으로 배치하는 것이다. 우리나라는 선의권이 검사에게 있기 때문에 검찰단계에서의 소년에 대한 조사가 매우 중요하다. 따라서 이에 대한 검사의 업무를 보조해 줄 소년조사 전문직원이 필요하다.

5) 소년조사업무의 중요성에 대한 인식제고

검찰의 경우도 경찰과 마찬가지로 다른 기관에 비해 상대적으로 소년조사업무의 중요성에 대한 인식도가 떨어질 것이기 때문에 이에 대한 개선이 시급하다. 앞에서 열거한 좋은 제도들이 실효를 거두려면 검찰의 소년조사업무에 관한 정책결정자나 소년에 대해 조사를 실시하는 담당검사와 공무원이 이의 중요성을 인식하고 이에 대해 적절한 예산을 편성해야 할 것이다.

3. 법원의 소년조사제도 개선방안

1) 소년사건 전담법관 확충

우리나라에는 가정법원과 지방법원에 소년부가 설치되어 있지만 판사가 순환보직으로 배치되기 때문에 소년사건에 대한 전문성이 부족하다. 이와 관련되는 사안으로 2005년도에 소년사건 전담법관제도가 도입되었다. 소년사건의 경우는 성인범죄자에 대한 재판과는 그 성격이 매우 다른데, 차이점 중에서도 가장 중요한 것이 조사과정이다. 따라서 이러한 소년사건의 특성에 따라 적합한 심리와 이를 위한 조사명령을 내리기 위해서는 소년사건 전담법관제도가 더욱 활성화되어야 한다.

2) 소년조사관에 대한 조사명령 활성화

현재 소년사건에 대한 판사의 조사명령은 보호사건의 경우는 소년분류심사원에 내릴 수 있고, 형사사건의 경우는 보호관찰소에 내릴 수 있다. 또한 공통적으로 법원의 소년조사관에게 조사명령을 내릴 수 있다. 소년조사관제도를 폐지하고 소년분류심사원이나 보호관찰소만 활용할 것이 아니라면 조사관에 대한 조사명령을 좀더 활성화할 필요가 있고, 이와 더불어 소년분류심사원이나 보호관찰소와 업무를 분담하는 방안도 모색되어야 할 것이다.

3) 소년조사관 인원확충

조사관제도가 활성화되기 위해서는 가장 먼저 조사관의 대폭적인 증원이 전제되지 않는 한 어떠한 실효성도 없을 것이다. 현재와 같은 소년조사관 인원으로는 조사명령이 활성화될 경우 업무를 제대로 처리할 수가 없을 것이다. 전문적인 지식을 가진 사람을 조사관으로 선임하고 이후 계속적인 연수교육이 이루어져야 할 것이다.

조사관제도의 전문화를 위하여 전문적인 지식을 가진 사람을 조사관으로 선임하고 이후 계속적인 연수교육이 이루어져야 할 것이다. 5급 조사관의 채용이 어렵다면 현재 가사조사관의 경우 실시하고 있는 것과 같이 7급 계약직 조사관보를 채용하는 것도 한 방법이 될 수 있다. 조사관에 의한 조사는 소년분류심사원에서의 조사와는 달리 소년들을 수용하지 않은 상태에서 조사하는 제도이므로 이 제도를 활성화한다면 소년분류심사원에서 현재 거의 시행되지 않고 있는 재택분류심사제도를 활성화할 수 있을 것이다.

4) 과학적인 조사기법 개발

비행소년에 대한 조사는 소년에 대한 처우와 직결되기 때문에 소년의 개별적인 특징이 과학적으로 평가될 수 있는 조사기법에 의해 이루어져야 한다. 그러나 이는 매우 전문적이고 어려운 일이기 때문에 법원에서 독자적으로 개발할 수 있는 일은 아닐 것이다. 따라서 소년분류심사원이나 보호관찰소와 같은 전문조사기관과 지속적인 공동작업을 통해 조사기법의 개발과 관련연구를 해 나가야 할 것이다.

5) 시험관찰제도의 도입

현재 시험 실시 중에 있는 '시험관찰'제도를 전면적으로 실시하여 조사관조사제도를 다른 조사기구들의 조사업무와 차별화하는 시도가 필요하다. 기존의 조사업무가 단기간에 걸친 정적인 조사라면 시험관찰은 동적으로 보호조치를 취하면서 소년을 관찰하여 소년에게 가장 적절한 보호처분내용을 조사해 내는 것이고, 단순한 조사에 그치는 것이 아니라 보호처분의 실질도 가지고 있어 반드시 심판 중에 보호처분결정자료가 부족한 경우에만 실시할 수 있기 때문에[287] 법원의 소년조사관이 담당하기에 매우 적절한 업무라고 할 수 있다. 법원의 조사관이 시험관찰에 주력한다면 다른 조사기구들과의 업무중복 문제도 해결될 수 있을 것으로 기대된다.

6) 소년조사업무의 중요성에 대한 인식제고

앞에서도 언급한 바와 같이 법원의 소년조사관에 대한 조사명령은 거의 유명무실한 실정이다. 따라서 소년조사업무의 중요성에 대한 인식도도 낮을 수밖에 없을 것이다. 앞에서 열거한 좋은 제도들이 실효를 거두려면 법원의 소년조사업무에 관한 정책결정자나 소년사건 담당판사나 소년조사관이 이의 중요성을 인식하고 이에 대해 적절한 예산을 편성해야 할 것이다.

---

287) 平場安治, 前揭書, 235~137頁.

4. 소년분류심사원의 분류심사제도 개선방안

1) 소년분류심사원 시설에 관한 법적 기준 마련

현재 소년분류심사원의 시설과 설비에 관해서는 별도의 법령이 제정되어 있지 않고, 교정시설 설립 시 법무부에서 위원회를 구성해 심사하는 절차를 거치는 것으로 하고 있다. 따라서 그러한 심사기준에 따라 시설을 설립하고는 있으나 기준을 제시하는 법령이 없으므로 엄격하게 시행되지 않고 있다. 바람직한 것은 학교시설에 관한 기준과 같이 소년분류심사원과 같은 교정시설에 관해서도 법적 기준이 마련되어야 할 것이다.

이러한 시설규정을 신설함에 있어서는 보다 근본적으로 소년분류심사원에 관한 근거법률에 관해 검토할 필요가 있다. 현재 소년분류심사원에 관해서는 소년원법에 소년원에 관한 사항과 함께 규정하고 있다. 소년분류심사원에만 적용되는 사항에 대해서는 별도의 조문이 있지만 대부분은 소년원을 기준으로 규정되어 있다. 현재 분류심사업무를 겸하는 소년원도 있고 두 시설 모두 비행소년을 수용한다는 점에서 공통점이 있기는 하지만 소년원은 심판이 확정된 소년을 수용하는 시설이고 소년분류심사원은 심판전조사기관이기 때문에 두 시설에 관한 법률규정은 보다 독립적일 필요가 있다. 따라서 소년원법에서 소년분류심사원에 관한 사항을 좀더 상세하고 독립적으로 규정하거나 가칭 '소년분류심사원법'을 제정할 필요가 있다.

2) 소년분류심사원의 증설과 소규모화

현재 우리나라에는 3개의 소년분류심사원이 있다. 소년분류심사원이

5개에서 3개로 축소되고 다시 1개로 축소될 예정인 이유는 위탁소년 수용분류심사가 줄었기 때문이다. 그러나 소년분류심사원은 위탁보다는 분류심사가 핵심기능이고 2004년부터는 수용하지 않고 조사하는 상담 조사제도도 도입되었으므로 법원의 분류심사의뢰가 좀더 활성화된다면 오히려 시설의 증설이 요망된다. 전국적으로 12개 지방법원이 있는 것을 감안할 때 이것은 단순히 수적인 면에서만 봐도 분류심사시설이 부족함을 알 수 있다. 최소한 각 지방법원별로는 소년분류심사원이 설립되어 전문분류심사시설이 아닌 소년원이나 다른 지역의 소년분류심사원을 이용하는 것은 개선되어야 할 것이다.

한편 소년분류심사원은 소년에 대한 개별처우를 위해 전문적인 조사를 행하는 기관이라는 점을 감안할 때 현재와 같이 한 개 시설에 많은 인원을 수용해 조사할 경우 그들에 대한 관호에 많은 인력과 노력을 투자하게 되므로 상대적으로 소년 개개인에 대한 정밀한 분류심사를 기대하기 어려울 것이다. 따라서 소년분류심사원의 시설규모를 소규모화해 여러 지역에 증설하는 것이 바람직할 것이다. 또한 소년분류심사원의 시설성격도 점차 개방형으로 바꿔갈 필요가 있다.

3) 전문분류심사 직원의 확보

보호소년에 대한 정확한 인격이해, 요보호성 판단에는 인간관계 제과학에 통달해야 할 필요가 있고 사회발전에 따라 환경과 가치관의 변동이 계속되므로 분류심사관은 전문과학에 대한 부단한 연구를 계속해야만 조사의 과학성을 담보할 수 있고 소년처우에 대해 올바른 방향을 제시할 수 있을 것이다. 소년분류심사제도의 성패는 바로 이 분류심사관의 능력과 역할수행에 달려 있다고 해도 과언이 아닐 것이다. 따라서 자질과 능력을 갖춘 직원을 선발해서 적절한 훈련과 교육을 통해 효율적인 직무수행을 할 수 있도록 하는 것이 중요하며, 이를 위해 전문적 지식과 기술의 습득, 전문직업인으로서의 지위확보 등 이들의 전문성 확보가 강조되고 있다. 비행은 복잡한 원인과 동기의 결과이기 때문에 이에 대한 면밀한 분석과 심사를 통한 대책의 수립은 법률학에만 의존할 수 없고 제반 사회과학의 관여가 요청된다. 따라서 분류심사업무의 중요성을 감안하여 전문직원의 증원에 정책적인 배려가 뒤따라야 하겠으며 또한 사회사업, 교육, 심리, 정신의학 전공자를 채용해야 할 것이다.

물론 관계기관에서도 이러한 점을 고려하여 1990년 4월과 1992년 8월에 전문분류심사 인력의 양성과 증원을 위하여 사회사업, 교육, 심리 분야의 인력을 충원하여 현재 각 분류심사원이나 소년원 등에 분류심사요원으로서 배치하여 업무수행을 원활하게 하고 장차 분류심사관으로서의 자질을 확보하도록 노력하고 있다. 그러나 증원된 인력은 90년에 30명, 92년에 7명에 불과하여 현재 부족한 분류심사관 인력의 보충과 앞으로 분류심사원의 증설에 비추어 볼 때는 만족할 만한 규모는 되지 못한다고 볼 수 있다. 따라서 앞으로 지속적인 분류심사 인력의 확보와 양성이 필요하다[288].

이와 같이 과학적인 조사와 분류심사를 위해서는 전문직원의 확보를 통한 방법이 선행되어야 하겠지만 관련분야의 전문가를 모두 확보한다는 것은 예산 등의 문제로 현실적으로 어려움이 있으므로 사회의 적극적인 참여가 요구되고 있다. 이러한 관점에서 임상심리학, 정신의학 분야의 대학교수와 정신의학연구소나 임상심리연구소 등의 분류전문가를 분류위원으로 위촉하여 분류기술과 처우기법에 관해 조언과 협조를 구하고 분류심사결과를 검토시키는 절차를 거치도록 하여 분류심사결과의 신뢰성과 타당성을 높일 필요가 있다. 아울러 상담치료, 종교지도 등 소년분류심사원 수용기간 동안의 처우를 위한 관련단체와 자원봉사

---

288) 김준호 / 이동원, 앞의 책, 35쪽.

자의 참여가 체계적이고 활발하게 이루어져야 할 것이다.

4) 분류심사 직원에 대한 재교육

전문직원의 확보와 더불어 중요한 것은 기존의 인력을 어떻게 활용하느냐이다. 기존의 법원행정직과 보도직 공무원에 대해 재교육을 실시하여 분류심사에 대한 이해의 폭을 넓혀서 끊임없이 변화하는 범죄의 원인과 동기에 보다 적극적으로 대처하게 해야 할 것이다. 현재 소년분류심사원의 보도직 공무원에 대한 재교육은 6급과 7급의 경우 5년마다 법무연수원에서 보수교육을 실시하도록 되어 있고 그 외 기관별로 수시로 실시하고 있는데, 이들에 대한 교육내용은 검사기법에 관한 것이 주를 이룬다. 또한 5급 심사관에 대해서는 정기교육은 없고 기관별로 전문가를 모시고 심리검사결과에 대한 분석법에 관해 교육을 받는다고 한다.

이와 같이 각 소년분류심사원 별로 나름대로 재교육을 위한 노력을 하고 있으나 그보다는 중앙 차원에서의 정기적인 재교육이 자주 실시되어야 할 것이다. 특히 분류심사 전문직원에 대해서는 전문교육기관에의 위탁교육 등 전문성 확보를 위한 다양한 재교육방법을 고려하면서 선진 각국의 시찰을 통해 우수한 제도를 도입할 수 있도록 해야 할 것이다.

5) 과학적인 분류심사기법 개발

비행소년에 대한 분류심사는 소년 개개인의 전인격적 평가를 통해 요보호성을 판단하고 장차 합리적인 처우를 하기 위한 과정이며 분류심사의 결과가 처우에 반영되어야 하기 때문에 소년의 개별특징이 과학적으로 평가될 수 있는 분류심사기법의 개발과 연구가 지속적으로 이루어져야 하겠다. 복잡하고 미묘한 인격구조를 가진 인간에 대한 조사와 평가를 단순히 지능검사나 적성검사 등 몇몇 지필검사와 기구검사결과 나타난 자료에 의해 진단하는 것은 신중을 기해야 할 것이다. 소년분류심사원에서의 분류심사는 교정시설이라는 제약된 공간에서의 작업이므로 이러한 제약요인을 고려하여 소년 개개인에게 가장 적합한 분류심사기법을 연구 개발하고 그것을 표준화해야 하며, 특히 한국형 기법의 개발이 요망된다.

6) 수용기간 동안의 처우 프로그램 활성화

소년분류심사원에서의 처우 프로그램을 일본의 탐색처우와 같이 활성화해야 한다. 소년분류심사원의 수용은 보호처분은 아니다. 그렇지만 소년분류심사원에 수용될 경우 소년은 1개월 또는 그 이상 수감되어 있게 된다. 보호처분이 아니기 때문에 정적인 관찰과 신병의 보전만 중시한다면 변화 가능성이 많은 시기에 적지 않은 시간을 낭비하게 되는 부정적인 면이 있는 것이다. 단순히 시간만 보내게 된다면 원래 받아야 할 보호를 박탈당했다고 하는 면에서 인권침해라고 볼 수도 있다. 따라서 현재 각 소년분류심사원에서 실시하고 있는 분노조절 프로그램이나 독서지도 같은 프로그램들을 일본의 탐색처우와 같이 좀더 심층적으로 실시될 수 있도록 지원이 이루어져야 할 것이다.

이와 아울러 검토해야 할 문제가 위탁기간이다. 현행법상 소년분류심사원의 위탁기간은 2개월로서 비교적 장기간인데 수용기간이 이와 같이 길 경우 다음과 같은 문제점이 있다. 먼저 비행소년이 수용되어 있는 동안 특별한 교정처우가 없기 때문에 학업이나 취업이 중단되고, 한편 기간이 장기화될수록 다른 비행소년으로부터 악성오염의 우려가 많아진다. 또한 소년분류심사원 위탁은 이론상으로는 소년의 복지를 위한 것이지만 사실상 신체의 자유를 구속하는 것이기 때문에 소년의 인권 보장을 위해서는 짧을수록 바람직하다. 소년에 대한 분류심사에 걸리는 시간이 최단 14일 정도이므로 수용기간은 20일로 하되 1차에 한하여 갱신할 수 있도록 하는 것이 바람직할 것이다.

7) 소년에 대한 조사과정에서 선도계몽활동 실시

이는 수용기간 동안의 처우 프로그램 활성화와 같은 선상에서 추진되어야 할 사항이라고 생각된다. 왜냐하면 현재 소년분류심사원에서 이루어지는 분류심사는 대부분 수용분류이기 때문이다. 따라서 소년에 대한 분류심사를 위해 조사를 실시하는 담당직원도 단순히 조사만 실시한다는 생각으로 접근하기보다는 이 또한 하나의 처우 프로그램으로 생각하면서 재범방지를 위한 조언 등의 선도계몽활동을 펼칠 필요가 있다.

5. 보호관찰소의 판결전 조사·환경조사제도 개선방안

1) 소년조사를 위한 전용공간 마련

보호관찰소는 각 소마다 사정이 조금씩 차이가 있긴 하지만 소년에 대해 판결전조사를 실시하는 중요한 업무를 담당하고 있음에도 불구하고 소년조사를 위한 전용공간이 마련되어 있지 않은 경우가 많다. 그래서 이 항목에 대해 전문가들이 높은 점수를 준 것으로 보인다. 앞에서 살펴본 경찰과 검찰의 경우와 마찬가지로 소년이 솔직하게 자신이 처한 환경과 자신의 특성을 밝힐 수 있는 독립된 조사공간이 마련되어야 할 것이다.

2) 보호관찰소의 증설과 소규모화

보호관찰소의 경우는 소년분류심사원에 비하면 상대적으로 시설이 많은 편이다. 하지만 환경조사의 경우 소년의 주변환경에 대해 실제적인 조사를 실시해야 하기 때문에 현재 수준으로는 그 담당지역이 매우 넓다고 할 수 있다. 따라서 보호관찰소의 규모를 소규모화하면서 그 수를 증설한다면 소년에 대한 환경조사를 지금보다는 좀더 치밀하게 실시할 수 있을 것으로 생각된다.

3) 전국 보호관찰소에 별도의 조사과 신설

보호관찰소 중에서 조사과가 독립조직으로 설치되어 있는 곳은 서울보호관찰소뿐이다. 보호관찰소의 주요업무는 보호관찰이기 때문에 별도의 조사과가 설치되지 않을 경우 판결전조사나 환경조사업무는 우선순위가 낮아질 수밖에 없을 것이다. 따라서 조사과의 신설이 요망된다.

4) 전문조사 직원의 확보

보호관찰소에는 판결전조사나 환경조사를 담당하는 직원이 있지만 조사전문가가 아니라 일반보호관찰직 중에서 순환보직으로 배치되기 때문에 스스로 전문성에 대한 확신이 없는 실정이다. 따라서 장차 판결전조사제도의 활성화를 위해서는 조사전문직렬로 전담직원을 채용할 필요가 있다.

5) 조사담당 직원에 대한 재교육

현재 판결전조사나 환경조사와 관련하여 법무연수원에서 조사담당 직원에 대해 재교육을 실시하고 있다. 하지만 현직 조사담당 직원과의 면접조사나 델파이조사를 통해 알아본 바로는 이러한 공무원교육으로는 전문적인 지식과 기술을 익히는 데 한계가 있다. 따라서 과학적인 조사기법을 배울 수 있는 전문기관에서 재교육을 받을 수 있도록 해야 할 것이다.

6) 과학적인 조사기법 개발

앞에서 법원 소년조사관의 조사나 소년분류심사원의 분류심사에서도 제안되었지만 보호관찰소에서의 판결전조사 또한 소년에 대한 처우와 직결되기 때문에 소년의 개별적인 특징이 과학적으로 평가될 수 있는 조사기법에 의해 조사가 이루어져야 한다. 따라서 법원이나 소년분류심사원과 지속적인 공동작업을 통해 조사기법의 개발과 관련연구를 해 나가야 할 것이다.

7) 소년조사업무의 중요성에 대한 인식제고

보호관찰소의 주요업무는 보호관찰이고 대부분의 보호관찰소에 조사과가 별도로 설치되어 있지 않기 때문에 판결전조사나 환경조사에 대해서는 중요도를 낮게 평가하는 경향이 있는 것으로 보인다. 하지만 소년형사사건의 경우 비록 적은 인원이기는 하지만 판결전조사제도가 있어 그나마 전문적인 조사를 받는 것이기 때문에 이 제도는 앞으로 확대할 필요가 있다. 앞에서 열거한 좋은 제도들이 실효를 거두려면 판결전조사나 환경조사에 관한 정책결정자나 소년에 대해 조사를 실시하는 담당공무원이 이의 중요성을 인식하고 이에 대해 적절한 예산을 편성해야 할 것이다.

8) 소년에 대한 조사과정에서 선도계몽활동 실시

보호관찰소에 판결전조사가 의뢰된 소년들은 형사사건으로 처리되는 소년이기 때문에 보호사건에 비해 죄질이 나쁘거나 재범인 경우가 많다. 따라서 소년에 대해 조사를 실시하는 담당직원은 단순히 조사만 실시한다는 생각으로 접근하기보다는 이를 하나의 처우 프로그램으로 생각하면서 재범방지를 위한 조언을 통해 선도계몽활동을 펼칠 필요가 있다.

6. 소년원의 분류심사제도 개선방안

1) 전문분류 직원의 확보

소년원의 분류보호과에는 분류심사업무를 담당하는 직원이 있지만 조사전문가가 아니라 일반소년보호직 중에서 순환보직으로 배치되기 때문에 조사전문가라고 볼 수는 없는 실정이다. 따라서 전문분류 직원을 특별채용의 형식으로 채용하거나 소년보호직 중에서 일정한 교육과정을 통해 전문분류 직원을 양성할 필요가 있다. 그러나 현재 정책방향은 이와는 역행하고 있다.

전문분류 직원도 양성하지 못하는 실정에서 그나마 있던 소년전담공무원제도인 소년보호직렬을 보호관찰직렬과 통합해 내년 1월부터 '보호직'을 바꿀 예정이다. 당분간은 본래의 직렬에 따른 업무가 유지되겠지만 몇 년이 흐르면 자연스럽게 순환보직으로 운영될 것이다. 소년보호직이 소년만 지도하는 것과 달리 보호관찰직은 업무 자체가 성인·소년을 구분하지 않고 있어 소년전담공무원이 없는 실정이다. 이러한 행정편의에 따른 직렬통합은 소년보호업무에 대한 전문성을 떨어뜨릴 뿐이다. 그러나 해결방안이 전혀 없는 것은 아니다. 보호관찰업무를 성인대상과 소년대상으로 구분하여 보호직 내에서 사회내처우와 시설내처우의 구분 없이 소년만을 지도하는 소년전담공무원을 두는 방안이다.

2) 분류담당 직원에 대한 재교육

현재 소년보호직 공무원에 대해서는 법무연수원에서 재교육을 실시하고 있는데 그 내용 중 일부로 분류심사에 관한 것이 포함되어 있다. 하지만 현직 조사담당 직원과의 면접조사나 델파이조사를 통해 알아본 바로는 이러한 공무원교육으로는 전문적인 지식과 기술을 익히는 데 한계가 있다. 따라서 과학적인 조사기법을 배울 수 있는 전문기관에서 재교육을 받을 수 있도록 해야 할 것이다.

3) 과학적인 분류기법 개발

앞에서도 여러 기관에 대해 제안되었지만 소년원에서의 분류심사는 다른 기관보다 처우와 더욱 직결되기 때문에 소년의 개별적인 특징이 과학적으로 평가될 수 있는 조사기법에 의해 이루어져야 한다. 따라서 다른 관련기관과 지속적인 공동작업을 통해 조사기법의 개발과 관련연구를 해 나가야 할 것이다.

4) 재분류의 활성화

소년원에서의 분류심사는 주로 소년분류심사원에서의 조사를 기반으로 실시되기 때문에 조사가 이루어진 시기와 처우를 받게 되는 시기에 다소 간격이 있다. 그러나 소년은 아직 성장기에 있기 때문에 변화 가능성이 많다. 따라서 처우기간 중의 소년의 성장과 변화에 따른 새로운 처우가 제공될 수 있도록 재분류제도가 활성화될 필요가 있다.

5) 소년조사업무의 중요성에 대한 인식제고

소년원의 경우 심판 전에 실시하는 소년분류심사원의 조사결과를 주로 활용하여 분류심사를 하기 때문에 담당공무원의 소년조사업무의 중요성에 대한 인식도가 낮은 편이다. 그러나 앞에서 열거한 좋은 제도들이 실효를 거두려면 소년원의 분류심사업무에 관한 정책결정자나 소년에 대해 조사를 실시하는 담당공무원이 이의 중요성을 인식하고 이에 대해 적절한 예산을 편성해야 할 것이다.

7. 교도소·구치소의 분류심사제도 개선방안

1) 전문분류 직원의 확보

교도소나 구치소의 분류심사과에는 분류심사업무를 담당하는 분류심사직렬의 직원이 있다. 그러나 이들은 조사전문가이긴 하지만 소년전문가가 아니라는 문제점이 있다. 따라서 교정직 중에 일반분류심사직렬과 별도로 소년교정직렬 또는 소년분류심사직렬을 마련하여 특별채용의 형식으로 채용하거나 현재의 분류심사직렬 중에서 일정한 교육과정을 통해 소년전문분류 직원을 양성할 필요가 있다.

2) 분류담당 직원에 대한 재교육

분류심사직 공무원에 대해서도 현재 법무연수원에서 재교육을 실시하고 있지만 현직 분류심사직 공무원과의 면접조사나 델파이조사를 통해 알아본 바로는 이러한 공무원교육으로는 전문적인 지식과 기술을 익히는 데 한계가 있다. 따라서 과학적인 조사기법을 배울 수 있는 전문기관에서 재교육을 받을 수 있도록 해야 할 것이다.

3) 성인과 별도로 소년에게 적합한 분류심사양식 개발

현재 교도소나 구치소의 분류심사과에서 수용자에 대한 분류심사결과를 기록하는 '수형자분류처우심사표'는 성인과 소년의 구별 없이 동일하게 사용되고 있다. 그러나 앞에서도 여러 차례 강조했던 바와 같이 소년의 경우는 성인범죄자와는 다른 처우가 필요하기 때문에 이들에 대한 분류심사에 있어 조사항목도 달라져야 한다. 따라서 성인과는 별도로 소년에게만 사용될 분류심사양식이 개발되어야 할 것이다.

4) 과학적인 분류기법 개발

소년원과 마찬가지로 교도소나 구치소에서의 분류심사 또한 처우와 직결되기 때문에 소년의 개별적인 특징이 과학적으로 평가될 수 있는 조사기법에 의해 이루어져야 한다. 따라서 다른 관련기관과 지속적인 공동작업을 통해 조사기법의 개발과 관련연구를 해 나가야 할 것이다.

5) 소년을 존중하는 조사태도 유지와 인권침해 금지

교도소나 구치소의 경우는 소년사건을 전담하는 조직이 아니기 때문에 소년에 대해서도 성인범죄자와 별 차이 없이 대할 가능성이 있다. 그렇기 때문에 교도소나 구치소의 조사제도 개선방안에 있어서만 유독 전문가들이 이 항목에 대해 높은 점수를 준 것으로 보인다. 따라서 소년에 대한 분류심사를 위해 상담조사를 실시할 경우 분류담당 직원은 소년을 존중하는 조사태도를 가지고 조사에 임해야 할 것이다. 또한 앞의 제도적 기반조성에서도 언급한 바와 같이 아무리 비행소년이라 해도 본인의 의사를 무시한 채 과학적인 조사로 소년인격의 심층부까지 해부하는 것은 인권침해가 되므로 주의해야 한다.

제 6 장

결 론

이 연구는 이상과 같이 비행소년에 대한 사법처리과정에서 개별처우의 전제조건인 과학적인 분류를 위해 소년의 비행사실과 요보호성에 관해 조사하는 소년조사제도에 관해 살펴보았다. 이 제도의 이해를 위하여 먼저 이 제도의 이론적 배경이라 할 수 있는 소년법의 이념과 처우의 개별화에 관해 살펴보고, 이 제도의 의의와 연혁, 구조와 기능 등을 개관하였다. 또한 구체적인 제도의 운영에 관하여 비교법적으로 고찰하고 우리나라의 운영실태를 분석하였다. 한편 이상의 이론과 제도에 관한 검토를 바탕으로 소년수용시설의 소년에 대한 설문조사를 실시해 이 제도의 문제점을 파악하고, 소년에 대해 조사를 실시하는 기관의 현장전문가를 대상으로 델파이조사를 실시해 개선방안을 모색하였다.

소년법은 국가가 보호를 요하는 소년의 어버이가 되어 그들의 후견인적 입장에서 보호·육성해야 한다는 주장과 비행소년의 재판과 처우를 성인형사사건과 구별하여 처우의 개별화를 꾀해야 한다는 두 가지 주장이 서로 조정 고려되어 있는 것으로 하나의 이념만에 의하여 제정 운영되고 있는 것은 아니다. 이러한 소년법에 의한 보호처분과 형사처분은 소년을 단순히 성인과 구분하는 데 그치는 것이 아니라 비행소년 개개인에 대한 전문적인 분류와 그들의 특성에 맞는 다양한 처우 프로그램을 마련하고 비행소년 각각에게 가장 적합한 처우방법을 모색하여 개별적인 처우를 할 때 비로소 그 이념이 제대로 구현될 수 있을 것이다.

비행소년에 대한 개별적인 처우를 위해서는 우선적으로 전문적인 시설과 전문가에 의한 분류를 통해 그들의 특성을 정확히 파악할 필요가 있다. 이에 우리나라에서는 수사단계에서부터 소년에 대해 특별하게 취급할 뿐 아니라 법원의 조사관제도, 전문분류심사기구인 소년분류심사원과 보호관찰소에서의 판결전조사, 소년수용시설에서의 분류심사 등의 제도를 두어 개별 소년들의 특성과 문제점을 파악하도록 하고 있다. 우리나라의 소년조사제도는 그 시설이나 인력, 운영 면에서 선진제국과 비교하여 아직 부족한 점이 많으나 성인범죄자에 대한 경우와 비교할 때는 나름대로 소년법의 이념에 따라 과학적인 조사와 분류를 하고자 많은 노력이 행해지고 있다.

이러한 소년조사제도가 진정한 효과를 거두기 위해서는 분류된 특성에 맞는 개별적인 처우가 이루어져야 할 것이다. 따라서 그러한 특성에 따라 성격, 정도, 기간을 달리하는 다양한 시설과 다양한 처우 프로그램이 마련되어야 한다. 이와 같은 분류와 다양한 시설 및 프로그램의 마련을 통해 비행소년 개개인에게 가장 적합한 처우가 이루어지는 것이야말로 한 번의 실수로 비행을 저지른 청소년들이 개선·교화하여 정상적인 생활로 돌아가는 재사회화의 지름길이 될 것이다.

참고문헌

국내문헌

Ⅰ. 단행본

권태정, 재소자 분류수용제도에 관한 연구, 서울: 한국형사정책연구원, 1992.
경찰청, 경찰백서, 서울: 경찰청, 2001.

경찰청, 소년경찰업무편람, 서울: 경찰청, 1997.
김상희 / 정동진 / 윤영철, 교정처우의 현황과 개선방안, 서울: 한국형사정책연구원, 1992.
김승구, 외국의 소년범처리제도와 실태 - 일본제도를 중심으로, 서울: 한국형사정책연구원, 1994.
김준호 / 이동원, 비행소년 감별기준에 관한 연구, 서울: 한국형사정책연구원, 1994.
대검찰청, 검찰수사실무, 서울: 대검찰청, 1998,
박병식 / 전경숙 / 윤옥경 / 정혜영, 청소년문제행동과 관련 법률에 관한 연구, 서울: 한국청소년개발원, 1999.
박상기 / 손동권 / 이순래, 형사정책, 서울: 한국형사정책연구원, 1998
법무부 보호국, 보호소년통계 제13집, 서울: 법무부 보호국, 1998.
법무부 보호국, 각국의 소년보호제도, 서울: 법무부 보호국, 1997.
법무부, 비행소년의 분류심사, 서울: 법무부, 1996.
법무부, 소년보호행정편람, 서울: 법무부, 1994.
법무부, 외국의 소년사법제도, 서울: 법무부, 2005.
법무부, 일본의 소년보호제도, 서울: 법무부, 2005.

법무연수원, 소년범처우절차개선방안 - 소년법 개정에 관한 의견을 중심으로, 용인: 법무연수원, 1984.

법무연수원, 제2기 선택전문교육과정 판결전조사전담반, 용인: 법무연수원, 2001.

서울소년감별소, 비행소년의 감별(제10집), 서울: 서울소년감별소, 1988.

서울소년분류심사원, 분류심사사례집, 서울: 서울소년분류심사원, 2000.

서울소년분류심사원, 분류심사원 생활안내, 서울: 서울소년분류심사원. 1997.

서울소년분류심사원, 비행소년의 분류심사 17, 서울: 서울소년분류심사원, 1996.

서울시정개발연구원, 전문가/기업인 델파이조사보고서, 서울: 서울시정개발연구원, 1994.

서울특별시/자녀안심운동 서울협의회, 비행청소년 상담연구 2000, 서울: 서울특별시/자녀안심운동 서울협의회, 2000.

오영근/최병각, 소년사건처리절차의 개선방안에 관한 연구, 서울: 한국형사정책연구원, 1995.

유진식, 소년법, 서울: 육법사, 1982.

이상철, 판결전조사제도에 관한 연구, 서울: 한국형사정책연구원, 1994.

이태호, 분류심사론, 서울: 한국소년보호협회, 2000.

이황우/조병인/최응렬, 경찰학개론, 서울: 한국형사정책연구원, 2001.

이훈규/이정규, 소년수형자 교정처우에 관한 연구 - 처우실태와 의식조사를 중심으로, 서울: 한국형사정책연구원, 1996.

장동근/정해룡, 교정학, 서울: 육서당, 1997.

정갑섭, 최신 교정학, 서울: 경기도서, 1995.

조복전, 청소년보호정책, 서울: 한국범죄예방정책연구원, 2004.

채왕석, 교정교육서설 - 청소년 시설에서의 다양한 지도방법, 서울: 신아출판사, 2000.

청소년위원회, 2005 청소년백서, 서울: 청소년위원회, 2005.

최인섭/진수명/김영진, 소년보호관찰의 평가와 효율성 분석 - 서울보호관찰소를 중심으로, 서울: 한국형사정책연구원, 1993.

이춘화, "청소년보호에 관한 법", 청소년육성제도론, 한국청소년개발원 편, 서울: 교육과학사, 2006.

Ⅱ. 논 문

강신웅, "수형자분류제도의 운영실태와 개선방향", 교정, 제222호(1994 / 10).

강영철, "소년사건처리절차의 현황과 개선방안", 소년보호연구 창간호, 1999.

강영호, "소년심판절차상의 적법절차의 보장", 청소년범죄연구 제5집, 1987.

강원구, "우리나라 소년재판 제도상의 제 문제", 가정법원사건의 제 문제, 재판
자료, 제18집, 법원행정처, 1983.

고토 히로코, "일본 가정재판소조사관의 역할", 한국소년법학회 하계학술회의 자료,
2004.

권영석, "프랑스의 소년사법제도", 각국의 소년사법제도연구(법무자료 제113
집). 서울: 법무부, 1989.

권창락, "현행 수형자분류와 처우에 관한 연구." 교정연구, 제6호, 1996.

김관호, "분류처우에 관한 소고", 법무연구, 제14호, 1987.

김기두, "소년법상의 제반 문제점과 개정방향", 청소년범죄연구 제3집, 1985.

김동림, "소년법의 문제점과 입법에 관한 논의", 형사정책, 제12권 제1호(2000 / 6).

김범수, "일본의 비행청소년 복지서비스", 각국의 소년선도보호제도연구(법무자료
제135집), 서울: 법무부, 1990.

김상호 / 이영호, "감별절차의 표준화에 관한 연구", 소년보호업무연구논집, 제2집,
법무부 보호국, 1997.

김시수, "소년보호사건의 처리과정에 있어서의 문제점", 가정법원사건의 제 문제,
재판자료, 제18집, 법원행정처, 1983.

김양곤, "보호관찰대상자 분류평가의 의미와 활용: 소년을 중심으로", 한국범죄
학회 제2회 정기학술대회 자료, 2006.

김유미, 자녀복리의 관점에서 본 한국 친권법 - 특히 신상에 관한 효력의 검토
를 중심으로, 서울대학교 박사학위논문, 1995.

김종원, "소년원에 송치된 보호소년의 처우", 가정법원사건의 제 문제, 재판자
료, 제18집, 법원행정처, 1983.

김택수, "보호소년의 처우기간 분류기준 설정에 관한 연구", 소년보호업무연구
논집, 제3집, 법무부 보호국, 2000.

김학의, "한국형사정책에 있어서의 교정이념과 현실", 형사정책, 제3호, 1988.

남상철, "한국 교정의 실상과 발전적 개선방안", 교정, 제182호(1991 / 6)

류원석, "소년보호사건에 있어서 형사소송법의 적용", 가정법원사건의 제 문제, 재판자료, 제62집, 법원행정처, 1993.

문선화, "미국의 소년보호시설에서의 교육제도: 현황, 문제점, 그리고 특수교육", 각국의 소년선도보호제도연구(법무자료 제135집), 서울: 법무부, 1990.

박영구, "판결전조사 작성기법", 제2기 선택전문교육과정 판결전조사전담반, 용인: 법무연수원, 2001.

박영수, "한국 소년선도보호제도의 과제", 각국의 소년선도보호제도연구(법무자료 제135집), 서울: 법무부, 1990.

박일랑 / 김현주, "위탁소년 교육훈련 프로그램 계발에 관한 연구", 소년보호업무연구논집, 제2집, 법무부 보호국, 1997.

박재윤, "우리나라 소년심판 및 교정보호제도의 개선방안", 국민대법정논총, 제8집, 1990.

박전교 / 이현구, "소년원생의 분류수용기준 설정에 관한 연구", 소년보호업무연구논집, 제2집, 법무부 보호국, 1997.

박태영, "조사업무의 실태와 개선방안", 청소년범죄연구 제3집, 1985.

백원기, "프랑스의 소년보호처우제도", 각국의 소년선도보호제도연구(법무자료 제135집), 서울: 법무부, 1990.

백춘기, "소년보호사건에 있어서의 비행사실", 가정법원사건의 제 문제, 재판자료, 제62집, 법원행정처, 1993.

소순무, "각국의 소년제도와 우리 제도의 개선방향", 가정법원사건의 제 문제, 재판자료, 제18집, 법원행정처, 1983.

송광섭, 점승헌, "소년원 교육의 현황과 개선방안", 형사정책, 제11호, 1999.

신동운, "서독의 소년사법제도", 각국의 소년사법제도연구(법무자료 제113집), 서울: 법무부, 1989.

신태식, "소년원, 소년감별소와 관련된 문제 및 세평에 대한 고찰", 형사정책연구소식, 제7호(1991 / 9-10)

신희구, "소년감별위탁기관 및 위탁기간에 관한 개선방안", 청소년범죄연구, 제3집, 1985.

염태호 / 김정규, "비행청소년의 성격특성과 성격유형", 형사정책연구, 제8호(1991 / 겨울)

오영근, "소년사법제도의 문제점 및 개선방안 - 소년보호사건을 중심으로" -,

소년보호연구, 제7호, 2004.

원혜욱, "적정한 소년사건처리절차의 보장", 형사정책, 제11호, 1999.

원혜욱, "소년원의 분류조사제도", 소년보호연구, 제4호, 2002.

유명건, "일본의 소년사법제도", 각국의 소년사법제도연구(법무자료 제113집), 서울: 법무부, 1989.

유제선, "소년범에 대한 시설내처우의 현황과 개선방안", 청소년범죄연구, 제1집, 1983.

이보령, "교정의 이념과 수형자의 인권보장", 교정연구, 창간호, 1991.

이분순, "분류심사를 통한 수형자의 심리분석; MMPI를 중심으로", 법무연구, 제19호, 1992.

이상철, "소년사건처리제도의 한·일간 비교연구", 사법연구자료, 제21권, 1997.

이상해, "소년감별소 운영에 관한 연구", 법무연구, 제4호, 1977.

이시균, 정용래, 노청한, "비행소년감별의 표준화에 관한 연구: 누비행 집단과의 비교조사를 중심으로," 법무연구 9, 1982, 9쪽.

이영호, "소년감별소 기능활성화를 위한 외부인적자원의 활용방안", 법무연구, 제21호, 1994.

이윤화, "분류심사자 처우실태에 대한 추수조사분석(상)", 교정, 제170집(1990 / 6)

이윤화, "분류심사자 처우실태에 대한 추수조사분석(하)", 교정, 제171집(1990 / 7)

이윤화, "수형자분류처우의 실태와 개선방안", 교정, 제175호(1990 / 11)

이춘화, "보호관찰소년의 폭력비행에 관한 연구", 소년보호연구, 창간호, 1999.

이춘화, "소년사건의 조사제도에 관한 한·일 비교연구", 한일형사법의 과제와 전망(수운이한교교수정년기념논문집), 수운이한교교수정년기념논문집 간행위원회, 2000.

이춘화, "소년에 대한 조사제도의 문제점과 개선방안", 소년보호연구, 제3호, 2001.

이춘화, "소년분류심사제도에 관한 비교법적 고찰", 보호, 법무부, 제16호, 2004.

이춘화, "한국 소년조사관제도의 현황과 개선방안", 한국소년법학회 하계학술대회 자료, 2004.

이춘화, "조사절차", 한국소년법학회 동계학술회의 자료, 2006.

이태호, "분류심사의 개방화를 통한 지역사회 봉사방안(상)", 법조, 제470호(1995 / 11)

이태호, "분류심사의 개방화를 통한 지역사회 봉사방안(상)", 법조, 제471호(1995 / 12)

이태호, "비행소년감별의 실제와 개선방안", 청소년범죄연구, 제7집, 1989.

이태호, "비행소년감별의 실제와 개선방안", 사회복지, 제106호(1990 / 9)

이태호, "비행소년의 행동관찰에 관한 연구: 서울소년감별소 위탁소년을 중심으로", 법무연구, 제16호, 1989.

정진연, "소년사법제도의 역사적 배경과 최근의 동향", 21C 한국교정의 활성화 방안, 한국교정학회 제18회 학술발표회 자료집, 2000.

정진연, "소년심판에 있어서의 적정절차", 교정연구, 제7집, 1997.

조기룡, "분류처우제도의 이론과 실제", 법무연구, 제21호, 1994.

조상연, "일본의 소년감별소제도 연구", 법무연구, 제17호, 1990.

조준현, "소년사법의 이념과 원리에 관한 소고", 소년보호연구, 창간호, 1999.

조준현, "수형자의 분류와 인격조사", 행형의 과제와 실험(법무자료 제120집), 서울: 법무부, 1989.

조준현, "행형의 이념으로서 교정에 관한 소고", 교정연구, 창간호, 1991.

최병각, "소년보호사건의 범위와 처리에 관한 연구", 서울대학교 박사학위논문, 1998.

최석윤, "판결전조사제도", 형사정책, 제12권 제2호(2000 / 12).

최인섭 역 / Champion, Dean J., "Juvenile Treated as Adult for Criminal Prosecutions", 초청강연회 자료집, 서울: 한국형사정책연구원, 2001.

최종식, "소년법상 보호처분에 관한 연구", 강원대학교 박사학위논문, 1996.

최종원, "시설처우의 개선방안", 청소년범죄연구, 제6집, 1988.

한상호, "소년심판제도의 운용현황 및 개선방안", 청소년범죄연구 제1집, 1983.

홍석조, "미국의 소년사법제도", 각국의 소년사법제도연구(법무자료 제113집), 서울: 법무부, 1989.

일본문헌

Ⅰ. 단행본

加藤久雄, 犯罪者處遇の理論と實踐, 東京: 慶應通信株式會社, 1989.

關力, 非行少年はこう扱われる, 東京: 有信堂高文社, 1991.

菊田幸一, アジアの非行少年, 東京: 勁草書房, 1985.

菊田幸一, 刑事政策の問題狀況, 東京: 勁草書房, 1989.

菊田幸一, 犯罪學, 東京: 成文堂, 1993.

菊地和典, 少年保護事件の手引, 東京: 日本加除出版株式會社, 1994.

宮澤浩一, 少年法制の動向, 東京: 鳳舍, 1968.

團藤重光 / 森田宗一, 少年法, 東京: 有斐閣, 1984.

藤本哲也, 刑事政策の新動向, 東京: 靑林書院, 1990.

法務省法務總合硏究所, 犯罪白書, 東京: 大藏省印刷局, 1996.

森下忠a, 犯罪者處遇論の課題, 東京: 成文堂, 1988.

森下忠b, 刑事政策大綱 I, 東京: 成文堂, 1989.

森下忠c, 刑事政策大綱 II, 東京: 成文堂, 1990.

森下忠d, 刑事政策大綱, 東京: 成文堂, 1996.

石川才顯, 刑事手續と人權, 東京: 日本評論社, 1986.

守屋克彦, 少年の非行と敎育, 東京: 勁草書房, 1984.

魚占川潤, 少年非行の社會學, 東京: 世界思想社, 1994.

柳本正春, 刑事政策讀本, 東京: 成文堂, 1986.

日本辯護士聯合會少年法改正對策本部(編), 少年警察活動と子どもの人權,
        東京: 日本評論社, 1991.

田宮裕, 少年法, 東京: 有斐閣, 1988.

井上勝正, 少年法 – 解釋と實務, 東京: 日世社, 1988.

齊藤豊治, 少年法 – 解釋と實務, 東京: 成文堂, 1987.

第一東京辯護士會少年法部會(編), 子どもの權利と少年法, 東京: ぎょうせい,
        1990.

澤登俊雄a, 犯罪者處遇制度論(上): 少年法制, 東京: 大成出版社, 1975.

澤登俊雄b, 世界諸國の少年法制, 東京: 成文堂, 1994.

澤登俊雄c, 少年法, 東京: 中公新書, 1999.

澤登俊雄d, 少年法入門, 東京: 有斐閣, 1994.

澤登俊雄e, 少年非行と法的統制, 東京: 成文堂, 1989.

板田仁, 犯罪者處遇の思想 – 懲治場からスウェーデンキナシ刑政へ, 東京: 慶應
        通信株式會社, 1984.

平野龍一a, 犯罪者處遇法の諸問題, 東京: 有斐閣, 1982.

平野龍一b, アメリカの刑事司法 － 犯罪學 II, 東京: 有信堂高文社, 1984.

平野龍一c, 講座少年保護1: 少年非行と少年保護, 東京: 大成出版社, 1985.

平野龍一d, 講座少年保護2: 少年法と少年審判, 東京: 大成出版社, 1982.

平場安治, 少年法, 東京: 有斐閣, 1991.

丸木政臣 外6人, 非行・教育・少年法, 東京: 民衆社, 1982.

荒木伸怡, 現代の少年と少年法, 東京: 明石書店, 1999.

II. 논 문

ジュリスト(編), "少年法等の一部を改正する法律新旧對照條文等", ジュリスト, 제1195호(2001 / 3 / 1).

兼頭吉市, "少年審判における司法機關と福祉機關", 刑法雜誌, 제18권 제3・4호, 1970.

桂島眞禧雄, "少年鑑別所の課題", 刑政, 제93권 제3호, 1982.

古山剛, "少年保護法制の在り方について", 警察學論集, 제47권 제6호, 1994.

金光旭, "觀護措置期間の延長について", ジュリスト, 제1152호(1999 / 3 / 15).

來山正義, "少年鑑別所に入所した來日少年の實態", 刑政, 제105권 제7호, 1994.

團藤重光, "適正節次の理念について", 刑法雜誌, 제18권 제3・4호, 1970.

梶田英雄, "保護主義の現實と課題", 刑法雜誌, 제33권 제2호, 1993.

飯島泰, "少年法等の一部を改正する法律の槪要等", ジュリスト, 제1195호(2001 / 3 / 1).

服部郎, "少年事件處理要領の檢討", 刑法雜誌, 제33권 제2호, 1993.

所一彦, "少年保護における司法と福祉", 刑法雜誌, 제19권 제3・4호, 1971.

守屋克彦, "少年保護における司法機關と福祉機關", 刑法雜誌, 제19권 제3・4호, 1971.

阿部純二, "保護と刑罰", 刑法雜誌, 제18권 제3・4호, 1970.

野田正人, "少年保護の視点から", 刑法雜誌, 제33권 제2호, 1993.

鈴木茂嗣, "少年審判適正節次", 刑法雜誌, 제18권 제3・4호, 1970.

羽根啓一, "分類センターおける再調査の實態と課題", 刑政, 제106권 제7호, 1995.

莊子邦雄, "少年法の理念と國親思想", 刑法雜誌, 제18권 제3·4호, 1970.

井部文哉, "少年鑑別所における收容機能について", 刑政, 제103권 제4호, 1992.

齊藤豊治, "非行事實の不存在と保護處分の取消", 刑法雜誌, 제32권 제2호, 1992.

佐伯克, "少年鑑別所三十年", 刑政, 제90권 제9호, 1979.

佐伯仁志, "少年の權利保障と附添人", ジュリスト, 제1152호(1999 / 3 / 15).

酒券匡, "少年審判手續における檢察官の地位", ジュリスト, 제1152호(1999 / 3 / 15).

住友和彦, "探索處遇について", 刑政, 제94권 제6호, 1983.

川出敏裕, "非行事實の認定節次の改善と被害者への配慮の充實", ジュリスト, 제1195호(2001 / 3 / 1).

清水和夫, "保護觀察施策の50年の流れ", 犯罪と非行, 제119호, 1999.

澤登俊雄, "保護手續における適正手續の保障", 刑法雜誌, 제32권 제2호, 1992.

平田眞明, "少年警察活動の少年審判について", 警察學論集, 제47권 제6호, 1994.

後藤弘子, "刑事處分の範囲の擴大とその課題", ジュリスト, 제1195호(2001 / 3 / 1).

영미 및 독일 문헌

Ⅰ. 단행본

Albrecht, Peter-Alexis, Jugendstrafrecht, 2. Aufl., München: C·H·Beck, 1993.

Bernard, Don, Juvenile Delinquency Detention and Prevention, Paso Robles: Lantern Light Books, 1988.

Brunner, Rudolf / Dieter Dölling, Jugendgerichtsgesetz, 10. Aufl., Berlin: Walter de Gruyter, 1996.

Diemer, Herbert / Armin Schoreit / Bernd-Rüdeger Sonnen, Kommentar zum Jugendgerichtsgesetz, 2. Aufl., Heidelberg: C·F·Mü ller, 1995.

Eisenberg, Ulich, Jugendgerichtsgesetz, 7. Aufl., München: C·H·Beck,

1997.

Eldefonso, Edward, Law Enforcement and the Youthful Offender: Delinquency and Juvenile Justice, New York: John Wiley & Sons, 1983.

Fagan, Jeffrey / Franklin E. Zimring, The Changing Borders of Juvenile Justice, Chicago: The University of Chicago Press, 2000.

Inciardi, James A., Criminal Justice, New York: Harcourt Brace Jovanovich Publishers, 1987.

Jenkins, Philip, Crime and Justice-Issues and Ideas, Pacific Grove: Brooks Cole Publishing Co., 1984.

Kenney John p. / Harry W. More, Jr., Principles of Investigation, New York: West Publishing Co., 1979.

Laubenthal, Klaus, Jugendgerichtshilfe im Strafverfahren, Köln: Carl Heymanns Verlag KG, 1993.

Pursley, Robert D., Introduction to Criminal Justice, New York: Macmillan Publishing Co., 1987.

Ramm, Thilo, Jugendrecht, Munchen: Beck, 1990.

Reid, Sue Titus, Criminal Justice, New York: Macmillan Publishing Co., 1990.

Roberts, Albert R., Juvenile Justice, Chicago: The Dorsey Press, 1989.

Robilliard, St John A. / Fenny McEwan, Police Powers and the Individual, New York: Basil Blackwell, 1986.

Rogers, Joseph W / G. Larry Mays, Juvenile Delinquency and Juvenile Justice, New York: John Wiley & Sons, 1987.

Schaffstein, Friedrich / Werner beulke, Jugendstrafrecht 11. Aufl., Stuttgart: Verlag W. Kohlhammer, 1993.

Schwartz, Ira M., Juvenile Justice and Public Policy, New York: Lexington Books, 1992.

Schwind, Hans-dieter / Alexander Bohm, Strafvollzugsgesetz, Berlin: de Gruyter, 1991.

Sheley, Joseph F., Criminology, Belmont: Wadsworth Publishing Co., 1991.

Simonsen, Clifford E., Juvenile Justice in America, New York: Macmillan

Publishing Co., 1991.

Simonsen, Clifford E., Juvenile Justice in America, New York: Macmillan Publishing Co., 1991.

Waegel, William B., Delinquency and Juvenile Control, Englewood Cliffs: Prentice Hall, 1989.

Ⅱ. 논 문

Bedau, Hugo Adam, "Classification-Based Sentencing: Some Conceptual and Ethical Problems", in J. Roland Pennock and John W. Chapman, ed. Criminal Justice: Nomos 27, New York University Press, 1985.

Carter, Robert M., "The United States", in Malcolm W. Klein, ed. Western System of Juvenile Justice, Beverly Hills: Sage Publications, 1984.

Cohn, Alvin W. / Michael M. Ferriter, "The Presentence Investigation Report: An Old Saw With New Teeth", Federal Probation(1990 / 9).

Feld, Barry C., "Criminalizing the Juvenile Court: A Research Agenda for the 1990s", in Ira M. Schwartz, ed. Juvenile Justice and Policy: toward a National Agenda, New York: Lexington Books, 1992.

Fennell, Stephen A. / William N. Hall, "Due Process at Sentencing: An Empirical and Legal Analysis of the Disclosure of Presentence Reports in Federal Courts", Harvard Law Review 93(1980 / 6).

Hackler, James C., "Implications of Variability in Juvenile Justice", in Malcolm W. Klein, ed. Western System of Juvenile Justice, Beverly Hills: Sage Publications, 1985.

Muraskin, Roslyn, "Police Work and Juvenile", in Albert R. Roberts, ed. Juvenile Justice, Chicago: The Dorsey Press, 1989.

Rubin, H. Ted, "The Juvenile Court Landscape", in Albert R. Roberts, ed. Juvenile Justice, Chicago: The Dorsey Press, 1989.

Shine, James / Dwight Price, "Prosecutors and Juvenile Justice", in Ira M. Schwartz, ed. Juvenile Justice and Public Policy, New York: Lexington Books, 1992.

Wasik, Martin, "Rethinking Information and Advice for Sentencers", in Colin Munro and Martin Wasik, ed. Sentencing, Judicial Discretion and Training. London: Sweet and Maxwell, 1992.

부록 1: 설문지

1. 소년원 보호소년용 조사지

			1

소년조사제도에 관한 설문

안녕하십니까?

여러분은 이곳에 오기까지 경찰, 검찰, 법원, 소년분류심사원, 보호관찰소 등에서 여러 가지 조사를 받았을 것입니다.

이 설문은 여러분이 이런 조사를 받으면서 경험하고 느낀 점을 알아보아 이들 제도의 문제점을 개선해 보기 위한 것입니다.

설문지의 응답내용은 맞고 틀리는 것이 없으며, 조사결과는 숫자로 부호화되어 컴퓨터로 처리되므로 응답에 따른 비밀이 완벽하게 보장됩니다. 또한 조사에서 얻어진 결과는 오직 연구의 목적으로만 활용될 것이므로 솔직하게 응답해 주시기 바랍니다.

감사합니다.

2001년 8월

응 답 방 법

- 별도의 지시가 없으면 반드시 <u>1개만</u> 골라 주십시오.
- <u>이번 소년원에 올 때 조사받았던 것을 기준</u>으로 응답해 주십시오.
- 우선 다음 네모 안의 설명을 잘 읽은 후에 응답해 주십시오

이 설문지에서 말하는 「조사」라는 것은 경찰, 검찰, 법원 조사관, 소년분류심사원, 보호관찰소, 소년원 등에서 여러분에게 비행경위나 주소, 나이, 학교생활, 친구관계, 가족관계 등에 관해 질문하거나 검사지를 작성하게 한 것을 말한다.

A. 다음 문항은 당신의 개인적인 신상에 관한 질문입니다. 잘 읽고 해당되는 보기에 **V**표해 주십시오.

1. 당신의 성별은?　　___① 남자　　　___② 여자

2. 현재 당신의 나이는?
　___① 12세-13세　　　___② 14세-15세
　___③ 16세-17세　　　___④ 18세-19세

3. 당신의 학력은?
　___① 학교에 다니지 않음　___② 초등학교 중퇴
　___③ 초등학교 졸업　　　___④ 중학교 중퇴
　___⑤ 중학교 재학　　　___⑥ 중학교 졸업
　___⑦ 고등학교 중퇴　　　___⑧ 고등학교 재학
　___⑨ 고등학교 졸업

4. 당신이 받은 처분은?
　___① 6호(6개월 이내)　　　___② 7호(6개월~2년)

5. 이번에 소년원에 있었던 기간은? (_________개월)

6. 소년원에 들어오기 직전 당신의 가족사항은?
　___① 두 분 모두 친부모
　___② 아버지 또는 어머니만 계심
　___③ 친부모 한 분과 새 아버지 또는 새어머니
　___④ 두 분 모두 양부모
　___⑤ 두 분 모두 안 계심

7. 소년원에 들어오기 직전 당신 가족 전체의 월평균소득은?

_____① 70만원 미만

_____② 70만원 이상 100만원 미만

_____③ 100만원 이상 150만원 미만

_____④ 150만원 이상 200만원 미만

_____⑤ 200만원 이상

8. 다음 보기 중에서 당신이 이번에 소년원에 오기까지 조사를 받은 적이 있는 곳을 모두 골라 주십시오.

_____① 경찰   _____② 검찰

_____③ 법원 조사관   _____④ 소년분류심사원

_____⑤ 보호관찰소   _____⑥ 소년원분류보호과

※ **다음 B부터 G까지의 문항은 각각의 기관에서 조사받은 적이 있는 경우만 응답하시오.**

B. 다음 문항은 당신이 <u>경찰에서 조사를 받을 때 느낀 점</u>을 알아보고자하는 것입니다. 각 문항에 대해 그때의 느낌대로 오른편에서 골라 번호에 V표해 주십시오.

문 항	전혀 아니다	아닌 편이다	그저 그렇다	그런 편이다	매우 그렇다
1. 조사받을 때 옆에 다른 사람들이 있어 질문에 솔직하게 답하기가 어려웠다.	①	②	③	④	⑤
2. 조사받을 때 인격적으로 무시당하는 느낌이 들었다.	①	②	③	④	⑤
3. 경찰에서의 질문내용은 나의 내면세계를 지나치게 파헤치는 것이었다.	①	②	③	④	⑤

문 항	전혀 아니다	아닌 편이다	그저 그렇다	그런 편이다	매우 그렇다

4. 경찰에서는 나의 특성(성격, 신체, 취
  미, 특기, 가정환경, 친구관계 등)을
  정확하게 조사한 것 같다.
	①	②	③	④	⑤

5. 경찰에서의 조사는 나에게 가장 적합
  한 교육과 지도를 해 주기 위한 것이
  었던 것 같다.
	①	②	③	④	⑤

C. 다음 문항은 당신이 <u>검찰에서 조사를 받을 때 느낀 점</u>을 알아보고자하
는 것입니다. 각 문항에 대해 그때의 느낌대로 오른편에서 골라 번호에
V표해 주십시오.

문 항	전혀 아니다	아닌 편이다	그저 그렇다	그런 편이다	매우 그렇다

1. 조사받을 때 옆에 다른 사람들이 있
  어 질문에 솔직하게 답하기가 어려
  웠다.
	①	②	③	④	⑤

2. 조사받을 때 인격적으로 무시당하는 느낌이 들었다.	①	②	③	④	⑤
3. 검찰에서의 질문내용은 나의 내면세 계를 지나치게 파헤치는 것이었다.	①	②	③	④	⑤

4. 검찰에서는 나의 특성(성격, 신체, 취
  미, 특기, 가정환경, 친구관계 등)을
  정확하게 조사한 것 같다.
	①	②	③	④	⑤

5. 검찰에서의 조사는 나에게 가장 적합
  한 교육과 지도를 해 주기 위한 것이
  었던 것 같다.
	①	②	③	④	⑤

D. 다음 문항은 당신이 <u>소년분류심사원에서 조사를 받을 때 느낀 점</u>을 알아보고자 하는 것입니다. 각 문항에 대해 그때의 느낌대로 오른편에서 골라 번호에 **V**표해 주십시오.

문 항	전혀 아니다	아닌 편이다	그저 그렇다	그런 편이다	매우 그렇다
1. 조사받을 때 옆에 다른 사람들이 있어 질문에 솔직하게 답하기가 어려웠다.	①	②	③	④	⑤
2. 조사받을 때 인격적으로 무시당하는 느낌이 들었다.	①	②	③	④	⑤
3. 소년분류심사원에서의 질문내용은 나의 내면세계를 지나치게 파헤치는 것이었다.	①	②	③	④	⑤
4. 소년분류심사원에서는 나의 특성(성격, 신체, 취미, 특기, 가정환경, 친구관계 등)을 정확하게 조사한 것 같다.	①	②	③	④	⑤
5. 소년분류심사원에서의 조사는 나에게 가장 적합한 교육과 지도를 해 주기 위한 것이었던 것 같다.	①	②	③	④	⑤

E. 다음 문항은 당신이 <u>보호관찰소에서 조사를 받을 때 느낀 점</u>을 알아보고자 하는 것입니다. 각 문항에 대해 그때의 느낌대로 오른편에서 골라 번호에 **V**표해 주십시오.

문 항	전혀 아니다	아닌 편이다	그저 그렇다	그런 편이다	매우 그렇다
1. 조사받을 때 옆에 다른 사람들이 있어 질문에 솔직하게 답하기가 어려웠다.	①	②	③	④	⑤
2. 조사받을 때 인격적으로 무시당하는 느낌이 들었다.	①	②	③	④	⑤

문 항	전혀 아니다	아닌 편이다	그저 그렇다	그런 편이다	매우 그렇다
3. 보호관찰소에서의 질문내용은 나의 내면세계를 지나치게 파헤치는 것이 었다.	①	②	③	④	⑤
4. 보호관찰소에서는 나의 특성(성격, 신체, 취미, 특기, 가정환경, 친구관 계 등)을 정확하게 조사한 것 같다.	①	②	③	④	⑤
5. 보호관찰소에서의 조사는 나에게 가 장 적합한 교육과 지도를 해 주기 위한 것이었던 것 같다.	①	②	③	④	⑤

F. 다음 문항은 당신이 <u>소년원의 분류보호과에서 조사를 받을 때</u> 느낀 점을 알아보고자 하는 것입니다. 각 문항에 대해 그때의 느낌대로 오른편에서 골라 번호에 **V**표해 주십시오.

문 항	전혀 아니다	아닌 편이다	그저 그렇다	그런 편이다	매우 그렇다
1. 조사받을 때 옆에 다른 사람들이 있 어 질문에 솔직하게 답하기가 어려 웠다.	①	②	③	④	⑤
2. 조사받을 때 인격적으로 무시당하는 느낌이 들었다.	①	②	③	④	⑤
3. 소년원에서의 질문내용은 나의 내면 세계를 지나치게 파헤치는 것이었다.	①	②	③	④	⑤
4. 소년원에서는 나의 특성(성격, 신체, 취미, 특기, 가정환경, 친구관계 등) 을 정확하게 조사한 것 같다.	①	②	③	④	⑤
5. 소년원에서의 조사는 나에게 가장 적합한 교육과 지도를 해 주기 위한 것이었던 것 같다.	①	②	③	④	⑤

G. 다음 문항은 현재 당신이 생활하고 있는 소년원이 <u>당신의 특성(성격, 신체, 소질, 적성 등)</u>과 잘 맞는지 알아보고자 하는 질문입니다. 각 문항에 대한 당신의 느낌을 오른편에서 골라 번호에 **V**표해 주십시오.

문 항	전혀 아니다	아닌 편이다	그저 그렇다	그런 편이다	매우 그렇다
1. 나는 이곳의 시설이 나의 특성과 잘 맞는다고 생각한다.	①	②	③	④	⑤
2. 나는 이곳 선생님의 지도방식이 나의 특성과 잘 맞는다고 생각한다.	①	②	③	④	⑤
3. 나는 이곳에서 실시하고 있는 교육내용이 나의 특성과 잘 맞는다고 생각한다.	①	②	③	④	⑤
4. 나는 이곳에서의 생활(교육을 제외한)이 나의 특성과 잘 맞는다고 생각한다.	①	②	③	④	⑤
5. 나는 이곳의 생활이 나의 비행성향을 줄이는 데 도움이 된다고 생각한다.	①	②	③	④	⑤
6. 내가 받은 소년원 송치처분(6호·7호)은 나에게 적합한 처분이라고 생각한다.	①	②	③	④	⑤

H. 다음 문항은 소년에 대한 조사와 소년원의 생활에서 개선되어야 할 사항에 관한 질문입니다.

1. 경찰, 검찰, 법원 조사관, 소년분류심사원, 보호관찰소, 소년원 등에서 당신이 받았던 조사가 <u>당신의 특성(성격, 신체, 소질, 적성 등)을 정확하게 파악하는 조사가 되려면</u> 다음 중 어떤 점이 우선적으로 개선되어야 할지 당신의 생각을 알고 싶습니다. 보기에서 우선순위로 **3**개만 골라 괄호 안에 적어 주십시오.

   (**1**순위: ＿＿＿) (**2**순위: ＿＿＿) (**3**순위: ＿＿＿)

① 조사받는 장소가 찾아가기 편리해야 한다.
② 조사받는 장소가 질문에 솔직하게 말할 수 있는 독립공간이어야 한다.
③ 조사를 담당하는 조사자가 소년의 인격을 존중해야 한다.
④ 직접적인 질문보다는 설문형태의 조사지를 사용하는 것이 더 좋다.
⑤ 옮겨 가는 기관마다 중복되는 질문을 하지 않아야 한다.
⑥ 모든 조사를 처음 한번에 정확하게 해야 한다.

2. 소년원 생활이 <u>당신의 특성(성격, 신체, 소질, 적성 등)에 잘 맞는 것이 되려면</u> 다음 중 어떤 점이 우선적으로 개선되어야 할지 당신의 생각을 알고 싶습니다. 보기에서 우선순위로 3개만 골라 괄호 안에 적어 주십시오.

(1순위: _____) (2순위: _____) (3순위: _____)
① 나에게 맞는 다양한 시설을 갖춘 소년원이 있어야 한다.
② 나에게 맞는 지도를 해 줄 수 있는 전문적인 선생님이 계셔야 한다.
③ 나의 수준에 맞는 학과교육이 이루어져야 한다.
④ 나의 적성과 소질에 맞는 직업교육이 이루어져야 한다.
⑤ 나의 취미와 특기에 맞는 특별활동이 이루어져야 한다.
⑥ 나의 고민을 상담할 수 있는 전문적인 상담실이 있어야 한다.
⑦ 나에게 맞는 여가시간을 보낼 수 있어야 한다.
⑧ 퇴원한 이후의 지원대책이 잘 마련되어야 한다.

I. 다음 문항은 당신 자신에 대한 평가입니다. 각 문항에 대한 당신의 생각을 오른편에서 골라 번호에 V표해 주십시오.

문 항	거의 그렇지 않다	대체로 그렇지 않다	그저 그렇다	대체로 그렇다	거의 그렇다
1. 나는 내가 적어도 다른 사람들만큼은 가치 있는 사람이라고 생각한다.	①	②	③	④	⑤
2. 나는 내가 좋은 성품을 많이 가지고 있다고 생각한다.	①	②	③	④	⑤
3. 나는 가끔 내가 실패한 사람이라는 생각이 든다.	①	②	③	④	⑤
4. 나는 다른 사람들만큼 일을 잘할 수 있다고 생각한다.	①	②	③	④	⑤
5. 나는 자랑할 것이 별로 없다.	①	②	③	④	⑤
6. 나는 내 자신에 대해 긍정적인 태도를 가지고 있다.	①	②	③	④	⑤
7. 나는 내 자신에 대해 대체로 만족한다.	①	②	③	④	⑤
8. 나는 내 자신에 대해 별로 자부심을 가지고 있지 않다.	①	②	③	④	⑤
9. 나는 가끔 내가 쓸모없는 사람이라는 생각이 든다.	①	②	③	④	⑤
10. 나는 가끔 내가 좋지 않은 사람이라는 생각이 든다.	①	②	③	④	⑤

♡♡♡ 수고하셨습니다. 감사합니다 ♡♡♡

2. 교도소 소년수형자용 조사지

<table>
<tr><td> </td><td> </td><td> </td><td>2</td></tr>
</table>

소년조사제도에 관한 설문

안녕하십니까?

 여러분은 이곳에 오기까지 경찰, 검찰, 법원, 소년분류심사원, 보호관찰소 등에서 여러 가지 조사를 받았을 것입니다.

 이 설문은 여러분이 이런 조사를 받으면서 경험하고 느낀 점을 알아보아 이들 제도의 문제점을 개선해보기 위한 것입니다.

 설문지의 응답내용은 맞고 틀리는 것이 없으며, 조사결과는 숫자로 부호화되어 컴퓨터로 처리되므로 응답에 따른 비밀이 완벽하게 보장됩니다. 또한 조사에서 얻어진 결과는 오직 연구의 목적으로만 활용될 것이므로 솔직하게 응답해 주시기 바랍니다.

감사합니다.

2001년 8월

응답방법

- 별도의 지시가 없으면 반드시 <u>1개만</u> 골라 주십시오.
- <u>이번 교도소에 올 때 조사받았던 것을 기준</u>으로 응답해 주십시오.
- 우선 다음 네모 안의 설명을 잘 읽은 후에 응답해 주십시오.

 이 설문지에서 말하는 「조사」라는 것은 경찰, 검찰, 법원 조사관, 소년분류심사원, 보호관찰소, 구치소, 교도소 등에서 여러분에게 범죄경위나 주소, 나이, 학교생활, 친구관계, 가족관계 등에 관해 질문하거나 검사지를 작성하게 한 것을 말한다.

A. 다음 문항은 당신의 <u>개인적인 신상에</u> 관한 질문입니다. 잘 읽고 해당되는 보기에 **V 표**해 주십시오.

1. 당신의 성별은?   ___① 남자   ___② 여자

2. 현재 당신의 나이는?
___① 14세 – 15세   ___② 16세 – 17세
___③ 18세 – 19세   ___④ 20세 이상

3. 당신의 학력은?
___① 학교에 다니지 않음   ___② 초등학교 중퇴
___③ 초등학교 졸업   ___④ 중학교 중퇴
___⑤ 중학교 재학   ___⑥ 중학교 졸업
___⑦ 고등학교 중퇴   ___⑧ 고등학교 재학
___⑨ 고등학교 졸업

4. 당신의 형기는?
___① 1년 미만   ___② 1년 이상 3년 미만   ___③ 3년 이상

5. 이번에 교도소에 있었던 기간은? (________개월)

6. 교도소에 들어오기 직전 당신의 가족사항은?
___① 두 분 모두 친부모
___② 아버지 또는 어머니만 계심
___③ 친부모 한 분과 새 아버지 또는 새어머니
___④ 두 분 모두 양부모
___⑤ 두 분 모두 안 계심

7. 교도소에 들어오기 직전 당신 가족 전체의 월평균소득은?

    ___① 70만원 미만

    ___② 70만원 이상 100만원 미만

    ___③ 100만원 이상 150만원 미만

    ___④ 150만원 이상 200만원 미만

    ___⑤ 200만원 이상

8. 다음 보기 중에서 당신이 이번에 교도소에 오기까지 조사를 받은 적이 있는 곳을 모두 골라 주십시오.

    ___① 경찰

    ___② 검찰

    ___③ 법원 조사관

    ___④ 소년분류심사원

    ___⑤ 보호관찰소 직원(재판 전 구치소나 교도소에 있을 때 찾아와 서 조사)

    ___⑥ 구치소나 교도소(재판 후에 조사)

※ <u>다음 **B**부터 **G**까지의 문항은 각각의 기관에서 조사받은 적이 있는 경우만 응답하시오.</u>

B. 다음 문항은 당신이 <u>경찰에서 조사를 받을 때 느낀 점</u>을 알아보고자하는 것입니다. 각 문항에 대해 그때의 느낌대로 오른편에서 골라 번호에 **V**표해 주십시오.

문 항	전혀 아니다	아닌 편이다	그저 그렇다	그런 편이다	매우 그렇다
1. 조사받을 때 옆에 다른 사람들이 있어 질문에 솔직하게 답하기가 어려웠다.	①	②	③	④	⑤
2. 조사받을 때 인격적으로 무시당하는 느낌이 들었다.	①	②	③	④	⑤
3. 경찰에서의 질문내용은 나의 내면세계를 지나치게 파헤치는 것이었다.	①	②	③	④	⑤
4. 경찰에서는 나의 특성(성격, 신체, 취미, 특기, 가정환경, 친구관계 등)을 정확하게 조사한 것 같다.	①	②	③	④	⑤
5. 경찰에서의 조사는 나에게 가장 적합한 교육과 지도를 해 주기 위한 것이었던 것 같다.	①	②	③	④	⑤

C. 다음 문항은 당신이 <u>검찰에서 조사를 받을 때 느낀 점</u>을 알아보고자하는 것입니다. 각 문항에 대해 그때의 느낌대로 오른편에서 골라 번호에 **V**표해 주십시오.

문 항	전혀 아니다	아닌 편이다	그저 그렇다	그런 편이다	매우 그렇다
1. 조사받을 때 옆에 다른 사람들이 있어 질문에 솔직하게 답하기가 어려웠다.	①	②	③	④	⑤
2. 조사받을 때 인격적으로 무시당하는 느낌이 들었다.	①	②	③	④	⑤
3. 검찰에서의 질문내용은 나의 내면세계를 지나치게 파헤치는 것이었다.	①	②	③	④	⑤
4. 검찰에서는 나의 특성(성격, 신체, 취미, 특기, 가정환경, 친구관계 등)을 정확하게 조사한 것 같다.	①	②	③	④	⑤
5. 검찰에서의 조사는 나에게 가장 적합한 교육과 지도를 해 주기 위한 것이었던 것 같다.	①	②	③	④	⑤

D. 다음 문항은 당신이 <u>소년분류심사원에서 조사를 받을 때 느낀 점</u>을 알아보고자 하는 것입니다. 각 문항에 대해 그때의 느낌대로 오른편에서 골라 번호에 **V**표해 주십시오.

문 항	전혀 아니다	아닌 편이다	그저 그렇다	그런 편이다	매우 그렇다
1. 조사받을 때 옆에 다른 사람들이 있어 질문에 솔직하게 답하기가 어려웠다.	①	②	③	④	⑤
2. 조사받을 때 인격적으로 무시당하는 느낌이 들었다.	①	②	③	④	⑤

문　　항	전혀 아니다	아닌 편이다	그저 그렇다	그런 편이다	매우 그렇다
3. 소년분류심사원에서의 질문내용은 나의 내면세계를 지나치게 파헤치는 것이었다.	①	②	③	④	⑤
4. 소년분류심사원에서는 나의 특성(성격, 신체, 취미, 특기, 가정환경, 친구관계 등)을 정확하게 조사한 것 같다.	①	②	③	④	⑤
5. 소년분류심사원에서의 조사는 나에게 가장 적합한 교육과 지도를 해 주기 위한 것이었던 것 같다.	①	②	③	④	⑤

E. 다음 문항은 당신이 <u>보호관찰소 직원으로부터 조사(재판 전 구치소나 교도소로 찾아와서 조사)</u>를 받을 때 느낀 점을 알아보고자 하는 것입니다. 각 문항에 대해 그때의 느낌대로 오른편에서 골라 번호에 **V**표해 주십시오.

문　　항	전혀 아니다	아닌 편이다	그저 그렇다	그런 편이다	매우 그렇다
1. 조사받을 때 옆에 다른 사람들이 있어 질문에 솔직하게 답하기가 어려웠다.	①	②	③	④	⑤
2. 조사받을 때 인격적으로 무시당하는 느낌이 들었다.	①	②	③	④	⑤
3. 보호관찰소에서의 질문내용은 나의 내면세계를 지나치게 파헤치는 것이었다.	①	②	③	④	⑤
4. 보호관찰소에서는 나의 특성(성격, 신체, 취미, 특기, 가정환경, 친구관계 등)을 정확하게 조사한 것 같다.	①	②	③	④	⑤
5. 보호관찰소에서의 조사는 나에게 가장 적합한 교육과 지도를 해 주기 위한 것이었던 것 같다.	①	②	③	④	⑤

F. 다음 문항은 당신이 재판을 받은 후에 <u>구치소나 교도소의 분류실에서</u> <u>조사를 받을 때</u> 느낀 점을 알아보고자 하는 것입니다. 각 문항에 대해 그때의 느낌대로 오른편에서 골라 번호에 V표해 주십시오.

문　　　항	전혀 아니다	아닌 편이다	그저 그렇다	그런 편이다	매우 그렇다
1. 조사받을 때 옆에 다른 사람들이 있어 질문에 솔직하게 답하기가 어려웠다.	①	②	③	④	⑤
2. 조사받을 때 인격적으로 무시당하는 느낌이 들었다.	①	②	③	④	⑤
3. 소년원에서의 질문내용은 나의 내면 세계를 지나치게 파헤치는 것이었다.	①	②	③	④	⑤
4. 소년원에서는 나의 특성(성격, 신체, 취미, 특기, 가정환경, 친구관계 등) 을 정확하게 조사한 것 같다.	①	②	③	④	⑤
5. 소년원에서의 조사는 나에게 가장 적 합한 교육과 지도를 해 주기 위한 것 이었던 것 같다.	①	②	③	④	⑤

G. 다음 문항은 현재 당신이 생활하고 있는 교도소가 <u>당신의 특성(성격,</u> <u>신체, 소질, 적성 등)</u>과 잘 맞는지 알아보고자 하는 질문입니다. 각 문항에 대한 당신의 느낌을 오른편에서 골라 번호에 V표해 주십시오.

문　　　항	전혀 아니다	아닌 편이다	그저 그렇다	그런 편이다	매우 그렇다
1. 나는 이곳의 시설이 나의 특성과 잘 맞는다고 생각한다.	①	②	③	④	⑤
2. 나는 이곳 선생님의 지도방식이 나의 특성과 잘 맞는다고 생각한다.	①	②	③	④	⑤
3. 나는 이곳에서 실시하고 있는 작업내용 이 나의 특성과 잘 맞는다고 생각한다.	①	②	③	④	⑤

문 항	전혀 아니다	아닌 편이다	그저 그렇다	그런 편이다	매우 그렇다
4. 나는 이곳에서의 생활(작업을 제외한)이 나의 특성과 잘 맞는다고 생각한다.	①	②	③	④	⑤
5. 나는 이곳의 생활이 나의 범죄성향을 줄이는 데 도움이 된다고 생각한다.	①	②	③	④	⑤
6. 내가 지금 받고 있는 형벌은 나에게 적합한 것이라고 생각한다.	①	②	③	④	⑤

H. 다음 문항은 소년에 대한 조사와 교도소의 생활에서 개선되어야 할 사항에 관한 질문입니다.

1. 경찰, 검찰, 법원 조사관, 소년분류심사원, 보호관찰소, 교도소나 구치소에서 당신이 받았던 조사가 <u>당신의 특성(성격, 신체, 소질, 적성 등)을 정확하게 파악하는 조사</u>가 되려면 다음 중 어떤 점이 우선적으로 개선되어야 할지 당신의 생각을 알고 싶습니다. 보기에서 우선순위로 **3**개만 골라 괄호 안에 적어 주십시오.

   (1순위: ____) (2순위: ____) (3순위: ____)

   ① 조사받는 장소가 찾아가기 편리해야 한다.
   ② 조사받는 장소가 질문에 솔직하게 말할 수 있는 독립공간이어야 한다.
   ③ 조사를 담당하는 조사자가 소년의 인격을 존중해야 한다.
   ④ 직접적인 질문보다는 설문형태의 조사지를 사용하는 것이 더 좋다.
   ⑤ 옮겨 가는 기관마다 중복되는 질문을 하지 않아야 한다.
   ⑥ 모든 조사를 처음 한번에 정확하게 해야 한다.

2. 교도소 생활이 <u>당신의 특성</u>(성격, 신체, 소질, 적성 등)<u>에 잘 맞</u>
<u>는 것이 되려면</u> 다음 중 어떤 점이 우선적으로 개선되어야 할지 당
신의 생각을 알고 싶습니다. 보기에서 우선순위로 **3**개만 골라 괄
호 안에 적어 주십시오.

(1순위: _____) (2순위: _____) (3순위: _____)

① 나에게 맞는 다양한 시설을 갖춘 교도소가 있어야 한다.

② 나에게 맞는 지도를 해 줄 수 있는 전문적인 선생님이 계셔야
　한다.

③ 나의 수준에 맞는 교육이 이루어져야 한다.

④ 나의 적성과 소질에 맞는 작업이 이루어져야 한다.

⑤ 나의 취미와 특기에 맞는 특별활동이 이루어져야 한다.

⑥ 나의 고민을 상담할 수 있는 전문적인 상담실이 있어야 한다.

⑦ 나에게 맞는 여가시간을 보낼 수 있어야 한다.

⑧ 퇴원한 이후의 지원대책이 잘 마련되어야 한다.

I. 다음 문항은 당신 <u>자신에 대한 평가</u>입니다. 각 문항에 대한 당신의 생
각을 오른편에서 골라 번호에 **V표**해 주십시오.

문　　항	거의 그렇지 않다	대체로 그렇지 않다	그저 그렇다	대체로 그렇다	거의 그렇다
1. 나는 내가 적어도 다른 사람들만큼은 가치 있는 사람이라고 생각한다.	①	②	③	④	⑤
2. 나는 내가 좋은 성품을 많이 가지고 있다고 생각한다.	①	②	③	④	⑤
3. 나는 가끔 내가 실패한 사람이라는 생각이 든다.	①	②	③	④	⑤

문 항	거의 그렇지 않다	대체로 그렇지 않다	그저 그렇다	대체로 그렇다	거의 그렇다
4. 나는 다른 사람들만큼 일을 잘 할 수 있다고 생각한다.	①	②	③	④	⑤
5. 나는 자랑할 것이 별로 없다.	①	②	③	④	⑤
6. 나는 내 자신에 대해 긍정적인 태도를 가지고 있다.	①	②	③	④	⑤
7. 나는 내 자신에 대해 대체로 만족한다.	①	②	③	④	⑤
8. 나는 내 자신에 대해 별로 자부심을 가지고 있지 않다.	①	②	③	④	⑤
9. 나는 가끔 내가 쓸모없는 사람이라는 생각이 든다.	①	②	③	④	⑤
10. 나는 가끔 내가 좋지 않은 사람이라는 생각이 든다.	①	②	③	④	⑤

♡♡♡ 수고하셨습니다. 감사합니다 ♡♡♡

3. 1차 델파이조사지

<table><tr><td></td><td></td></tr></table>

소년사건에서의 조사제도에 관한 의견조사

안녕하십니까?

한국청소년개발원의 책임연구원 이춘화입니다. 저는 금년도에 「소년사건에서의 조사제도」에 관해 연구하고 있습니다.

비행을 저지른 소년이 사법적인 절차를 밟게 되면 그 과정에서 여러 가지 조사를 받게 됩니다. 먼저 경찰과 검찰에서의 비행사실조사, 법원에서의 조사관조사, 소년분류심사원에서의 분류심사, 보호관찰소에서의 판결전조사와 환경조사, 소년원과 구치소·교도소·소년교도소에서의 분류심사 등이 그것입니다. 비행소년 개개인의 특성에 맞는 개별화된 처우를 실시하기 위해서는 이러한 조사제도들이 효율적으로 운영되어야 할 것입니다.

이 연구는 이러한 소년조사제도의 처리절차와 운영실태를 살펴보아 이의 문제점을 도출하고 개선방안을 제안하고자 하는 것입니다. 이를 위해 현장에서 소년사건을 담당한 경험을 가지고 계시거나 소년사건에 대해 연구하고 계신 전문가를 대상으로 현행 소년조사제도의 문제점에 대한 개선방안을 알아보는 델파이조사를 실시하고자 합니다.

이 조사는 2회에 걸쳐 실시될 예정입니다. 먼저 이번 1라운드 조사에서는 개선방안에 대한 항목을 전체적으로 검토하는 의견조사를 실시하고, 이를 토대로 구조화된 질문지를 만들어 개선방안의 우선순위를 정하는 2라운드 조사를 실시하게 됩니다. 응답 칸이 부족하면 별지를 사용해 주시기 바랍니다.

수집된 자료는 연구 이외에 다른 목적으로는 사용하지 않을 것이며, 응답자의 개인신상이 공개되는 일은 절대 없다는 것을 말씀드립니다. 본 조사에 대한 문의는 아래 연락처로 해 주시고 <u>회신은 FAX를 이용</u>해 주시면 대단히 감사하겠습니다.

2001년 7월

조사자: 이 춘 화
T E L: 2188-8835
F A X: 2188-8819
주 소: 서울 서초구 우면동 142 한국청소년개발원

※ 인사말에서 언급한 바와 같이 소년사건의 담당기관들은 소년에 대해 각각 조사를 실시하고 있습니다. 다음에서는 각 기관별로 실시하고 있는 조사제도의 운영에 있어 <u>개선해야 할 점이나 새롭게 도입해야 할 제도에 관해 열거하고 있습니다. 열거된 항목이 타당한지 검토해 주시고, 이 외에 더 추가되어야 할 사항이 있다면 적어 주시기 바랍니다.</u> 귀하가 속한 기관이 아니더라도 의견이 있으면 적어 주십시오.

1. 경찰에서의 소년조사업무 개선방안
   ① 소년조사를 위한 전용공간 마련
   ② 소년조사업무 전담조직 신설
   ③ 경찰 산하의 소년조사기구 신설
   ④ 경찰 내에 소년조사 전문직원 배치
   ⑤ 소년조사업무의 중요성에 대한 인식재고
   ⑥ 소년범환경조사서의 조사항목 개선
   ⑦ 비행성예측자료표의 과학화
   ⑧ 소년의 인격을 존중하는 조사태도 유지
   ⑨ 소년인격의 심층부를 지나치게 해부하여 인권침해를 하는 일이 없도록 함

   ※ 의견: ____

2. 검찰에서의 소년조사업무 개선방안
   ① 소년조사를 위한 전용공간 마련
   ② 서울지검 소년부 산하에 있는 푸른상담실의 전국적인 확대설치
   ③ 검찰 산하의 소년조사기구 신설
   ④ 전국 지검에 소년부 설치
   ⑤ 검찰 내에 소년조사 전문직원 배치

⑥ 소년조사업무의 중요성에 대한 인식제고

⑦ 소년의 인격을 존중하는 조사태도 유지

⑧ 소년인격의 심층부를 지나치게 해부하여 인권침해를 하는 일이
없도록 함

※ 의견: ____

3. 법원의 소년조사관 조사제도 개선방안

① 소년조사관 인원충원

② 소년조사관조사의 활성화

③ 소년조사관제도의 폐지

④ 소년의 인격을 존중하는 조사태도 유지

⑤ 소년인격의 심층부를 지나치게 해부하여 인권침해를 하는 일이
없도록 함

※ 의견: ____

4. 소년분류심사원의 분류심사제도 개선방안

① 소년분류심사원 시설에 관한 법적 기준 마련

② 소년분류심사원의 증설

③ 소년분류심사원의 소규모화

④ 전문분류심사 직원의 확보

⑤ 분류심사 직원에 대한 재교육

⑥ 전문가 자원봉사자의 활용

⑦ 전국 분류심사원의 조사양식 표준화

⑧ 전국 분류심사원의 심리검사도구의 통일화된 채택

⑨ 분류심사를 위한 수용기간의 축소

⑩ 과학적인 분류심사기법 개발

⑪ 수용기간 동안의 처우 프로그램 활성화

⑫ 소년의 인격을 존중하는 조사태도 유지

⑬ 소년인격의 심층부를 지나치게 해부하여 인권침해를 하는 일이 없도록 함

※ 의견:

5. 보호관찰소에서의 판결전조사와 환경조사제도 개선방안

① 소년조사를 위한 전용공간의 마련

② 보호관찰소의 증설

③ 보호관찰소의 소규모화

④ 전문조사 직원의 확보

⑤ 조사담당 직원에 대한 재교육

⑥ 전문가 자원봉사자의 활용

⑦ 전국 보호관찰소의 조사양식 표준화

⑧ 과학적인 조사기법 개발

⑨ 소년의 인격을 존중하는 조사태도 유지

⑩ 소년인격의 심층부를 지나치게 해부하여 인권침해를 하는 일이 없도록 함

※ 의견:

6. 소년원과 소년교도소에서의 수용분류제도 개선방안

① 분류를 위한 전용공간의 마련

② 전문분류 직원의 확보

③ 분류담당 직원에 대한 재교육

④ 전문가 자원봉사자의 활용

⑤ 전국 소년원 및 소년교도소의 분류양식 표준화

⑥ 과학적인 분류기법 개발

⑦ 소년의 인격을 존중하는 조사태도 유지

⑧ 소년인격의 심층부를 지나치게 해부하여 인권침해를 하는 일이 없도록 함

※ 의견:

7. 전체 소년사건 처리상의 조사절차 개선방안

① 검사선의주의를 법원선의주의로 개정

② 조사·분류에 따른 개별화된 처우가 이루어지는지 추후조사 실시

③ 조사·분류에 따른 개별화된 처우를 위한 처우시설과 프로그램 마련

④ 조사를 담당하는 관련기관의 통합

⑤ 조사를 담당하는 관련기관의 협력체제 구축

⑥ 검찰에서 소년분류심사원이나 보호관찰소에 조사위탁이 가능하게 함

⑦ 중복되는 조사항목에 대해서는 다음 조사기관에서는 생략함

⑧ 법원 조사관과 소년분류심사원의 조사업무 분장하여 상호 협력

※ 의견:

4. 2차 델파이조사지

<table><tr><td> </td><td> </td></tr></table>

소년사건에서의 조사제도에 관한 의견조사

안녕하십니까?

지난번 1라운드 조사에 협조해 주셔서 대단히 감사합니다. 이번 2라운드 조사를 위하여 조사내용과 절차에 관해 다시 한번 설명을 드리겠습니다.

이 조사는「소년사건에서의 조사제도에 관한 연구」의 일환으로 실시되는 것입니다. 비행을 저지른 소년이 사법적인 절차를 밟게 되면 그 과정에서 여러 가지 조사를 받게 됩니다. 먼저 경찰과 검찰에서의 비행사실조사, 법원에서의 조사관조사, 소년분류심사원에서의 분류심사, 보호관찰소에서의 판결전조사와 환경조사, 소년원과 구치소·교도소·소년교도소에서의 분류심사 등이 그것입니다. 비행소년 개개인의 특성에 맞는 개별화된 처우를 실시하기 위해서는 이러한 조사제도들이 효율적으로 운영되어야 할 것입니다.

이 연구는 이러한 소년조사제도의 처리절차와 운영실태를 살펴보아 이의 문제점을 도출하고 개선방안을 제안하고자 하는 것입니다. 이를 위해 현장에서 소년사건을 담당한 경험을 가지고 계신 현장전문가를 대상으로 현행 소년조사제도의 문제점과 개선방안에 대한 의견을 알아보는 델파이조사를 실시하고자 합니다.

이 델파이조사는 2회에 걸쳐 실시됩니다. 실시된 1라운드 조사에서는 개선방안에 대한 조사항목을 검토하는 의견조사를 실시했고, 이를 토대로 구조화된 질문지를 만들어 이번에 2라운드 조사를 실시하게 되었습니다.

수집된 자료는 연구 이외에 다른 목적으로는 사용하지 않을 것이며, 응답자의 개인신상이 공개되는 일은 절대 없다는 것을 말씀드립니다. 본 조사에 대한 문의는 아래 연락처로 해 주시고 회신은 응답지 1장만 FAX를 이용해 보내 주시면 대단히 감사하겠습니다.

2001년 8월

조사자: 이 춘 화
T E L: 2188-8835
F A X: 2188-8819
주 소: 서울 서초구 우면동 142 한국청소년개발원

※ 귀하가 속한 기관이 아니더라도 다음 <u>모든 문항에</u> 응답해 주시기 바랍니다.

※ <u>응답은 별도의 응답지에</u> 적어 **FAX**로 회신해 주시면 감사하겠습니다,

1. 다음은 <u>경찰의 소년조사제도</u>에 있어서 개선이 필요한 사항을 열거한 것입니다. 이 중 우선적으로 실시되어야 한다고 생각되는 것을 중요도순으로 5개만 골라 주십시오.

　　(1순위:___) (2순위:___) (3순위:___) (4순위:___) (5순위:___)
　　① 소년조사를 위한 전용공간 마련
　　② 소년조사업무 전담조직(예: 소년조사계) 신설
　　③ 경찰청 산하에 소년조사기구(법무부의 소년분류심사원과 같은) 신설
　　④ 여성청소년계에 소년조사 전문직원(전담요원) 배치
　　⑤ 소년범환경조사서의 조사항목 개선
　　⑥ 비행성예측자료표의 과학화(표준안 마련)
　　⑦ 소년을 존중하는 조사태도 유지 및 내면을 지나치게 파헤치는 인권침해 행위금지
　　⑧ 소년조사업무의 중요성(처우의 개별화를 위한 전제로써)에 대한 인식제고
　　⑨ 소년에 대한 조사과정에서 재범방지를 위한 선도계몽활동 실시

2. 다음은 <u>검찰의 소년조사제도</u>에 있어서 개선이 필요한 사항을 열거한 것입니다. 이 중 우선적으로 실시되어야 한다고 생각되는 것을 중요도순으로 5개만 골라 주십시오.

　　(1순위:___) (2순위:___) (3순위:___) (4순위:___) (5순위:___)
　　① 소년조사를 위한 전용공간 마련

② 서울지검 소년부 산하에 있는 푸른상담실의 전국적인 확대설치

③ 검찰청 산하의 소년조사기구(법무부의 소년분류심사원과 같은) 신설

④ 전국 지검에 소년부를 설치하여 조사업무 강화

⑤ 소년조사를 위한 민간자문기구 신설(의료자문위원회와 같은)

⑥ 검찰 내에 소년조사 전문직원(전담요원) 배치

⑦ 소년을 존중하는 조사태도 유지 및 내면을 지나치게 파헤치는 인권침해 행위금지

⑧ 소년조사업무의 중요성(처우의 개별화를 위한 전제로써)에 대한 인식제고

⑨ 소년에 대한 조사과정에서 재범방지를 위한 선도계몽활동 실시

3. 다음은 <u>법원의 소년조사제도</u>에 있어서 개선이 필요한 사항을 열거한 것입니다. 이 중 우선적으로 실시되어야 한다고 생각되는 것을 중요도순으로 5개만 골라 주십시오.

(1순위:___) (2순위:___) (3순위:___) (4순위:___) (5순위:___)

① 소년사건 전담법관 확충

② 소년조사관에 대한 조사명령 활성화

③ 소년분류심사원에 대한 조사명령 활성화

④ 소년법상의 조사관 관련조항 중 사문화된 조항의 개정

⑤ 소년조사관제도의 폐지

⑥ 소년조사관 인원충원(소년조사 전문직원으로)

⑦ 계약직 소년조사관보제도 활성화

⑧ 소년조사관에 대한 재교육(과학적인 조사기법을 배울 수 있는 전문기관에서)

⑨ 소년조사관이 소년조사업무만을 전담하도록 함

⑩ 과학적인 조사기법 개발

⑪ 소년을 존중하는 조사태도 유지 및 내면을 지나치게 파헤치는 인
권침해 행위금지

⑫ 소년조사업무의 중요성(처우의 개별화를 위한 전제로써)에 대한 인
식제고

⑬ 소년에 대한 조사과정에서 재범방지를 위한 선도계몽활동 실시

4. 다음은 <u>소년분류심사원</u>에 있어서 제도적 개선이 필요한 사항을 열거한
것입니다. 이 중 우선적으로 실시되어야 한다고 생각되는 것을 중요도
순으로 **5**개만 골라 주십시오.

(1순위:___) (2순위:___) (3순위:___) (4순위:___) (5순위:___)

① 소년분류심사원 시설에 관한 법적 기준 마련

② 소년분류심사원의 증설 및 소규모화

③ 전문분류심사 직원의 확보

④ 분류심사 직원에 대한 재교육(과학적인 조사기법을 배울 수 있는
전문기관에서)

⑤ 전문가 자원봉사자의 활용

⑥ 전국 분류심사원의 심리검사도구의 통일화된 채택

⑦ 분류심사를 위한 수용기간의 축소

⑧ 외래분류심사의 활성화

⑨ 과학적인 분류심사기법 개발

⑩ 수용기간 동안의 처우 프로그램 활성화

⑪ 소년을 존중하는 조사태도 유지 및 내면을 지나치게 파헤치는 인
권침해 행위금지

⑫ 소년조사업무의 중요성(처우의 개별화를 위한 전제로써)에 대한 인
식제고

⑬ 소년에 대한 조사과정에서 재범방지를 위한 선도계몽활동 실시

5. 다음은 <u>보호관찰소의 판결전조사와 환경조사제도</u>에 있어서 개선이 필요한 사항을 열거한 것입니다. 이 중 우선적으로 실시되어야 한다고 생각되는 것을 중요도순으로 5개만 골라 주십시오.

(1순위:___) (2순위:___) (3순위:___) (4순위:___) (5순위:___)

① 소년조사를 위한 전용공간의 마련

② 보호관찰소의 증설 및 소규모화

③ 서울보호관찰소와 같이 전국 보호관찰소에 별도의 조사과 신설

④ 전문조사직원(조사전문 직렬로 특채)의 확보

⑤ 조사담당 직원에 대한 재교육(과학적인 조사기법을 배울 수 있는 전문기관에서)

⑥ 전문가 자원봉사자의 활용

⑦ 과학적인 조사기법 개발

⑧ 구치소·교도소에 구속 중인 소년에 대한 판결전조사는 그곳에서 실시하도록 함

⑨ 소년을 존중하는 조사태도 유지 및 내면을 지나치게 파헤치는 인권침해 행위금지

⑩ 소년조사업무의 중요성(처우의 개별화를 위한 전제로써)에 대한 인식제고

⑪ 소년에 대한 조사과정에서 재범방지를 위한 선도계몽활동 실시

6. 다음은 <u>소년원의 분류심사제도</u>에 있어서 개선이 필요한 사항을 열거한 것입니다. 이 중 우선적으로 실시되어야 한다고 생각되는 것을 중요도순으로 5개만 골라 주십시오.

(1순위:___) (2순위:___) (3순위:___) (4순위:___) (5순위:___)

① 분류를 위한 전용공간의 마련

② 전문분류 직원의 확보

③ 분류담당 직원에 대한 재교육(과학적인 조사기법을 배울 수 있는 전문기관에서)

④ 전문가 자원봉사자의 활용

⑤ 과학적인 분류기법 개발

⑥ 재분류의 활성화

⑦ 소년을 존중하는 조사태도 유지 및 내면을 지나치게 파혜치는 인권침해 행위금지

⑧ 소년조사업무의 중요성(처우의 개별화를 위한 전제로써)에 대한 인식제고

⑨ 소년에 대한 조사과정에서 재범방지를 위한 선도계몽활동 실시

7. 다음은 <u>소년교도소의 분류심사제도(구치소, 교도소에서의 소년에 대한 분류심사 포함)</u>에 있어서 개선이 필요한 사항을 열거한 것입니다. 이 중 우선적으로 실시되어야 한다고 생각되는 것을 중요도순으로 **5개만** 골라 주십시오.

(1순위:___) (2순위:___) (3순위:___) (4순위:___) (5순위:___)

① 분류를 위한 전용공간의 마련

② 전문분류 직원의 확보

③ 분류담당 직원에 대한 재교육(과학적인 조사기법을 배울 수 있는 전문기관에서)

④ 전문가 자원봉사자의 활용

⑤ 전국 소년교도소, 구치소, 교도소의 소년에 대한 심리검사도구의 통일화된 채택

⑥ 성인과 별도로 소년에게 적합한 분류심사양식 개발

⑦ 과학적인 분류기법 개발

⑧ 재분류의 활성화

⑨ 소년을 존중하는 조사태도 유지 및 내면을 지나치게 파헤치는 인권침해 행위금지

⑩ 소년조사업무의 중요성(처우의 개별화를 위한 전제로써)에 대한 인식제고

⑪ 소년에 대한 조사과정에서 재범방지를 위한 선도계몽활동 실시

8. 다음은 <u>전체 소년사건 처리</u>에 있어서 소년에 대한 조사와 관련하여 개선이 필요한 사항을 열거한 것입니다. 이 중 우선적으로 실시되어야 한다고 생각되는 것을 중요도순으로 **5개만** 골라 주십시오.

(1순위:___) (2순위:___) (3순위:___) (4순위:___) (5순위:___)

① 소년에 대한 경찰의 조사자료에 다음 단계 조사자료들이 누적되어 최종단계까지 이관

② 가능한 부분의 조사양식은 일원화하여 중복되는 조사항목은 다음 기관에서 생략함

③ 조사를 담당하는 관련기관의 전산망 통합을 통해 정보공유

④ 검사선의주의를 법원선의주의로 개정

⑤ 검찰에서 소년분류심사원이나 보호관찰소에 조사위탁이 가능하게 함

⑥ 조사를 담당하는 관련기관의 유사업무 통합

⑦ 법원 조사관과 소년분류심사원의 조사업무를 분장하여 상호 협력

⑧ 조사·분류에 따른 개별화된 처우가 이루어지는지 추후조사 실시

⑨ 조사·분류에 따른 개별화된 처우를 위한 처우시설과 프로그램 마련

⑩ 소년조사제도의 중요성에 대한 관련 정책결정자의 인식제고 및 예산지원

9. 소년사건에서의 조사제도 중에서 <u>가장 개선이 필요하다고 생각되는 제도</u>를 우선순위로 **5**개만 골라 주십시오.

(1순위:___) (2순위:___) (3순위:___) (4순위:___) (5순위:___)
① 경찰의 비행사실조사
② 경찰의 소년범환경조사서 및 비행성예측자료표
③ 검찰의 비행사실조사
④ 법원의 소년조사관조사
⑤ 소년분류심사원의 분류심사
⑥ 보호관찰소의 판결전조사
⑦ 보호관찰소의 환경조사
⑧ 소년원의 분류처우를 위한 심사
⑨ 구치소, 교도소, 소년교도소의 분류처우를 위한 심사

10. 소년사건에서 소년에 대해 조사를 실시하는 다음 기관 중에서 <u>소년에 대한 처우의 개별화를 위한 조사기관으로서 가장 적합</u>하다고 생각하는 곳을 우선순위로 **5**개만 골라 주십시오.

(1순위:___) (2순위:___) (3순위:___) (4순위:___) (5순위:___)
① 경찰
② 검찰
③ 법원의 소년조사관
④ 소년분류심사원
⑤ 보호관찰소
⑥ 소년원
⑦ 소년교도소
⑧ 구치소 및 교도소

11. 이 외에 소년사건에서의 조사제도와 관련하여 참고가 될 만한 의견이
있으면 자유롭게 적어 주십시오.

의견: ____

____

____

부록 2: 조사양식

1. 소년범환경조사서(경찰 조사양식)

소 년 범 환 경 조 사 서

<table>
<tr><td rowspan="6">인적사항</td><td>본 적</td><td colspan="5"></td></tr>
<tr><td>주 소</td><td colspan="5"></td></tr>
<tr><td>성 명</td><td></td><td>성 별</td><td colspan="3"></td></tr>
<tr><td>연 령</td><td></td><td>주민등록번호</td><td colspan="3"></td></tr>
<tr><td>직 업</td><td></td><td>연 락 처</td><td colspan="3"></td></tr>
<tr><td colspan="6"></td></tr>
<tr><td rowspan="5">가족사항</td><td>관 계</td><td>성 명</td><td>연 령</td><td>직업 및 수입</td><td>자 산</td><td>비 고</td></tr>
<tr><td></td><td></td><td></td><td></td><td></td><td></td></tr>
<tr><td></td><td></td><td></td><td></td><td></td><td></td></tr>
<tr><td></td><td></td><td></td><td></td><td></td><td></td></tr>
<tr><td></td><td></td><td></td><td></td><td></td><td></td></tr>
<tr><td rowspan="4">성장과정</td><td colspan="3">성장과정</td><td>학력·경력</td><td colspan="2">성격·소행 변화</td></tr>
<tr><td colspan="3">유아기 (0~5)</td><td></td><td colspan="2"></td></tr>
<tr><td colspan="3">아동기 (6~13)</td><td></td><td colspan="2"></td></tr>
<tr><td colspan="3">소년기 (14~19)</td><td></td><td colspan="2"></td></tr>
<tr><td rowspan="4">교우관계</td><td>성 명</td><td>연 령</td><td>직 업</td><td>주 소</td><td colspan="2">기 타</td></tr>
<tr><td></td><td></td><td></td><td></td><td colspan="2"></td></tr>
<tr><td></td><td></td><td></td><td></td><td colspan="2"></td></tr>
<tr><td></td><td></td><td></td><td></td><td colspan="2"></td></tr>
<tr><td colspan="2">세 평</td><td colspan="5"></td></tr>
<tr><td colspan="2">개정의정유무</td><td colspan="5"></td></tr>
<tr><td colspan="2">기 타</td><td colspan="5"></td></tr>
</table>

2006.　　.　　.

○ ○ 경 찰 서

조사자 사법경찰관(리)

2. 비행성예측자료표(경찰 조사양식)

비 행 성 예 측 자 료 표

<table>
<tr><td rowspan="4">인
적
사
항</td><td>본 적</td><td colspan="5"></td></tr>
<tr><td>주 소</td><td colspan="5"></td></tr>
<tr><td>직 업</td><td></td><td>성 명</td><td></td><td>성별</td><td></td></tr>
<tr><td>생 년 월 일</td><td></td><td colspan="2">주민등록번호</td><td></td><td></td></tr>
<tr><td rowspan="2">보
호
자</td><td rowspan="2">주 소</td><td colspan="4"></td><td>성명</td><td></td></tr>
<tr><td colspan="4"></td><td></td><td></td></tr>
<tr><td rowspan="19">사
회
항
목
예
측
조
사</td><td>조 사 대 상</td><td colspan="4">조 사 내 용</td><td>평점</td><td>해당
표시</td></tr>
<tr><td rowspan="2">1.생계담당자</td><td colspan="4">부 또는 모</td><td>0</td><td></td></tr>
<tr><td colspan="4">기 타</td><td>6</td><td></td></tr>
<tr><td rowspan="2">2.가정결손</td><td colspan="4">유</td><td>6</td><td></td></tr>
<tr><td colspan="4">무</td><td>0</td><td></td></tr>
<tr><td rowspan="2">3.의무교육</td><td colspan="4">필</td><td>0</td><td></td></tr>
<tr><td colspan="4">미필 (불취학, 중퇴)</td><td>7</td><td></td></tr>
<tr><td rowspan="2">4.장기결석
1주 이상</td><td colspan="4">유</td><td>9</td><td></td></tr>
<tr><td colspan="4">무</td><td>0</td><td></td></tr>
<tr><td rowspan="3">5.교우관계</td><td colspan="2" rowspan="3">친한 친구 중에서 직업 없이 무위도
식하는 친구 유무
경찰에 단속되었던 친구 유무</td><td rowspan="3">『유』가</td><td>0</td><td>0</td><td></td></tr>
<tr><td>1</td><td>5</td><td></td></tr>
<tr><td>2</td><td>8</td><td></td></tr>
<tr><td rowspan="3">6.가출경험</td><td colspan="4">무</td><td>0</td><td></td></tr>
<tr><td rowspan="2">유</td><td colspan="3">2회 이상</td><td>3</td><td></td></tr>
<tr><td colspan="3">3회 이상</td><td>8</td><td></td></tr>
<tr><td rowspan="3">7.조발비행
(14세 미만)</td><td colspan="4">무</td><td>0</td><td></td></tr>
<tr><td rowspan="2">유</td><td colspan="3">우범행위</td><td>13</td><td></td></tr>
<tr><td colspan="3">촉법행위</td><td>16</td><td></td></tr>
<tr><td colspan="2" rowspan="4">종합판정법</td><td colspan="2">항목점수 0~11</td><td colspan="2">비행위험성이 낮다</td><td colspan="2">항목점수</td></tr>
<tr><td colspan="2">〃 12~20</td><td colspan="2">〃 약간 높다</td><td colspan="2">(   ) 점</td></tr>
<tr><td colspan="2">〃 21~29</td><td colspan="2">〃 높다</td><td colspan="2">평 가</td></tr>
<tr><td colspan="2">〃 30이상</td><td colspan="2">〃 아주 높다</td><td colspan="2"></td></tr>
<tr><td colspan="2" rowspan="2">판정에 따른 처
분 의 견</td><td colspan="2">구공판</td><td colspan="2">소년부송치</td><td colspan="2"></td></tr>
<tr><td colspan="2">구약식</td><td colspan="2">기소 유예</td><td colspan="2"></td></tr>
<tr><td colspan="2">작 성 자</td><td>직 위</td><td></td><td>성 명</td><td colspan="3"></td></tr>
<tr><td colspan="2">검 사 확 인</td><td>성 명</td><td></td><td>타 당</td><td></td><td>부 당</td><td></td></tr>
</table>

3. 법원 조사보고서
(법원 소년조사관 조사양식)

○○ 법원 조사보고서

판사　　귀하　　　2000.　　.　　　.

접 수 연월일			조사명령 연 월 일			위탁기간연장 연　월　일		
사건명						보내온 곳		
성 명	( )		성별	연령	주　민 등록번호	위 탁 관 계	감별소	
							보호자	
			남여	세	−		기　타	
본 적						직 업		
주 소						경 력		
거 소						학 력		
출생지						종 교		

	소년과의 관　계	성　명	연　령	직　업	학　력	종 교	동거 여부
가 족 사 항							

특 기		취 미		장래희망		전 과	
가 출 기 간				거처상태			
생 활 상 태				신 체 결함사항		기 타	

주: 주민등록번호의 전부를 알 수 없을 때에는 주민등록번호의 앞자리(생년월일) 부분
을 기재한다.

1. 비행사실, 그 동기와 경위, 비행 후의 정황, 비행전력

2. 소년의 심신상태와 교우관계, 보호자의 소년에 대한 보호감독상황 및
   향후의 보호능력 기타 가정환경

3. 피해자에 대한 관계 및 재비행의 위험성과 정도

4. 기타 심리와 처분을 함에 필요한 사항

5. 보호자, 참고인 등의 심문내용

보 호 자   ○   ○   ○ (인)

참 고 인   ○   ○   ○ (인)

6. 조사관의 의견

2001.   .   .

조 사 관   ○   ○   ○ (인)

4. 분류심사결과통지서
(소년분류심사원 조사양식)

<u>분류심사결과통지서</u>

위탁번호: 사건번호 :

<table>
<tr><td colspan="8">1. 신상관계</td></tr>
<tr><td>성　　　명</td><td></td><td>성　별</td><td></td><td>입 원 일</td><td colspan="3"></td></tr>
<tr><td>가명 및 별명</td><td colspan="3"></td><td>비 행 명</td><td colspan="3"></td></tr>
<tr><td>주민등록번호</td><td colspan="3"></td><td>학　력</td><td colspan="3"></td></tr>
<tr><td>주　　　소</td><td colspan="3"></td><td>직　업</td><td colspan="3"></td></tr>
<tr><td>거　주　지</td><td colspan="3"></td><td>전화번호</td><td colspan="3"></td></tr>
<tr><td>성　장　지</td><td colspan="3"></td><td>출 생 지</td><td colspan="3"></td></tr>
<tr><td rowspan="6">가
족
관
계</td><td>관　계</td><td>성　명</td><td>연　령</td><td>학　력</td><td>직　업</td><td>동거 여부</td><td>비　고</td></tr>
<tr><td></td><td></td><td></td><td></td><td></td><td></td><td></td></tr>
<tr><td></td><td></td><td></td><td></td><td></td><td></td><td></td></tr>
<tr><td></td><td></td><td></td><td></td><td></td><td></td><td></td></tr>
<tr><td></td><td></td><td></td><td></td><td></td><td></td><td></td></tr>
<tr><td></td><td></td><td></td><td></td><td></td><td></td><td></td></tr>
</table>

2. 의학적 측면
가. 신체상태
(1) 신　　　장:　　　　　(5) 문 신:
　　　(2) 체　　　중:　　　　(6) 자 해:
　　　(3) 건강상태:　　　　　(7) 기 타:
　　　(4) 신체결함:
　　　　* 소 견:
　　나. 정신과 소견:

3. 비행력
　　○
　　○

4. 환경적 측면
　가. 가　정
　　　○
　　　○

　나. 학　교
　　　○
　　　○

　다. 사　회
　　　○
　　　○

5. 심리적 측면
　가. 지　능(종합능력진단검사)
　　　○
　　　○

　나. 성　격(다면적 인성검사)
　　　○
　　　○

다. 적   성(GATB)
ㅇ

ㅇ

라. 심리검사 종합의견
ㅇ

ㅇ

6. 행동관찰
가. 생활관찰:
ㅇ

ㅇ

나. 면담관찰:
ㅇ

ㅇ

7. 문제점 분석
가. 환경적 측면
ㅇ

ㅇ

나. 심리적 측면
ㅇ

ㅇ

8. 지도방향

　가. 훈육지도

　　　○

　　　○

　나. 성격지도

　　　○

　　　○

　다. 진로지도

　　　○

　　　○

9. 재비행예측

　　　○

　　　○

10. 처분의견

　　　○

　　　○

2001 년 월 일

분류심사관 ○ ○ ○ (인)

○ ○ 소 년 분 류 심 사 원 장

5. 판결전조사서(보호관찰소 조사양식)

판 결 전 조 사 서

사 건 번 호: ○○○○
죄   명: ○○○○
성   명: ○○○
주민등록번호: ○○○○○○ - ○○○○○○○

2006.   .   .

○ ○ 보 호 관 찰 소

1. 피고인 인적사항

2. 당해 범죄관련 사항

  가. 범행의 동기

  나. 피해회복 여부

3. 범죄경력

 1)
 2)
 3)

4. 생활환경

　가. 가족사항

　　○

　　나. 생활여건

　　○

　　○

5. 성장과정

6. 정신 및 신체상태(MMPI결과)

　　○

7. 학교생활

　　○

　　※ 초등학교

　　※ 중학교

　8. 교우관계
　　　○

　9. 직 업

10. 보호자의 관심 및 보호능력

11. 기　타

　가. 진술태도

　　○ 보호자
　　　:
　　○ 피고인
　　　:
　　나. 향후 생활계획
　　　○

조사관: ㅇ ㅇ 보호관찰소 보호관찰관 ㅇ ㅇ ㅇ(인)

▶ 첨부서류

1. 주민등록등·초본 각 1부
2. 호적등·초본 각 1부
3. 초·중학교 생활기록부 사본 각 1부
4. 범죄경력조회서 1부
5. 합의서 사본 1부

조사자 의견

피고인: ○ ○ ○

조사관:　　○○보호관찰소　　보호관찰관　○　○　○(인)

6. 환경조사서(보호관찰소 조사양식)

○○보호관찰소

(   )

분류번호:　　　　　　　　　　　　　　　　　　　　년　월　일
　수　신:　　　　　　　　　　　　　발신: ○○보호관찰소장 (인)
　제　목: 환경조사 회보
　　　분류　　－　　　에 의거 아래 사람에 대한 환경조사를 회보합니다.

수용번호		성　명		주민등록번호		－
주　소				전화번호		
최종학력						

수용 전 직업		근무기간	년 월	월급 (수입)	만원	근무태도	양호, 보통, 불량

가족사항

관　계	성　명	연　령	학　력	직　업	월 수 입	동거 여부	비　고

교우관계

관　계	성　명	연　령	학　력	직　업	교제동기	주거지

공범관계

관　계	성　명	연　령	학　력	직　업	처벌내용	교제동기	비　고

생 활 환 경

성장과정		출생별		
결혼여부		종　교	취미·특기	
주요경력		질병력		
현주거 형태	자택, 전세, 월세, 기타(　　　)	생활 정도	상　　중　　하 (월 가족수입　　　만원)	

인수자	성　명		관　계		연　령		세
	인수의사 여부						

귀주 예정자	가족과의 유대관계	
	본인에 대한 주민 감정	

출소 후 생활계획	
사회적응 가능성	
환경개선 필요여부	
조사자 의견	

조사자　　　○○보호관찰소　　　　직급　　　　성명　　　(인)

7. 소년원생 처우과정 분류결과 보고서(소년원 조사양식)

소년원생 처우과정 분류결과 보고

성 명			입원일자			
주민번호			학 력		직 업	
비행명						
처우기관			처우과정		분류일자	
교육과정			학과반		생 활 반	
사회복귀목표					특별활동	
16세도래일자					생 활 반	

보호자	관 계	성 명	연 령	학 력	직 업	동거여부	비 고

비행경력	처 분 일	비 행 명	처분기관	처분결과	수용기관

공범	역 할	성 명	처분기관	처분결과	수용기관

신체특징	신 장		체 중		흉 위		시 력	좌( ), 우( )
	자 해					신체결함		
	병 력							

비행개요	

8. 수형자분류처우심사표(교도소 조사양식)

수형자번호							
입소일							
수용기관							

성 명	한글	주민등록번호		범수		심사유형	분류유형
	한자						가석방유형

수 형 자 분 류 처 우 심 사 표

죄 명	형명 형기 (미결통산일)	형기기산일	⅓해당일	½해당일	⅔해당일	형기종료일
	( )					
	( )					
	( )					
	( )					
	( )					
	( )					

구 분	사 유 판정일	분류급별판정내역				누진계급별판정내역				기 타	결 재		
		수용급	개선급	관리급	처우급	누진계급	진급정지	강급	처우등급		담당자	분류사	과 장
신입심사													
재 심 사													
재 심 사													
재 심 사													
재 심 사													
재 심 사													
재 심 사													
재 심 사													
재 심 사													
재 심 사													
재 심 사													

일반사항	출생지				주 소					
	취미 / 특기			국 적			종 교			
	병역관계									
	신체 및 기호품	신 장	체 중	혈액형			장애유무		음주량	흡연량
		cm	kg	형						
생활사항	최종학력									
	가출경력	최초가출연령	세	사 유						
	약물경력	최초사용연령	세	사유·종류						
	음주경력	최초음주연령	세	동 기						
	문신경력	최초시술연령	세	문신종류						
	자해경력	최초자해연령	세	자해사유						
	성기변형	최초변형연령	세	사 유						
	폭력조직 가입여부	최초가입연령	세	사 유						
특이사항	조직폭력 계 파		조직내직책			특별관리 여 부				
직업사항	입소직전 직업상태									
	주요직업 경 력									
	기술자격 취득경력									

가족관계및보호사항		관계	성 명	연령	직 업	연락처	비 고
	가족 또는 지인						
	출생순서	( )남 ( )녀 중 ( )째로 출생 또는 고아( )					
	부 모 관 계			자 녀 관 계			월 평 균 접견횟수

보호 접견 인수 및 생활 계획	보호자성명	관 계	주 소	연락처
	최다접견자 성명	관 계	주 소	연락처

보호자의 인수여부 및 보호의지:
석방 후 생활계획:

<table>
<tr><td rowspan="16">심
리
측
정
사
항</td><td rowspan="13">프
로
파
일</td><td rowspan="13">하
위
척
도
별</td><td>100</td><td></td><td></td><td></td><td></td><td></td><td></td><td></td></tr>
<tr><td>90</td><td></td><td></td><td></td><td></td><td></td><td></td><td></td></tr>
<tr><td>80</td><td></td><td></td><td></td><td></td><td></td><td></td><td></td></tr>
<tr><td>70</td><td></td><td></td><td></td><td></td><td></td><td></td><td></td></tr>
<tr><td>60</td><td></td><td></td><td></td><td></td><td></td><td></td><td></td></tr>
<tr><td>50</td><td></td><td></td><td></td><td></td><td></td><td></td><td></td></tr>
<tr><td>40</td><td></td><td></td><td></td><td></td><td></td><td></td><td></td></tr>
<tr><td>30</td><td></td><td></td><td></td><td></td><td></td><td></td><td></td></tr>
<tr><td>20</td><td></td><td></td><td></td><td></td><td></td><td></td><td></td></tr>
<tr><td>10</td><td></td><td></td><td></td><td></td><td></td><td></td><td></td></tr>
<tr><td>척 도</td><td>허위성향</td><td>비행성향</td><td>공격성향</td><td>범죄성향</td><td>포기성향</td><td>자살성향</td><td>망상성향</td></tr>
<tr><td>원점수</td><td></td><td></td><td></td><td></td><td></td><td></td><td></td></tr>
<tr><td>T점수</td><td></td><td></td><td></td><td></td><td></td><td></td><td></td></tr>
<tr><td colspan="2">검사 소견</td><td colspan="8"></td></tr>
<tr><td colspan="2">특이사항</td><td colspan="8"></td></tr>
<tr><td colspan="2">기타검사</td><td colspan="8"></td></tr>
</table>

종합판정

처 우 사 항	처우일자	각종 처우내용 및 상벌내역	조 치 사 항	비　고

수용자번호	성 명	죄 명	범 수	개선급	책임점수	누진급	4급	ㆍ ㆍ ㆍ
							3급	ㆍ ㆍ ㆍ
	형명형기		형집행지휘서접수일		형기종료일		2급	ㆍ ㆍ ㆍ
							1급	ㆍ ㆍ ㆍ

가석방	유 형		참고사항		
	기 준 일	집행기간	잔 형 기	의 결	사 유

행형성적	누진계급	4급 ( ), 3급 ( ), 2급 ( ), 1급 ( )									
	구분 \ 년 월	년 월	년 월	년 월	년 월	년 월	년 월	년 월	년 월	년 월	년 월
	작업장										
	책임점수										
	소득점수										
	소득점수누계										
	구분 \ 년 월	년 월	년 월	년 월	년 월	년 월	년 월	년 월	년 월	년 월	년 월
	작업장										
	책임점수										
	소득점수										
	소득점수누계										
	구분 \ 년 월	년 월	년 월	년 월	년 월	년 월	년 월	년 월	년 월	년 월	년 월
	작업장										
	책임점수										
	소득점수										
	소득점수누계										
	구분 \ 년월	년 월	년 월	년 월	년 월	년 월	년 월	년 월	년 월	년 월	년 월
	작업장										
	책임점수										
	소득점수										
	소득점수누계										
	구분 \ 년 월	년 월	년 월	년 월	년 월	년 월	년 월	년 월	년 월	년 월	년 월
	작업장										
	책임점수										
	소득점수										
	소득점수누계										
	구분 \ 년 월	년 월	년 월	년 월	년 월	년 월	년 월	년 월	년 월	년 월	년 월
	작업장										
	책임점수										
	소득점수										
	소득점수누계										
	구분 \ 년 월	년 월	년 월	년 월	년 월	년 월	년 월	년 월	년 월	년 월	년 월
	작업장										
	책임점수										
	소득점수										
	소득점수누계										

분 류 지 표

칭호번호: 성 명 :

구 분	항 목	점수 / 가중치	0점	1점	2점	평 점
생활과정 (12점)	가 출 횟 수	1	3회 이상	1~2회	없 음	
	양 육 형 태	2	고 아	편부모	양부모	
	유해물 흡입	1	상습사용	일시사용	없 음	
	문신, 자상, 성 기 변 형	2	2항목 이상	1항목	없 음	
교육 및 직업과정 (8점)	학업이수기간	1	9년 이하	12년 이하	12년 초과	
	학 업 성 적	1	하	중	상	
	학업이수형태	1	중 퇴	재 학	졸 업	
	직 업 경 력	1	없 음	일정기간취업	있 음	
본범내용 (32점)	형 기	2	10년 이상	3년-10년 미만	3년 미만	
	범 죄 동 기	4	고 의	우발·격정	과 실	
	흉기사용여부	2	소지사용	미소지사용	미 사 용	
	합 의 여 부	2	미 합 의	일부합의 등	합 의	
	검 거 유 형	2	체 포	기 타	자 수	
	피 해 정 도	1	심 각	경 미	없 음	
	공 범 여 부	2	2인 이상	1 인	없 음	
	미결수용생활태도	1	불 량	보 통	양 호	
범죄경력 (30점)	최초범법행위연령	1	16세 미만	16세 이상	최 초	
	모든범법행위건수	8	4건 이상	2~3건	최 초	
	반사회성집단소속	1	있음(1년 이상)	있음(1년 미만)	없 음	
	교정시설수용기간	2	3년 이상	1년~3년	1년 미만	
	재 범 기 간	3	3년 미만	5년 미만	5년 이상, 초범	
심사평정 (18점)	인 성 기 간	4	이 상	준 정 상	정 상	
	상 담 평 점	5	자력개선의지가 전혀 없는 자	자력개선의지가 있는 자	자력개선의지 가 강한 자	

	개 선 급	평 점		총평점	개선급	담당자	과 장
판정기준	A급(범죄성향이 진전되지 아니한 자로서 개선이 가능한 자)	80점 이상	판정 결과			확인	
	B급(범죄성향이 진전된 자로서 개선이 가능한 자)	51~79점					
	C급(범죄성향이 진전된 자로서 개선이 곤란한 자)	50점 이하					

이춘화(李春華)

- 학 력 -

성신여자대학교 법학과 졸업
성신여자대학교 대학원 문학 석사
성신여자대학교 대학원 법학 석사
한양대학교 대학원 법학 박사

- 경 력 -

한국소년법학회 상임이사
한국소년보호학회 상임이사
한국청소년 정책연구원 연구위원

- 연구논문 -

보호관찰소년의 폭력범죄에 관한 연구 (한국소년보호학회)
청소년 유해업소에 대한 법적 규제현황과 개선방안 (한국소년보호학회)
소년에 대한 조사제도의 문제점과 개선방안 (한국소년보호학회)
소년사건의 조사제도에 관한 한·일 비교연구 (한국소년법학회)
소년분류심사제도에 관한 비교법적 고찰(법무부)

- 저서 -

소년법(공저) (세창출판사)
청소년육성제도론(공저) (교육과학사)
청소년학개론(공저) (교육과학사)

소년조사제도론

- 초판 인쇄 　2007년 3월 30일
- 초판 발행 　2007년 3월 30일

- 지 은 이 　이춘화
- 펴 낸 이 　채종준
- 펴 낸 곳 　한국학술정보㈜
　　　　　경기도 파주시 교하읍 문발리 526-2
　　　　　파주출판문화정보산업단지
　　　　　전화　031) 908-3181(대표) · 팩스　031) 908-3189
　　　　　홈페이지　http://www.kstudy.com
　　　　　e-mail(출판사업팀사업부)　publish@kstudy.com
- 등 　 록 　제일산-115호(2000. 6. 19)
- 가 　 격 　24,000원

ISBN　　978-89-534-6725-5 93360 (Paper Book)
　　　　　978-89-534-6726-2 98360 (e-Book)